KAISERLICHER GLANZ

Sigrid-Maria Größing

KAISERLICHER GLANZ

Habsburgs Herrscher in
Geschichten und Anekdoten

ueberreuter

Meiner Familie gewidmet

1. Auflage 2019
© Carl Ueberreuter Verlag, Wien 2019
ISBN 978-3-8000-7731-1

Alle Rechte vorbehalten. Das Werk darf – auch teilweise –
nur mit Genehmigung des Verlages wiedergegeben werden.

Covergestaltung: Saskia Beck, s-stern.com
Coverfoto: © Shutterstock, Nr. 380059837
Illustrationen innen: © freepik.de
Satz: Hannes Strobl, Satz·Grafik·Design, Neunkirchen
Lektorat: Arnold Klaffenböck
Druck und Bindung: Finidr s. r. o.
www.ueberreuter-sachbuch.at

Inhalt

Zum Geleit 6
Vorwort 8

Rudolf von Habsburg – Der Überraschungskönig 10
Albrecht I. – Ein Gezeichneter auf dem Königsthron 19
Friedrich der Schöne – Herrscher mit Handschlagqualität 26
Albrecht II. – Die Kaiserwürde blieb ihm verwehrt 33
Ladislaus Postumus – Königssohn ohne Chancen 39
Friedrich III. – Die Krone war ihm eine Last 45
Maximilian I. – Kaiser, Künstler, Kämpfer 57
Karl V. – Herrscher über ein Weltreich 71
Ferdinand I. – Der „Spanier" erobert die Herzen der Wiener 81
Maximilian II. – Geheimer Protestant im Hause Habsburg? 90
Rudolf II. – Ein Zauderer auf dem Kaiserthron 98
Matthias – Sieger im Bruderzwist 105
Ferdinand II. – Der „Cattolichissimo" unter Habsburgs Kaisern ... 111
Ferdinand III. – Friedensbringer und Förderer 118
Leopold I. – Ein Künstler musste die Türkenkriege führen 126
Joseph I. – Reformer und Schöngeist 134
Karl VI. – Österreichs Barockkaiser der Pragmatischen Sanktion .. 142
Maria Theresia – Die Mutter Europas 150
Joseph II. – Der unverstandene Volkskaiser 158
Leopold II. – Er regierte das Reich nur zwei Jahre lang 167
Franz II. (I.) – Der „gute" Kaiser 175
Ferdinand I. – Ein Opfer der Familientradition 183
Franz Joseph I. – Der „ewige" Kaiser 193
Karl I. – Ein Herrscher, den niemand wollte 200

Quellen- und Literaturauswahl 207

Zum Geleit

Mit diesem Buch bekommen wir jeweils für einen Herrscher des k. k., ab 1867 des k. u. k. Österreich-Ungarns, das mehr umfasste als diese beiden Länder, kleine, feine Einblicke in persönliche Begebenheiten dieser Personen.

Man muss viel gelesen haben, um hier in der Lage zu sein auszuwählen, was uns eifrige Beobachter und Autoren von damals erschlossen haben oder uns mitgeben wollen. Wir können keine Zeugen mehr befragen, wie es war, aber nachfühlen kann man als historisch interessierter Mensch besser, wenn man Vergleiche von belesenen Personen mit Autorenqualität hat, die uns vermitteln, was woanders und zu anderen Zeiten beobachtet, beachtet und beschrieben worden ist.

Der Leser durchschreitet hier persönliche Verhältnisse der Regenten und deren Umgebung, deren Auseinandersetzung in den Nöten, in den Anfordernissen ihrer Epochen, oft auch ihre Begegnung mit anderen Ländern und deren Umstände. Gekrönte Könige erließen Dekrete, unterschrieben Akten oder Ernennungen, einige hörten zu: Sie versuchten sich hineinzudenken, entschieden im Rahmen ihrer Möglichkeiten und des vermittelten Wissens oder auch über Einflüsterungen. Das alles war umgeben von einem Gepräge, von vielen Regeln der Gesellschaft, den ausgewählten oder gegebenen Beratern und manchmal auch von Eltern der betreffenden Herrscher oder der fernen Könige im Ausland und den brieflichen Nachbarn, mit denen die hier geschilderten Personen in Kontakt gestanden haben. Es geht aber vielleicht nicht immer um die Politik, sondern oft genug auch um Reaktionen und Veranlagung oder auch um die Bereitschaft oder die Wahrnehmung der Betreffenden.

Den Glanz dieser vergangenen Zeiten hat weder die Autorin gesehen noch erlebt, aber sie hat ihn gefühlt und mit dem Herzen wahrgenommen oder registriert. Sie erleichtert uns die Erschließung von Welten, die wir nicht in allen Bereichen aus dem Fernsehen kennen können, noch vielleicht von dort akzeptieren wollen, obwohl sich auch viele Personen mit und für dieses Medium bemühen, um uns von jenen Zeiten zu berichten.

Die Zeugen der Vergangenheit sind nicht nur Museumsobjekte, sondern auch Briefe, Berichte, bezeugte Erlebnisse, Denkmäler und Überkommenes. Diese Kostbarkeiten sind hier im Buch aufgezählt und werden uns aufgedeckt: Sonderliches und vielleicht auch Alltägliches oder Liebenswertes.

Unsere Gegenwart erlaubt vieles, aber vergessen wir nicht, dass alles erkämpft und geschaffen werden musste, ja auch was verloren gegangen ist durch schnelle Entscheidungen und Unachtsamkeit oder Verdrehung und falsches Erkennen. Auch die Altvorderen – ihre und meine Ahnen – sind auf einem Waagbalken geschritten und er hat reagiert. Die Nachwelt darf hier urteilen und steht unter dem Ausschlag der vorangegangenen Ergebnisse und Entscheidungen.

Ich danke der Autorin, in ihren Kapiteln lesen zu dürfen und freue mich gemeinsam mit den Leserinnen und Lesern, hier Geschehenes als Nachkomme zu erfahren. Herzlichen Dank.

Mag. Markus Habsburg-Lothringen,
Urenkel von Kaiser Franz Joseph und Kaiserin Elisabeth

Vorwort

Mit diesem Buch will ich für meine Leserinnen und Leser eine Lücke schließen, denn immer wieder taucht bei persönlichen Gesprächen die Frage auf, wo eine biografische Darstellung aller Könige und Kaiser aus dem Hause Habsburg zu finden ist, die leicht lesbar und zudem noch übersichtlich verfasst ist. Kriterien, die ich mit diesem Buch zu erfüllen suche. Die Leichtlesbarkeit steht für mich genauso wie historische Treue an vorderster Stelle, weshalb so manche Kritiker mir vorwerfen, im „Courths-Mahler-Stil" zu schreiben. Sie erkennen dabei nicht meine Ambitionen, historische Bücher nicht für Fachkollegen, sondern für ein breites, historisch interessiertes Publikum verfassen zu wollen, wobei es sicherlich schwieriger ist, historische Fakten korrekt in allgemein verständlichem Stil zu Papier zu bringen als im wissenschaftlich nüchternen. Alle, die nur noch wenig Erinnerung an den Geschichtsunterricht in der Schule haben, sollen an meinen Büchern Gefallen finden und sie nicht nach ein paar Seiten aus der Hand legen. Daher sind die Biografien in diesem Buch bewusst so abgefasst, dass jede Leserin, jeder Leser einen Überblick über die Könige und Kaiser aus der ältesten Dynastie Europas bekommen kann. Weil ich mich an eine vom Verlag vorgegebene Seitenzahl halten muss, habe ich mich auf wesentliche Fakten im Leben der einzelnen Herrscher beschränkt und deshalb Schlachten und Verträge nur so weit erwähnt, als sie für die weitere historische Entwicklung von Bedeutung sind. Und damit die Vertreter der Habsburger Dynastie menschliche Züge bekommen, habe ich nach jedem Kapitel eine Anekdote aus dem Leben der Persönlichkeiten angefügt.

Heutzutage sind viele Habsburger der Frühzeit in Vergessenheit geraten, obwohl auf sie die spätere Monarchie, die ein Weltreich umspannte, aufbauen konnte. Ihr Leben und ihre Verdienste wollte ich genauso aufzeigen wie die der Nachgeborenen.

Ich beginne meine Geschichte(n) mit dem ersten internationalen Vertreter des Erzhauses, mit Rudolf von Habsburg, dem Grafen aus dem Schweizer Aargau, und ende mit dem tragischen Tod des letzten Kaisers Karl auf Madeira. Daneben biete ich der Leserin, dem Leser eine Übersicht über die Vertreter des Habsburger Hauses und deren Ehepartner sowie Kinder.

Ich beschränke mich in meinem Buch auf diejenigen Habsburger, die im Heiligen Römischen Reich deutscher Nation und später in der Österreichisch-ungarischen Monarchie die Königs- oder Kaiserkrone trugen. Die spanische Linie der Habsburger ist deshalb nicht berücksichtigt.

Meinen Leserinnen und Lesern wünsche ich angenehme informative, aber dennoch unterhaltsame Stunden.

Großgmain, im Mai 2019   Sigrid-Maria Größing

Rudolf von Habsburg

Der Überraschungskönig

Es war sicherlich die größte Überraschung im Leben des bis dahin unbedeutenden Grafen Rudolf von Habsburg gewesen, als er ganz plötzlich ins Rampenlicht der Öffentlichkeit geriet. Die Kurfürsten, die mächtigsten Männer im Heiligen Römischen Reich, hatten ausgerechnet ihn, einen keineswegs reichen und bekannten Mann, der bislang in allerlei Kleinkriege verwickelt gewesen war, zum deutschen König gewählt.

Von seinem Stammsitz im Aargau in der heutigen Schweiz hatte er immer wieder versucht, sein Gebiet an den Rändern zu erweitern, was natürlich seinen Nachbarn missfiel und wodurch er über Jahre in Scharmützel geriet. Dabei war er ein einfacher Mann, der weder der Oberschicht im Reich angehörte noch besondere Ambitionen hatte. Erstaunlicherweise war die Wahl der Kurfürsten auf ihn gefallen, wodurch er plötzlich ausersehen war, in der chaotischen Zeit die deutsche Königskrone zu tragen. Eine kaum bewältigbare Aufgabe!

Denn jahrelang war die Situation im Reich in der „kaiserlosen, der schrecklichen Zeit" völlig unüberschaubar. Willkür und Rechtlosigkeit hatten sich breitgemacht, sodass jeder, der über Waffen verfügte, sich selbst schützen musste und sich sein Recht oder das, was er dafür ansah, größtenteils mit unlauteren Mitteln erkämpfte. Die beiden Scheinkönige, die man nach dem Ableben der Staufer gewählt hatte, Richard von Cornwall und Alfons von Kastilien, waren nichts als Marionetten, wobei der Spanier niemals den Boden des Reiches betreten hatte. Das Reich war zum Spielball der vielfältigen Interessen geworden. Dennoch lockte der Königsthron so manchen Abenteurer, sodass Karl von Anjou, der die Staufer zu Fall gebracht hatte, versuchte, seinen Neffen Philipp III. von Frankreich in Deutschland zu etablieren. Aber auch Friedrich von

Thüringen, der Enkel von Kaiser Friedrich Barbarossa, erhob Anspruch auf die Königskrone, indem er auf die hohe Verwandtschaft hinwies, und selbst König Ottokar von Böhmen erinnerte sich plötzlich, dass er mütterlicherseits ein Enkel des Stauferkönigs Philipp von Schwaben war. Für sie alle war die deutsche Krone ein Wunschobjekt, wobei keiner der Thronprätendenten konkrete Vorschläge und Pläne unterbreiten konnte, um die verworrene Situation in den Griff zu bekommen. Denn das Land schien unregierbar zu sein.

Es musste eine Lösung herbeigeführt werden, darüber waren sich nicht nur die mächtigen Kurfürsten im Klaren. Auch der Papst fühlte sich berufen, in die deutschen Geschicke einzugreifen, wobei er sich an die Reichsfürsten wandte, von denen ihn jeder durch reichliche Geldgeschenke bei Laune halten wollte. Die heimlichen Gelder, welche im Dunkel der Nacht nach Rom wanderten, gaben schließlich den Ausschlag, dass den jeweiligen Erzbischöfen von Köln, Mainz und Trier die Würde eines Erzkanzlers verliehen wurde.

Die sieben Kurfürsten, deren Rechte und Pflichten Kaiser Karl IV. 1356 im Reichsgesetz der Goldenen Bulle festschreiben sollte, besaßen die größte Macht im Reich. Nur sie waren in der Lage, die „kaiserlose, die schreckliche Zeit" zu beenden. Und da sie selbst keinerlei Machteinbußen akzeptieren wollten, stellten sie intensive Überlegungen an, wen sie zum König wählen sollten, der später in Rom durch den Papst zum Kaiser gekrönt werden konnte. Für sie kam nur ein Mann infrage, der keinem der sieben gefährlich werden konnte. Daher fiel ihre Wahl auf den einfachen Grafen Rudolf von Habsburg, dessen Ruf als tapferer Krieger ihm zwar vorauseilte, der aber nur eine geringe Hausmacht besaß. Er schien den Kurfürsten der Richtige zu sein, er würde für Recht und Ordnung sorgen müssen, ohne andere Kompetenzen überschreiten zu können.

Rudolf befand sich gerade in einer Fehde mit dem Bischof von Basel, als ihn die Nachricht erreichte, dass man ihm die deutsche Königskrone anbieten wollte. Als der Basler Bischof von der Wahl Rudolfs erfuhr, soll er spontan die Worte geäußert haben: „Herrgott im Himmel, sitze fest, sonst nimmt Dir dieser Rudolf Deinen Platz!"

Rudolf beendete den Konflikt mit Basel sofort, er söhnte sich mit Bischof Heinrich aus, was bei den damaligen kriegerischen Usancen schnell und unbürokratisch vonstattenging. Denn selbst während der Kämpfe machte man kurze Pausen, unterhielt sich mit dem Gegner, während man miteinander tafelte, um später, sobald die „Friedenszeit" vorüber war, sich wieder die Köpfe einzuschlagen.

Basel wurde in den nächsten Jahren zu Rudolfs Lieblingsaufenthaltsort, 26 Mal besuchte er die Stadt und verfügte, dass seine erste Gemahlin Gertrud und sein Sohn Hartmann im Basler Münster beigesetzt werden sollten.

Obwohl der 55-jährige Rudolf nur den wenigsten der ungefähr 100 geistlichen und 13 weltlichen Reichsfürsten bekannt war, wurde sein Zug in Richtung Frankfurt am Main, wo die offizielle Wahl zum deutschen König stattfand, zu einem wahren Triumph. Endlich hatte man einen König, dessen Aufgabe es war, für Ordnung und Ruhe im Reich zu sorgen.

Am 29. September 1273 erklärte Ludwig, der Pfalzgraf bei Rhein, offiziell: „Im Namen der heiligen und ungeteilten Dreifaltigkeit, mit Willen aller Kurfürsten verkünde und wähle ich den Grafen Rudolf von Habsburg zum römischen König."

Nach der Krönung am 24. Oktober 1273 in Aachen sah sich Rudolf zunächst mit schier unlösbaren Problemen konfrontiert. Denn es galt Geld aufzutreiben, das die Kurfürsten mehr oder weniger offiziell von ihm für die Wahl forderten: Der Erzbischof von Trier 1555 Mark, jener von Mainz 2000 Mark in Silber, der von Köln gab sich mit zwei Städten, die ihm übereignet werden sollten, zufrieden, aber auch die anderen Fürsten mit und ohne Kurwürde hielten die Hände weit auf und verlangten Geld von einem Mann, der zwar jetzt den Königsmantel trug, aber darunter eine geflickte Montur. Auch der Erzbischof von Salzburg verlangte für nicht geleistete Dienste 20.000 Mark, dazu kam, dass auch der renitente böhmische König Přemysl Ottokar mit seiner Forderung von 100.000 Mark den finanziellen Bogen absolut überspannte.

Eigentlich war Rudolf, der am 1. Mai 1218 in einem Stadthaus in Brugg im Aargau das Licht der Welt erblickt hatte, nie ein reicher Mann gewesen. Da sein Vater Albrecht die Habichtsburg vorübergehend verlassen hatte, war der Knabe wie ein einfacher Bürger aufgewachsen. Ungewöhnlich leutselig, kannte er die Sorgen des „kleinen Mannes", mit dem er manchmal bei einem Becher Wein zusammensaß. Auch als König behielt er diese Gewohnheit bei. Er schaute, wo sich ihm die Gelegenheit bot, dem Volk im wahrsten Sinn des Wortes „aufs Maul", was ihm die Sympathien der Menschen einbrachte. Jetzt hatte man einen König, der zum Wohle aller regieren würde!

Die Leutseligkeit Rudolfs machte sich für ihn bezahlt, auf seinen Zügen quer durch Deutschland strömten ihm die einfachen Leute zu, sodass er niemanden zwingen musste, sich ihm anzuschließen. Denn eine größere Kontroverse mit dem mächtigen Böhmenkönig Přemysl Ottokar bahnte sich schon sehr bald an. Der Böhme hatte die Wahl Rudolfs angefochten, obwohl er als einer der sieben Kurfürsten über einzelne Details informiert war. Ottokar hatte als junger Mann Margarethe, die Witwe des Staufers Heinrich VII., beinahe mit Gewalt geheiratet, um in den großen Babenberger Besitz zu kommen. Denn die Länder des letzten Babenbergers Friedrich II. des Streitbaren waren nach dessen Tod in der Schlacht an der Leitha an seine Schwester Margarethe gefallen, wie es seinerzeit im Privilegium minus festgelegt worden war. In seinem Machtstreben hatte sich Ottokar darüber hinweggesetzt, dass er ungefähr halb so alt wie Margarethe war und dass sie nach dem Tod ihres Gemahls einen Eid geschworen hatte, nie mehr zu heiraten.

Obwohl Rudolf anlässlich seiner Krönung gelobt hatte, „von nun an Schirmer des Friedens zu sein, wie ich bisher ein unersättlicher Kriegsmann gewesen", sah er sich schon bald genötigt, König Ottokar aufzufordern, ihm als dem neuen deutschen König den Lehenseid zu leisten. Auf dem Reichstag von Nürnberg, der im Jahre 1274 einberufen worden war, forderte er den Böhmen auf, sich belehnen zu lassen oder die Gebiete, die er sich angeeignet hatte, herauszugeben. Für Ottokar geradezu eine Provokation! Denn für den „eisernen" oder „goldenen" König, wie er von seinen Untertanen genannt wurde, klang die Aufforderung Rudolfs, des „Krämerkönigs", wie ein Hohn. Über die angedrohten Folgen der Verweigerung, „binnen Jahr und Tag" die Reichsacht über Ottokar zu verhängen, vermochte er nur zu spotten. Was Ottokar in dieser Situation nicht erkannte oder falsch einschätzte, war die Tatsache, dass nicht der kleine Graf Forderungen an ihn stellte, sondern der deutsche König, der aufgrund seines Amtes bei der Durchsetzung seiner Anliegen von allen Seiten Unterstützung erhielt. Denn als Rudolf zum Feldzug gegen den unbotmäßigen Böhmenkönig aufrief, schlossen sich seinem Heer nicht nur überall in Schwaben und Franken Männer an, auch Heinrich von Niederbayern stellte eine Ritterschar zur Verfügung, der sich noch weitere 2000 Ritter hinzugesellten. Als Ottokar erfuhr, dass Graf Meinhard Kärnten, Krain und die Steiermark besetzte und von Osten Ladislaus IV. von Ungarn mit einem Einmarsch in die österreichischen Gebiete drohte, kam er zur Besinnung und bat um Frieden. Rudolf nahm das Angebot an und belehnte Ottokar mit den Ländern, in denen er regierte. Ob sich bei der Belehnungszeremonie tatsächlich die Zeltwand öffnete, sodass alle Anwesenden den vor Rudolf knienden Ottokar erblickten, ist nach wie vor nicht erwiesen, aber birgt in sich immerhin eine gewisse Dramatik.

Um die scheinbare Versöhnung zu besiegeln, fanden zwei Eheversprechen statt: Rudolfs Tochter Guta wurde dem Sohn Ottokars Wenzel zugesprochen, während Rudolf, der Sohn des deutschen Königs, Ottokars Tochter ehelichen sollte.

Persönliche Bande spielten in Rudolfs Leben eine besondere Rolle. Er selbst war seit 1253 mit Gertrud von Hohenberg verheiratet, die aus einem nicht unbedeutenden schwäbischen Geschlecht stammte. Sie hatte nach der Krönung in Aachen den christlichen Namen Anna angenommen und verbrachte die meiste Zeit ihres Lebens auf der Burg Stein. 14 Kinder entsprossen dieser Verbindung, davon allein sechs Töchter, die Rudolf, man könnte sagen, politisch gewinnbringend überall im Reich verheiratete. Die älteste Tochter Mathilde wurde die Gemahlin des Pfalzgrafen bei Rhein, Ludwig II. des Strengen, ihre Schwester Hedwig ehelichte Otto IV., Markgraf von Brandenburg, Agnes Gertrud wurde die Gemahlin von Albrecht II. von Anhalt, Herzog von Sachsen und Wittenberg, die Hochzeit von Katharina und Otto III., Herzog von Niederbayern, fand in Wien statt. Den weitesten Brautzug unternahm zweifelsohne Klementia, die in Neapel mit dem Titularkönig von Ungarn Karl Martell, einem Nachkommen des berühmt-berüchtigten Karl von Anjou, vermählt wurde.

Da aber Rudolf auch danach trachtete, dass die Söhne politisch klug an die Frau gebracht wurden, bestand der Plan, durch eine Heirat seines Lieblingssohnes Hartmann mit Johanna, der Tochter des englischen Königs Eduard I., verwandtschaftliche Beziehungen auf europäischer Ebene zu knüpfen. Der Tod machte allerdings einen dicken Strich durch die Rechnung. Zum großen Leidwesen der Eltern ertrank Hartmann, den Rudolf gerne als seinen Nachfolger gesehen hätte, in den Fluten des Rheins. Hartmann wäre wegen seines fröhlichen, unkomplizierten, umgänglichen Wesens der richtige Mann auf dem Thron gewesen.

Man kann aufgrund der Heiratspolitik, die Rudolf betrieb, mit Fug und Recht behaupten, dass er der Erfinder des späteren Wahlspruches der Habsburger „bella gerant allii, tu felix Austria nube" hätte sein können.

Die Absicherung durch die verwandtschaftlichen Beziehungen innerhalb des Reiches konnte Rudolf gut gebrauchen, denn der Friede mit Přemysl Ottokar war nur von kurzer Dauer. Der ehrgeizige Böhmenkönig hatte die Belehnung durch den von ihm verachteten Rudolf von Habsburg als einzige Schmach angesehen, die es galt, auf kriegerische Weise zu rächen. Vom Geist der Rache beseelt, stellte Ottokar ein gewaltiges Heer auf, wobei er sich nicht nur auf die böhmischen Untertanen verlassen konnte. Es war ihm zusätzlich gelungen, einige Reichsfürsten auf seine Seite zu ziehen, sodass es für Rudolf ein gewagtes Abenteuer bedeutete, gegen den Böhmen zu ziehen. Und da sein Heer zahlenmäßig unterlegen war, baute er nicht nur auf die Hilfe Gottes, sondern ließ sich eine neue Strategie für die kommende Schlacht einfallen. An einem Freitag, Rudolfs Glückstag, am 26. August 1278 trafen die Ritterheere im Marchfeld zwischen Dürnkrut und Jedenspeigen aufeinander. Die Stunde der Machtübernahme der österreichischen Gebiete durch die Habsburger war mit dem Tod Ottokars, den er nicht als Kämpfender, sondern aus Privatrache gefunden hatte, besiegelt.

Als Sieger war Rudolf in Wien eingezogen, wo er vier Jahre lang blieb, um die Angelegenheiten in diesen neu erworbenen Gebieten zu regeln, wobei er zunächst seinen Sohn Albrecht 1282 als Statthalter einsetzte, da nur noch zwei seiner Söhne am Leben waren, deren Zukunft es abzusichern galt. Obwohl vor allem der Erzbischof von Köln unmissverständlich zeigte, dass er mit der „Hauspolitik", die Rudolf betrieb, nicht einverstanden war, belehnte der König sowohl Albrecht als auch seinen Sohn Rudolf – beide erhob er in den Reichsfürstenstand – „zur gesamten Hand" mit Kärnten, Krain, Österreich und der Steiermark. Es stellte sich aber bald heraus, dass diese Entscheidung den Keim zukünftiger Zwistigkeiten in sich trug. Daher änderte der königliche Vater 1283 die Machtverhältnisse in der Rheinfeldener Hausordnung und bestimmte Albrecht zum alleinigen Herrscher über die neu gewonnenen Gebiete.

Rudolfs vorrangiges Ziel bestand nach seinem Kampf gegen Přemysl Ottokar darin, die Sicherheit und Ordnung im Reich herzustellen, wobei er rigoros gegen die Raubritter vorging, die immer noch den Handel zum Erliegen brachten.

Daneben musste er sich mit seltsamen Problemen beschäftigen, denn in Köln war ein Mann aufgetaucht, der sich als illegitimer Sohn von Kaiser Friedrich II. ausgab, was besonders in den Gebieten am Rhein für große politische Verwirrung sorgte. Rudolf ließ diesen überaus eloquenten „falschen Friedrich", der ihm gefährlich werden konnte, vorladen. Nach der hochnotpeinlichen Befragung unter der Folter gestand er seinen bürgerlichen Namen Dietrich Holzschuh. Sein Tod war dadurch besiegelt; Rudolf kannte keine Gnade und ließ den Betrüger grausam hinrichten. Nicht nur innerpolitisch kam Rudolf nicht zur Ruhe, auch mit dem französischen König bahnten sich Schwierigkeiten an, da Rudolf nach wie vor zu erkennen gab, dass er vor allem seine Gebiete im Westen des Reiches zu erweitern trachtete. Vielleicht legte er den Grundstein für die jahrhundertelangen Konflikte mit Frankreich.

Seit seiner Wahl zum deutschen König ging Rudolfs Bestreben dahin, vom Papst zum Kaiser gekrönt zu werden. Obwohl sich Rudolf von Anfang an intensiv bemühte, einen der sieben Päpste, die während seiner Regierungszeit auf dem Stuhl Petri saßen, dafür zu gewinnen, ihm die Kaiserkrone aufzusetzen, scheiterte jeder geplante Romzug an den finanziellen Mitteln. Denn für diese Krone verlangten die Päpste viel Geld! Dabei war es nicht persönliche Eitelkeit, die Rudolf bewog, sich intensiv um die Kaiserkrone zu bewerben, es war vielmehr eine dynastische Angelegenheit. Denn trug der Vater die Kaiserkrone, konnte sich einer der Söhne zum König wählen lassen, was die Kurfürsten aber wahrscheinlich verhindert hätten. Schließlich waren die Schatten der staufischen Vergangenheit noch zu präsent!

Rudolf von Habsburg wurde als uralter Mann auf den Thron berufen. Er muss ein unwahrscheinlich aktiver, dynamischer Mensch gewesen sein, der Erstaunliches in jenen 18 Jahren, in denen er die deutsche Königskrone trug, erreichte. Er schien aber in jeder Hinsicht vital gewesen zu sein, denn nach dem Tod seiner ersten Gemahlin Gertrud heiratete er mit 66 Jahren die erst 14-jährige Agnes von Burgund. Über diese seltsame Ehe, durch die Rudolf eine Verbindung nach Frankreich suchte, ist wenig bekannt. Ob die junge Frau mit ihrem alten Gatten, so wie es ein Leben lang Rudolfs Gewohnheit gewesen war, ununterbrochen durch die Lande zog, ist in den Chroniken nirgendwo vermerkt.

Allmählich hinterließ das Wanderleben des Königs seine Spuren. Rudolf war zu einem alten illusionslosen Mann geworden, der sich bewusst auf den nahen Tod vorbereitete. Längst hatte er beschlossen, dass er in Speyer beigesetzt werden wollte, wo einige deutsche Kaiser ihre letzte Ruhe gefunden hatten. Er verfolgte das Ziel, noch als Lebender in Speyer einzuziehen, um seine letzten Angelegenheiten persönlich zu regeln. Dies sollte ihm nicht mehr vergönnt sein. Als er von Germersheim kommend in den frühen Morgenstunden in Speyer eintrat, waren seine körperlichen Kräfte am Ende. Noch am selben Tag, am 15. Juli 1291, ereilte ihn der Tod.

*

Über Rudolf von Habsburg erzählte man sich schon zu Lebzeiten zahlreiche Histörchen und Anekdoten. Er galt als ungewöhnlich bescheiden und leutselig, mit einer auffallend langen Nase, die seine Zeitgenossen zu Scherzen hinreißen ließ. So soll Rudolf in einem schmalen Hohlweg durch ein Fuhrwerk behindert worden sein, das nicht ausweichen wollte. Als man den Kutscher aufforderte, Platz zu machen, rief der erboste Mann, der den König nicht erkannt hatte, dass er an so einer langen Nase nicht vorbeikäme. Worauf der König an seine Nase fasste, sie zur Seite bog und lachend fragte: „Nicht wahr, so geht's?"

Bei aller Leutseligkeit aber war Rudolf ganz im Stil der Zeit eine gewisse Grausamkeit nicht abzusprechen. Gnade mit den Besiegten kannte auch er nicht, vor allem vor Basel wüteten die Männer des Königs in dessen Auftrag mit unvorstellbarer Brutalität.

Durch List und Tücke konnte man vieles erreichen. Das wusste auch Rudolf. So soll er einen Ritter, dessen Besitz er haben wollte, zu einem festlichen Essen eingeladen haben, in dessen Verlauf plötzlich Schergen des Königs auftauchten, die den verblüfften jungen Mann gefangen nahmen. Sie schleppten den Unglücklichen zu einem gefrorenen Teich und versenkten ihn unter der Eisdecke.

Der König bezeichnete sich selbst als Fuchs, was er bei Gelegenheit auch seinen Untertanen in Form eines Gleichnisses klarmachte: Er erzählte, dass vier Tieren der Vorschlag gemacht wurde, in eine Höhle zu gehen. Drei der Tiere befolgten den Rat, nur der Fuchs wartete ab, ob die Tiere wieder ans Tageslicht kämen. Der schlaue Fuchs war der einzig Überlebende, denn keines der Tiere wurde je wieder gesehen!

Albrecht I.

Ein Gezeichneter auf dem Königsthron

Sein Vater Rudolf von Habsburg hatte ihn zwar zum Nachfolger ausersehen, aber die mächtigen Kurfürsten dachten nicht daran, Albrecht zum deutschen König zu küren.

Als Albrecht, der älteste Sohn des unbedeutenden habsburgischen Grafen aus dem Aargau und seiner Ehefrau Gertrud von Hohenberg, im Juli 1255 in Rheinfelden das Licht der Welt erblickte, war sein politischer Aufstieg, den er nach dem Tod seines Vaters nach vielen Schwierigkeiten und Hindernissen machte, nicht absehbar.

Da Albrecht selbst engste Familienmitglieder durch sein düsteres, unnahbares Wesen immer wieder brüskierte, stand ihm sogar der Vater, wenn es um die Nachfolgefrage ging, skeptisch gegenüber. Hartmann, der zweitgeborene Sohn, war König Rudolfs Liebling, ein fröhlicher, umgänglicher junger Mann – ihn hielt der König für besser geeignet, die Krone des Heiligen Römischen Reiches zu tragen.

Die Kurfürsten allerdings hatten andere Motive, Albrecht zunächst nicht den deutschen Thron anzubieten. Man wollte unter allen Umständen eine Erbmonarchie wie zur Zeit der Staufer verhindern. Aber letztlich kam alles anders als geplant, denn Hartmann ertrank bei einem Schiffsunglück im Rhein und der von den Kurfürsten nach dem Tode Rudolfs gewählte Adolf von Nassau erwies sich als unfähiger Glücksritter. Albrecht wurde daher doch noch – und sogar zwei Mal – zum deutschen König gewählt.

Obwohl Albrechts Vater mehr als genug Probleme zu lösen hatte, kümmerte er sich vorbildlich um das Wohl seiner Kinder. Selbst die Braut hatte er frühzeitig für seinen ältesten Sohn ausgesucht, wenngleich Albrecht erst zehn Lenze zählte. Dabei waren nicht Schönheit und Liebreiz der Tochter des mächtigen Grafen Meinhard von Tirol für die Wahl ausschlaggebend, sondern einzig und allein politische Überlegungen. Zudem war der zukünftige Schwiegervater ein reicher Mann, der auch bei der Mitgift seiner Tochter Elisabeth nicht knauserte, als im Jahre 1274 die Hochzeitsglocken läuteten. Sie kündigten den Beginn einer glücklichen Ehe an, aus der 21 Kinder hervorgingen. Elisabeth war eine ungewöhnliche Frau, die wie durch ein Wunder nicht nur die beinah alljährlich stattfindenden Geburten überlebte, sondern wo immer sie konnte, ihren Gemahl begleitete und ihm mit Rat und Tat zur Seite stand.

Es gab im Leben Albrechts nicht sehr viele Menschen, auf die er sich felsenfest verlassen konnte. Dabei zweifelte der Vater nicht an den politischen Fähigkeiten seines Sohnes, denn schon vor der Schlacht auf dem Marchfeld hatte er den erst 19-jährigen Albrecht in den Oberen Landen, den eigentlichen Hausgütern der Habsburger, als Stellvertreter eingesetzt.

In seinem Charakter war Albrecht, der neue Herr von Österreich und der Steiermark, sicherlich ungewöhnlich zwiespältig, anders lassen sich seine Reaktionen nicht verstehen. Denn auf die Empörung der Wiener und die damit verbundenen Revolten, die 1288 ein charismatischer Mann namens Paltram angezettelt hatte, reagierte er mit ungewöhnlicher Brutalität, zerriss außerdem vor den Augen der gedemütigten Bevölkerung die Urkunde, auf der die Reichsfreiheit garantiert war, um dann plötzlich milde gestimmt den Wienern ein umfangreiches Privilegium im Jahre 1297 zu verleihen, das bis 1526 seine Gültigkeit haben sollte.

Herzog Albrecht war ein glänzender Organisator, der, als er erkannte, dass er die anfallenden Probleme unmöglich selbst lösen konnte, eine bestens funktionierende Kanzlei einrichtete, die aus zwei Oberbeamten, dem Pronotar, einem Notar und einigen Schreibkräften bestand. Sie sollten sich mit grundrechtlichen Fragen beschäftigen und hatten die Befugnis, auch in anderen Landesteilen in Rechtsstreitigkeiten einzugreifen. Dass dies das Missfallen manch konservativer Landesherren hervorrief, verwunderte kaum. Aufstände in allen Teilen des Landes waren die Folge von Albrechts zentraler Politik, sowohl in Ungarn als auch an der Leitha und in den Oberen Landen. Besonders gefährlich war die Revolte in der Steiermark, die vom Erzbischof von Salzburg und dem Herzog von Niederbayern nicht nur durch Mundpropaganda unterstützt wurde.

Albrecht statuierte ein Exempel: Wider jegliche militärische Strategie zog er mit einem bunt zusammengewürfelten Heer bei tiefem Schnee und klirrender Kälte mitten im Winter über den, wie es schien, unpassierbaren Semmering – ein Unterfangen, das man in der Steiermark nie erwartet hätte. Nach seinem Sieg über die unbotmäßigen Steirer tat Albrecht etwas völlig Überraschendes: Er schonte die Besiegten!

Und dennoch eilte Herzog Albrecht kein guter Ruf voraus. Landauf, landab wurde er im Reich in den düstersten Farben geschildert, und das in einer Zeit, in der die Kurfürsten nach dem Tod von König Rudolf zur Wahl eines neuen Königs schritten. Albrecht sah sich einer Phalanx gegenüber, die es zu überwinden galt.

Zunächst sah alles so aus, als würde er nie die deutsche Königskrone tragen, denn die Kurfürsten wählten als Nachfolger Rudolfs einen Mann, dem sie gar nichts zutrauten, am wenigsten Machtgelüste: Adolf von Nassau. Obwohl sie damit das Risiko größerer Zwistigkeiten mit Albrecht in Kauf nahmen, verhielt sich der Habsburger überraschend friedlich, ja er händigte dem neuen König sogar die Reichsinsignien aus, die sich in seinem Besitz befanden, und ließ sich offiziell belehnen. Diese öffentlich zur Schau gestellte Friedfertigkeit Albrechts war letztlich bloß eine schlaue Taktik, denn der Habsburger wartete nur darauf, bis die Kurfürsten erkannten, dass auch ein Adolf von Nassau sein Stammgebiet zulasten einzelner Gebiete in Thüringen zu erweitern trachtete. Das war den Kurfürsten eindeutig zu viel! Sie beschritten daher einen Weg, der bisher undenkbar gewesen wäre: Sie setzten den von ihnen auserkorenen und gekrönten deutschen König ab! Und wählten den ihnen unsympathischen Albrecht, den man noch als das kleinere Übel ansah.

Albrecht erkannte zum einen die Animositäten, die die Kurfürsten Adolf gegenüber entwickelt hatten, zum anderen musste er sich den Rücken frei machen, um einen Kampf auf Leben und Tod mit seinem immer noch amtierenden Gegenkönig Adolf zu wagen. Der Habsburger war durch und durch Realpolitiker, der die Situation im Reich und in den angrenzenden Ländern richtig einschätzte. Durch kluge Schachzüge brachte er die Verehelichung seiner zahlreichen Nachkommen zustande, eine Tochter heiratete den ungarischen König und ein Sohn die Tochter des französischen Königs Philipp des Schönen, wodurch er sowohl im Osten als auch im Westen den Rücken frei hatte. So abgesichert, konnte er Adolf von Nassau zum Kampf herausfordern. Bei Göllheim in Rheinhessen trafen die Ritterheere bei glühender Hitze aufeinander. Obwohl Adolf von Nassau heldenhaft um seine Königsehre kämpfte, verloren er und viele seiner Anhänger im Kampf ihr Leben, wobei eine nicht geringe Anzahl der Ritter in der eisernen Rüstung der Schlag traf.

Nun war der Weg frei für eine nochmalige Wahl, in der man Albrecht als deutschen König bestätigte und ihn am 24. August 1298 in Aachen krönte. Wenn auch Albrecht von den meisten Chronisten als Machtmensch geschildert wurde, der seine Ziele ob im Westen oder Osten mit brutalen Methoden durchsetzte, so war er doch vor allem ein Kind seiner Zeit, die an unvorstellbaren Grausamkeiten nur noch im Dreißigjährigen Krieg überboten wurde. Allein schon durch seinen düsteren unnahbaren Gesichtsausdruck war es ihm beinah unmöglich, wahre Freunde zu finden. Einzig und allein in Schwaben rekrutierte er seine Anhänger und verteilte sie über seine Herrschaftsgebiete in den späteren österreichischen Ländern. Er zeigte sich auch seinen wenigen Freunden gegenüber rigoros und stellte – selbst ein treuer Ehemann – hohe moralische Ansprüche. Da er sich rühmte, nie untreu gewesen zu sein, verachtete er unkeusche billige Weiber, was im Chronicon Austriacum eigens vermerkt ist: „Unter den übrigen deutschen Fürsten erstrahlte er wie die Sonne unter den Gestirnen durch seine ausgezeichnete Tugend, besonders weil er, zufrieden mit der angetrauten Gattin, die eheliche Keuschheit hielt und ausgelassene Zusammenkünfte vermied."

Bei allem politischen Gespür und seinem Realitätssinn fehlten dem hünenhaften, athletisch gebauten König Eigenschaften, die sein Vater und auch sein Bruder Hartmann besessen hatten: Man vermisste bei Albrecht jegliches Gefühl der Wärme, er besaß nicht einen Funken Charme. Wo der düstere Mann auftauchte, entstand ein Gefühl der Furcht. Dazu trug natürlich auch die Verletzung des linken Auges bei, die er sich durch die Behandlungsmethoden der Ärzte zugezogen hatte. Albrecht war seit dem Jahr 1295 einäugig, eine Tatsache, die in der damaligen Zeit zu allen möglichen Spekulationen Anlass gab.

Wenngleich ihm von allen Seiten wenig Sympathien entgegengebracht wurden, stellte sich Albrecht mit dem Papst wider Erwarten gut, da er die Absicht verfolgte, von Bonifaz VIII. zum Kaiser gekrönt zu werden. Dabei war dieser Papst alles andere als ein umgänglicher Mann, wo immer er auftrat, spuckte er Gift und Galle. Daher war man allgemein im Reich überrascht, dass ausgerechnet der unzugängliche Albrecht in gutem Einvernehmen mit dem Mann auf dem Stuhle Petri zu sein schien. Aber zwei Machtpolitiker standen einander gegenüber und obwohl Bonifaz Albrecht mit allen möglichen Schimpfnamen bedachte – er bezeichnete ihn als Rebellen, Thronräuber, ja sogar als Majestätsverbrecher und Kirchenverfolger, den er mit dem Kirchenbann bedrohte –, ließ sich Albrecht nicht aus der Fassung bringen. Er gab sich lammfromm und erfüllte alle Forderungen, die der Papst stellte, bis ins Kleinste – sehr zur Verwunderung der Kurfürsten. Sein Ziel war nämlich, die Hände frei zu bekommen und die habsburgische Hausmacht sowohl im Osten als auch im Westen zu erweitern.

Albrecht hatte nicht schlecht kalkuliert, denn schließlich beruhigte sich der Papst und lud den deutschen König zur Kaiserkrönung ein. Allerdings machte der Tod einen Strich durch die Rechnung, denn der allseits unbeliebte Bonifaz wurde bei einem Attentat so schwer verletzt, dass er eine Woche später starb.

Der Traum von der Kaiserkrone war für Albrecht zunächst ausgeträumt. Es zeigte sich, dass auch die Königswürde keineswegs erstrebenswert war, denn die Kurfürsten warfen Albrecht Prügel in den Weg, wo sie nur konnten. Anlässe gab es genug, denn viele der Neuerungen, die Albrecht anordnete, verletzten die Kompetenzen der Kurfürsten. Albrecht sah sich selbst als rechtschaffenen Mann, woran aber viele seiner Kontrahenten zweifelten. Es fanden sich wenige, die seine Ambitionen verstanden, die etwas Positives in der Schaffung eines Beamtenapparats, in der Aufstellung einer funktionierenden Streitmacht sahen und die sein Gerechtigkeitsgefühl schätzten. Aber aufgrund seines herben Wesens stieß er so manchen vor den Kopf. Er war den Kurfürsten, aber auch den Bauern in der Schweiz, die fürchteten, unter Habsburgs Knute zu geraten, ein Dorn im Auge. Albrecht war unbeliebt, wo immer er auftauchte.

Auch in der eigenen Familie gab es Schwierigkeiten, die noch auf die Zeit zurückgingen, als der Vater, König Rudolf, Albrecht und Rudolf zur gleichen Hand belehnt hatte. Nachdem Albrecht nach dem Tod seines Bruders keine Anstalten gemacht hatte, dessen Sohn Johann, seinem Neffen, verschiedene Besitzungen zu übereignen, die ihm kraft des Vertrages von Rheinfelden zustanden, sann Johann auf Rache. Albrecht erkannte nicht die Gefahr, in der er schwebte, denn er sah in Johann zumindest einen zukünftigen Mitregenten. So wurde über das Verhältnis von Albrecht und Johann folgende Anekdote berichtet: Als beide gemeinsam ausritten, soll König Albrecht Zweige von einem Baum gepflückt, zu einer Krone gewunden und dem 16-jährigen Neffen aufs Haupt gesetzt haben, mit den Worten: „Dies lässt Euch der Zeit mehr erfreuen als die beschwerlichen Regierungssorgen. Sie werden Euch noch früh genug aufgebürdet werden!"

Es sollte ganz anders kommen. Johann konnte seinen Hass auf Albrecht kaum mehr im Zaum halten, als ihm dieser bei einem Festmahl, zu dem er geladen war, einen Kranz überreichte. Wutentbrannt schleuderte er das Gebinde von sich, indem er schrie, er wäre zu alt, um mit Blumen abgespeist zu werden. Er wolle endlich bekommen, was ihm zustünde.

Das empörende Verhalten des Neffen hätte den König aufrütteln müssen, aber er blieb ahnungslos. Als er am 1. Mai 1308 nach Brugg reiten wollte, um seine geliebte Gemahlin wiederzusehen, sprengten die Verschwörer unter Führung seines Neffen aus dem Hinterhalt. Den ersten Schlag führte Johann aus, der dem Onkel den Schädel spaltete. Um auf Nummer sicher zu gehen, stachen Johanns Kumpane Rudolf von Wart, Rudolf von Balm, Walter von Eschenbach und Konrad von Tegerfelden auf den vom Pferd gestürzten König wie besessen ein, der nicht die geringste Chance gehabt hatte, diesem Mordanschlag zu entgehen.

Die Reaktionen auf den Tod König Albrechts waren zweigeteilt: Viele Menschen fühlten sich von einem Unterdrücker befreit, der ihre Rechte, wo es nur ging, geschmälert hatte. Sie konnten Johann, der den Beinamen „Parricida" (Königsmörder) erhielt, nicht genug danken. Andere, die die reformerischen Absichten des Toten erkannt hatten, weinten bittere Tränen und verurteilten den Königsmord als das größte Verbrechen, das Menschen begehen konnten.

Johann Parricida entzog sich Hals über Kopf durch Flucht einem ordentlichen Gerichtsverfahren. Erst im September 1309 fand die offizielle Ächtung des Königsmörders in Speyer statt. Johann wurde seines Lebens nicht mehr froh. Er verbrachte die Jahre bis zu seinem Tod hinter Klostermauern in Pisa, wo er von den Mönchen, die ihn bewachten, zutiefst verachtet wurde.

*

Albrecht war zeit seines Lebens in innere und äußere Kämpfe verwickelt gewesen, wobei sein Äußeres viel dazu beigetragen hatte, dass er beinahe von Freund und Feind gemieden wurde, denn er war ein Gezeichneter, ein Einäugiger – beim Aberglauben, der im Mittelalter herrschte, eine schreckliche Hypothek für einen Herrscher. Der einzelne unwissende Mensch erblickte in allem, was nicht den Normen entsprach, eine Verbindung zu dunklen Mächten, die die Welt beherrschten. Daher konnte ein Herrscher, der auf einem Auge blind war, nur mit dem Teufel im Bunde sein!

Es war eine Tragik für Albrecht, dass er nach einem opulenten Mahl plötzlich von schweren Krämpfen befallen wurde, die ihm die Besinnung raubten. Man verdächtigte die Köche, eventuell verdorbene Lebensmittel verarbeitet zu haben oder, nachdem die Untersuchungen in dieser Richtung kein Ergebnis brachten, dass eventuell Gift im Spiel war. Da Albrecht sich in Krämpfen wand, flößten die Ärzte ihm purgierende und abführende Mittel ein, wodurch die Koliken aber noch verstärkt wurden. Albrecht schien dem Tod geweiht! In dieser verzweifelten Situation kam man auf die Idee, den jungen Mann an beiden Füßen verkehrt aufzuhängen, damit das Gift aus dem Körper fließen konnte. Wie lange Albrecht so hing, ist nicht bekannt. Tatsächlich überlebte er die Prozedur, ein Auge aber war für immer zerstört. Das Schicksal hatte ihn zu einem Außenseiter gemacht!

Friedrich der Schöne

Herrscher mit Handschlagqualität

Dass der zweitgeborene Sohn König Albrechts I. und seiner Gemahlin Elisabeth doch noch königliche Ehren erlangte, grenzte beinah an ein Wunder. Denn keiner konnte jemals glauben, dass der Habsburger Friedrich, der Jahrhunderte später erst den Beinamen „der Schöne" erhielt, jemals Chancen haben würde, zumindest als Mitregent nach den langen Kämpfen mit seinem Cousin Ludwig dem Bayern auf dem deutschen Thron zu sitzen. Aber von Ehrgeiz getrieben, genügten Friedrich nicht die habsburgischen Länder, für die ihm sein Vater Albrecht 1306 die Verwaltung übertragen hatte. Sein vorrangiges Ziel war nach dem frühen Tod seines älteren Bruders Rudolf, der zum König von Böhmen erhoben worden war, zunächst die böhmische Krone zu erlangen, ein Unterfangen, bei dem er von seinem Vater jede Art von Unterstützung erhielt, aber dennoch scheiterte.

Als sein Vater völlig überraschend im Jahre 1308 ermordet wurde, war es für den 19-jährigen Friedrich klar, dass er sich um die deutsche Königskrone bewerben würde, obwohl er an den Reaktionen der Kurfürsten, mit denen schon sein Vater ununterbrochen Schwierigkeiten gehabt hatte, ablesen konnte, dass sie keineswegs unbedingt gewillt waren, wieder einen Habsburger zu wählen. Herzog Friedrich und seine Brüder, die im weiteren Verlauf noch eine große Rolle spielen sollten, mussten zunächst froh sein, dass der neue König Heinrich VII. von Luxemburg sie mit den habsburgischen Ländern belehnte.

Zum ersten ernsten Konflikt Friedrichs kam es mit seinem bayerischen Cousin Ludwig, als es um die Vorherrschaft in Niederbayern ging, wo die Herzöge ständig gegen den Habsburger intrigierten. So hatte Herzog Otto auch seine Hände im Spiel, als in Wien gefährliche Aufstände gegen Friedrich losbrachen. Der junge Habsburger war nicht zimperlich mit seinem Wiener Blutgericht: Die Rädelsführer der Rebellion wurden entweder zu Tode geschleift und geviertelt, geblendet oder es wurde ihnen die Zunge herausgerissen. Seltsamerweise vergaßen die Wiener sehr schnell diese Grausamkeiten, denn Wien wurde für Friedrich zu einer besonders lebenswerten Stadt, wo er sich gerne aufhielt.

Da Friedrich sehr bald erkannte, dass er sich mit den Niederbayern nicht einigen konnte, griff er zu den Waffen. Dadurch geriet er automatisch in Konflikt mit seinem Cousin, Herzog Ludwig dem Bayern, der die Niederbayern unterstützte. Plötzlich wurden aus den langjährigen Freunden Friedrich und Ludwig, dem Habsburger und dem Wittelsbacher, der in Wien aufgewachsen war, erbitterte Feinde. Friedrich unterlag 1313 in der Schlacht bei Gammelsdorf. Ludwig zeigte sich damals noch als großzügiger Sieger, denn schon bald danach saß man einträchtig bei opulenten Festessen nebeneinander, ein Herz und eine Seele.

Die Chronica Ludovici schildert das innige Verhältnis der beiden: „Als nun ... die erlauchten Herzöge Ludwig und Friedrich einander von Angesicht zu Angesicht erblickten, umarmten und küssten sie sich so stürmisch, fassten größte Zuneigung zueinander und gaben derselben, indem sie sich beide als Enkel des ruhmreichen Königs Rudolf bekannten, öffentlichen Ausdruck. Da gab es nun große Freude und Ruhm auf beiden Seiten, und es kam zwischen ihnen Frieden und Eintracht. Ein prächtiges Festgelage, von den Klängen fröhlicher Musik und lautem Juchzen belebt, vereinte die Versöhnten ... Zugleich schwor man sich zu, dass keiner unter ihnen den anderen durch Wort oder Tat verletze, sie sich vielmehr allzeit gegen jedermann verteidigen wollten." Aber das gute Einvernehmen sollte nicht von langer Dauer sein.

Durch den überraschenden Tod König Heinrichs in Italien 1313 wurden die politischen Karten neu gemischt. Und da die Sympathien der Wahlmänner, der mächtigen Kurfürsten, zweigeteilt waren, standen sich plötzlich Friedrich und Ludwig als Anwärter auf den deutschen Thron gegenüber. Für beide Bewerber fanden sich überall im Reich Unterstützungsgruppen, die sich gegenseitig in blutigen Kleinkriegen bekämpften – leidtragend wie immer war das ohnedies jahrelang geschundene Volk! Als besondere Kriegshetzer taten sich Leopold, der Bruder Friedrichs, und der Burggraf von Nürnberg hervor. Beide sollten in der großen Auseinandersetzung zwischen den beiden gewählten Königen noch eine traurige Rolle spielen.

Und da weder Friedrich noch Ludwig die Absicht hatte, zugunsten des anderen zurückzutreten, kam es im Jahre 1314 zur Doppelwahl, wobei Friedrich in Sachsenhausen von dreien der sieben Kurfürsten zum deutschen König gewählt wurde und Ludwig vor den Toren Frankfurts mit vier Stimmen. Nun musste alles schnell gehen: Der Wettlauf um den Zeitpunkt für die Krönung begann, denn wer als Erster in den Besitz der Reichsinsignien gelangte, hatte Anspruch, als wahrer deutscher König auf dem Thron zu sitzen. Und dabei kam es zu einem echten Kuriosum, denn Friedrich wurde bei Bonn vom Erzbischof von Köln Heinrich von Virneburg, dem eigentlichen Coronator, auf freiem Felde mit den Reichsinsignien gekrönt, während noch am gleichen Tage in der Krönungsstadt Aachen die Krönung Ludwigs mit Attrappen stattfand. Nun standen sich im Reich nicht zwei ehemalige Freunde, sondern zwei gekrönte deutsche Könige gegenüber!

Auch dem Papst wurde die seltsame Situation mitgeteilt, vielleicht gab man sich der Hoffnung hin, dass der Heilige Vater imstande wäre, eine einvernehmliche Lösung zu schaffen. Aber das Papsttum steckte schon seit längerer Zeit in einer tiefen Krise, sodass Johannes XXII., der Nachfolger von Clemens V., zu stark mit eigenen Problemen belastet war, um nach der Doppelwahl einen eindeutigen Standpunkt zu beziehen.

Der Kampf um den deutschen Thron war unausweichlich, wobei die Brüder Friedrichs (namentlich Leopold) durch ihre starre Haltung gegenüber dem bayerischen Cousin die Situation verschärften. Denn Friedrich selbst war eher von lethargischem Temperament, alles andere als ein Kriegsmann, der die strategische Lage, in der er sich befand, nicht richtig einschätzen konnte. Seine Brüder standen im Hintergrund und fachten die Zwistigkeiten immer wieder an, die schließlich für Friedrich in der Schlacht bei Mühldorf am Inn 1322 in einer Katastrophe endeten. Ausgerechnet ein Steirer namens Rindsmaul nahm Friedrich, der schon von Weitem an seinem Königsornat erkennbar war, das er in den Kämpfen getragen hatte, gefangen und lieferte ihn Ludwig aus. Der Bayer hatte die Kampfstätte beinah inkognito verlassen. Vorsichtig wie er war, kleidete er sich unauffällig so wie seine Ritter mit weißblauer Schärpe.

Als man ihm den gefangenen Cousin übergab, kannte er kein Pardon. Friedrich und sein Bruder Leopold wurden auf der Burg Trausnitz bei Schwandorf in der Oberpfalz gefangen gesetzt, wo Ersterer zweieinhalb Jahre verbringen sollte.

Die politische Situation im Reich, aber auch die Absichten Frankreichs auf den deutschen Thron sowie die Schwierigkeiten, die sich für Ludwig mit dem Papst ergaben, führten dazu, dass Ludwig schließlich zum Einlenken bereit war, nachdem ihm auch die Reichsinsignien übersandt worden waren. Im Vertrag von Trausnitz ging Friedrich auf die Bedingungen ein, die ihm Ludwig stellte. Daraufhin wurde er 1325 aus der Haft entlassen. Einer der wesentlichen Punkte in dem Vertrag war, dass Friedrich die feindseligen Brüder überreden sollte, ihren Widerstand gegenüber Ludwig aufzugeben. Außerdem erklärte sich Friedrich bereit, auf sein Königtum zu verzichten.

Alles war besser gedacht als getan. Denn Friedrichs Bruder Leopold I. dachte nicht daran, klein beizugeben, er wollte Ludwig bekämpfen bis zum letzten Mann. Friedrich hatte Ludwig seinerzeit sein Ehrenwort gegeben, auf die Burg Trausnitz zurückzukehren, sollte seine Mission scheitern. Längst hatte er schmerzlich erkennen müssen, dass er niemals den Bruder zum Frieden würde überreden können. Als Ehrenmann machte er daher sein Versprechen wahr und lieferte sich, ohne große Worte zu machen, in München freiwillig seinem Gegner aus, obwohl ihn Papst Johannes XXII. von seinem Versprechen entbunden hatte. Ludwig war von dieser Geste so beeindruckt, dass er künftig Friedrich wieder als Freund ansah, der er dereinst gewesen war. Der Cousin hatte seinen Platz an der königlichen Tafel neben Ludwig, Chronisten berichteten, dass beide sogar in ein und demselben Bett schliefen. Der Zisterzienserabt Peter von Zittau schrieb: „Die zwei Fürsten, die sich Könige nennen, essen und trinken zusammen und schlafen bis heute beieinander und sind durch friedenstiftende Worte vereint."

Da Ludwig der ununterbrochenen Wirren wegen des Öfteren außer Landes weilte, setzte er Friedrich zunächst als seinen Stellvertreter ein, schließlich einigte man sich im Geheimvertrag von München 1325 darauf, dass Friedrich als Mitkönig anerkannt werden sollte. Das Reich hatte nach blutigen Wirren, die zulasten der Bevölkerung gegangen waren, nach 13 Jahren wieder zwei Könige!

König Friedrich war kein langes Leben beschieden. Er starb, die längste Zeit als König tatenlos, am 13. Januar 1330 in Gutenstein. Nachdem man ihn in der Kartause Mauerbach bei Wien beigesetzt hatte, wurden seine sterblichen Überreste 1789 in die Fürstengruft in St. Stephan überführt.

*

Friedrich I. (III.) war ein hochgewachsener Mann, dem die Nachwelt Jahrhunderte später den Beinamen „der Schöne" verlieh. Er hatte aufgrund seines verschlossenen Wesens wenig Freunde, ja auf so manchen Zeitgenossen wirkte er arrogant und unzugänglich. Dennoch schien er eine glückliche Ehe mit Isabella, der Tochter von König Jayme II. von Aragon, geführt zu haben. Diese Ehe war schon von Friedrichs Vater König Albrecht I. aus politischen Gründen angedacht worden. Albrecht suchte überall im Westen Verbündete, auf die er sich verlassen konnte, und da schien es ihm am sichersten, verwandtschaftliche Beziehungen zu knüpfen. Unter den Brautwerbern, die schließlich auf Geheiß Friedrichs ins ferne Aragon zogen, befand sich ein angesehener Mann, der steirische Reimchronist Otacher ouz der Geul, der viele interessante Details über den Brautzug berichtete.

Isabella, die in der Steiermark Elisabeth heißen sollte, wurde mit erst elf Jahren auf die weite Reise geschickt. Trotz ihrer Jugend war sie ein gebildetes Mädchen, denn ihre Erzieherin war keine Geringere als Konstanze, die Tochter Kaiser Friedrichs II. Der ferne Bräutigam ließ sich bei der Hochzeit in Barcelona 1313, die nach zähen Verhandlungen schließlich doch gefeiert werden konnte, durch einen Prokurator vertreten. Die Fahrt von Barcelona nach Judenburg, wo Isabella-Elisabeth ihren Gemahl treffen sollte, war unendlich beschwerlich und gefährlich, tagaus, tagein musste der Brautzug mit Gefahren aller Art rechnen. Denn bei dem unterschiedlichen Temperament der Gefolgsleute entbrannten häufig nicht nur heftige Wortgefechte, die allzu leicht in Handgreiflichkeiten zwischen den Steirern und den Aragonesen eskalierten und die das halbe Kind in Angst und Schrecken versetzten. Dazu kamen die vielfältigen Unbilden der Natur, plötzliche Unwetter, verlauste Herbergen, fremdländisches Essen, endlos lange Tagesritte, Hitze und Kälte, Schnee und Regen – monatelang. Aber einmal ging auch diese Reise für Isabella zu Ende, voller Erwartung hielt die junge Braut Einzug in Judenburg. Und im Gegensatz zu vielen Habsburger Bräuten erlebte sie beim Anblick ihres Bräutigams keine Enttäuschung, Friedrich erfüllte die Vorstellungen von einem Märchenprinzen ganz und gar, der ihr in einem Traum geweissagt worden war.

Auch der junge Habsburger konnte zufrieden sein, denn Isabella-Elisabeth war nicht nur ein anmutiges, charmantes Mädchen, das er zum Altar führte, er ehelichte auch eine reiche Braut, die neben einer ansehnlichen Aussteuer noch einen Batzen Geld mitbrachte.

Allein 28 Armbänder, mit wertvollen Edelsteinen besetzt, die für die Braut eine wichtige Rolle spielten, fanden sich unter den Kostbarkeiten, genauso wie zahllose Silbergefäße, vergoldete Messer und Löffel, erlesene bestickte Stoffe, Ballen von Samt und Seide sowie eine mit Haifischzähnen besetzte „Kredenz", ein Gefäß, durch das man vergiftete Speisen angeblich erkennen konnte. Ein kunstvoll verziertes Schachbrett durfte ebenfalls nicht fehlen, da zur damaligen Zeit auch die Damen sich gerne diesem Denkspiel widmeten.

Aus der Ehe zwischen Friedrich und Isabella-Elisabeth gingen die Kinder Friedrich und Elisabeth sowie Anna hervor, wobei nur die jüngste Tochter Anna das Erwachsenenalter erreichte und in erster Ehe Herzog Heinrich III. von Niederbayern heiratete.

Isabella-Elisabeth, die zu Pfingsten 1315 in Basel als 15-jähriges Mädchen zur Königin gekrönt worden war, entwickelte sich zu einer aktiv politischen Frau, die ihren etwas labilen Gemahl unterstützte, wo sie nur konnte, obwohl sie schon damals große Probleme mit den Augen hatte, die schließlich zur Erblindung führten. Während Friedrichs Gefangenschaft, die große finanzielle Verluste mit sich brachte, war sie gezwungen, besonders schöne Stücke von ihrem Schmuck zu verkaufen, um den entsprechenden Lebensstil für sich und ihre Familie aufrechterhalten zu können. In den trüben Tagen des Alleinseins verfiel sie auf die Idee, sich übermäßig zu kasteien, was ihrer ohnehin labilen Gesundheit schadete. Die letzten Jahre ihres Lebens verbrachten beide meist in Judenburg, wohin sich Friedrich und seine Gemahlin gern zurückzogen.

Das Schicksal wollte es, dass Isabella-Elisabeth ihren Ehemann, der am 13. Januar 1330 starb, nur um einige Monate überlebte. Vielleicht hatte sie am 12. Juli ihre „Kredenz" nicht in greifbarer Nähe, denn als sie zusammen mit dem Bruder ihres verstorbenen Mannes Albrecht die Mittagsmahlzeit einnahm, wurden beide ganz plötzlich von heftigem Übelsein befallen. Obwohl die zugezogenen Ärzte sich bemühten, die beiden am Leben zu erhalten, gelang ihnen dies nur beim Schwager der Witwe, der allerdings für den Rest seines Lebens gelähmt war. Die Vermutung lag nahe, dass die Speisen vergiftet gewesen waren. Isabella-Elisabeth war nur 30 Jahre alt geworden.

Albrecht II.

Die Kaiserwürde blieb ihm verwehrt

Es musste für Kaiser Sigismund ein schwerer Schlag gewesen sein, dass er auch in zweiter Ehe mit Barbara von Cilli keinen Sohn hatte. Aus dieser chaotischen Verbindung – die Eheleute hassten einander – ging lediglich eine Tochter namens Elisabeth hervor, sodass das Geschlecht der Luxemburger in der männlichen Linie zum Aussterben verurteilt war. Über längere Zeit hinweg war die Nachfolgefrage offen, wer nach dem Ableben des Kaisers nicht nur die deutsche, sondern auch die ungarische und böhmische Krone tragen sollte.

Sigismund, der jüngere Sohn des luxemburgischen Kaisers Karl IV., war nach der Absetzung seines älteren unfähigen Bruders Wenzel im Jahr 1400 überraschend König und schließlich Kaiser in einer unruhigen Zeit geworden. Denn in Böhmen war es zu einer Religionsspaltung durch die Thesen von Jan Hus gekommen, wobei die Anhänger des Reformators „mit Feuer und Schwert" die neue Lehre verbreiteten. Für den Kaiser, der dem Katholizismus verpflichtet war, stellte diese Situation eine große Bedrohung und zugleich eine Herausforderung dar, den „wahren Glauben" zu verteidigen. Er benötigte Helfer und Freunde aus allen Teilen der Bevölkerung, vor allem natürlich von den mächtigen Familien im Lande.

Er war erst 14 Jahre alt, aber schon für volljährig erklärt worden, als der junge Habsburger Albrecht von sich reden machte. Ohne großes Aufsehen stellte er sich in den Dienst Kaiser Sigismunds und unterstützte dessen Militäraktionen in Ungarn. Er sollte es nicht umsonst getan haben, denn der Kaiser erwies sich als großzügig und bot ihm die Hand seiner Erbtochter Elisabeth. Sigismund hatte keine schlechte Wahl getroffen, denn der tüchtige Albrecht, der Sohn von Herzog Albrecht IV.

und seiner Gemahlin Johanna Sophia von Bayern-Straubing, galt als rechtschaffener junger Mann mit untadeligem Ruf. Im Gegensatz zu seinem friedliebenden Vater, dem schon Zeitgenossen den Beinamen „Weltwunder" verliehen hatten, da er, bigott wie er war, unbeschadet die Strapazen einer Reise ins Heilige Land überstanden hatte, stürzte sich Albrecht in Ungarn genauso wie in Böhmen und schließlich auch in Niederösterreich, wohin die Hussiten vorgedrungen waren, mitten ins Schlachtgetümmel. Die Mär von Albrechts Heldentaten verbreitete sich wie ein Lauffeuer. Kaiser Sigismund war davon derart beeindruckt, dass er seinem zukünftigen Schwiegersohn schließlich sogar Mähren abtrat, was sich freilich als Danaergeschenk erwies, weil gerade in diesem Landesteil die erbittertsten Kämpfe mit den Hussiten stattfanden.

Albrecht erkannte sehr bald, dass er sein Leben auf Dauer nicht nur auf den Kriegsschauplätzen verbringen konnte. Er, der am 10. August 1397 in Wien das Licht der Welt erblickt hatte, versuchte die kämpfenden Utraquisten, eine Splitterorganisation der Hussiten, aber auch die Katholiken davon zu überzeugen, dass die ununterbrochenen Kriege und Kampfhandlungen das Land in den Ruin treiben würden. Wo immer es ging, versuchte er die Menschen zum Frieden zu bewegen – etwas, das schließlich durch einen Waffenstillstand mit den Hussiten im Jahre 1434 von Erfolg gekrönt war.

Albrecht war nicht nur ein tapferer Krieger, mit seiner hochgewachsenen Gestalt – er überragte seine Zeitgenossen um Haupteslänge – galt er auch als ein attraktiver Mann, der die prächtig gekleidete Kaisertochter am 22. April 1422 in Wien zum Altar führte. Zwar war die kleine Braut erst 13 Jahre alt, aber in der damaligen Zeit standen derlei Kinderhochzeiten an der Tagesordnung.

Das junge Ehepaar wählte zunächst Wien als Wohnsitz, wo Herzog Albrecht versuchte, eine gewisse Ordnung in der Verwaltung einzuführen. Wenn der Habsburger auch einen merkwürdig dunklen Teint besaß und, wie die Zeitgenossen berichteten, „furchterregende" Augen, so gewann er doch sehr bald die Sympathien der Wiener. Seine geringe Bildung glich er mit Lerneifer aus, denn er hatte erkannt, dass die Kenntnis anderer Sprachen, namentlich Ungarisch und Tschechisch, für ihn als zukünftigen König von enormer Wichtigkeit war.

Obwohl Herzog Albrecht aufgrund seines untadeligen Wesens sich auf eine Schar von Anhängern verlassen konnte, kam es im Jahre 1426 zu einer brisanten Situation. Ein gedungener Mörder verübte auf ihn einen Anschlag, den Albrecht – wie offiziell verlautbart wurde – mit Gottes Hilfe überlebte. Der Allmächtige hatte seine schützenden Hände über Albrecht gehalten, sodass der Teufel keine Macht gehabt hatte. Diese Vorstellung entsprach ganz dem Glauben der Zeit, in der man sich den Teufel personifiziert vorstellte, der überall seine Hände im Spiel hatte und für das Unheil in der Welt, für Krankheiten, Missernten und Hungersnöte verantwortlich war.

Herzog Albrecht war auf allen Gebieten ein tatkräftiger Mann, der instinktiv erkannte, auf wen er sich verlassen konnte. So wählte er den Hubmeister Berthold von Mangen zu seiner rechten Hand, der sich mit Plänen zu einer Reform des Gerichtswesens genauso beschäftigen sollte wie mit einer Klosterreform. Denn Albrecht hatte sich an den Papst gewandt und gegenüber Martin V. das unmoralische Treiben, das in manchen Klöstern herrschte, angeprangert. Albrecht schwebte in der „Melker Reform" eine Verschärfung der Sitten in den Konventen vor, wie sie bereits von der Benediktinerabtei Cluny ausgegangen war. Und da Albrecht jahrelang letztlich in Glaubenskämpfe verwickelt gewesen war, plante er auch eine allgemeine Kirchenreform, wobei er als Herzog bei kirchlichen Entscheidungen das letzte Wort haben sollte. Auch die Inquisition sollte nicht nur gegen Abspenstige von der „wahren" Religion eingesetzt werden, Albrecht wollte sie auch gegen die Hussiten anwenden.

Dass der Herzog bei allem Positiven, was er ins Leben rief, auch über die Stränge schlug, war bedauerlich. So kam es unter seiner Herrschaft in den Jahren 1420 und 1421 zu einer brutalen Judenverfolgung, wobei der Mob auch die Wiener Synagoge zerstörte. Wieder einmal lastete man alles, was misslang, so wie in vergangenen Zeiten den Juden an.

Es hatte sich schon bald herauskristallisiert, dass Albrecht dereinst als Nachfolger des Kaisers die Kronen tragen würde, die Sigismund zugefallen waren, wobei dessen erste Gemahlin Maria von Ungarn ihm die magyarische mit in die Ehe gebracht hatte. Und da Albrechts guter Ruf bis zu den deutschen Kurfürsten durchgedrungen war, wählten sie nach dem Tod von Kaiser Sigismund 1437 tatsächlich den Habsburger Albrecht zum König des Heiligen Römischen Reiches.

Mit Albrecht II. hatte man einen Mann zum Herrscher über weite Teile Europas gemacht, der die besten Voraussetzungen mitgebracht hatte, die großen politischen Gegensätze auszugleichen, um so eine wirkungsvolle Streitmacht gegen die andrängenden Osmanen aufstellen zu können. Denn die Situation im Osten erwies sich als besonders prekär, weil die Osmanen nach der Schlacht auf dem Amselfeld ununterbrochen Angriffe auf die benachbarten Gebiete in Ungarn und Kroatien unternahmen.

Daher war es eine Tragik, dass dem dynamischen König, nachdem ihm die drei Königskronen – die deutsche, böhmische und ungarische – zugesprochen worden waren, nicht mehr viel Zeit blieb, seine Ideen und modernen Auffassungen von Kirche und Staat, die man schon in Ansätzen erkennen konnte, zu verwirklichen.

Das Schicksal ereilte König Albrecht II. in einem Feldlager in Ungarn, wo die Ruhr ausgebrochen war. Was anfangs harmlos erschien, entwickelte sich zur tödlichen Krankheit, die keiner der Ärzte mit den damaligen medizinischen Methoden in den Griff bekam, da man weder über die hohe Ansteckungsgefahr Bescheid wusste, noch über geeignete Maßnahmen verfügte, um die Männer im Heerlager zu schützen. Albrecht, der die Truppen gegen die Osmanen befehligte, war genauso gefährdet wie der einfachste Rossknecht. Dazu kam, dass sich Albrecht, kurz bevor man bei ihm die ersten Krankheitssymptome feststellte, durch einen Sturz von einer Treppe erheblich verletzt hatte. Wahrscheinlich fühlte sich der König, der sich jahrelang bester Gesundheit erfreute, nicht krank, denn er bestand darauf, nach Komorn zu seiner Gattin, die ihr viertes Kind erwartete, ziehen zu wollen. Gegen den ausdrücklichen Rat aller Ärzte ließ er sich, obwohl man ihm die Konsequenzen drastisch vor Augen führte, nicht von dieser Reise abhalten. Er sollte Komorn nicht mehr erreichen und weder seine Gattin noch seine beiden Töchter wiedersehen. Denn auf dem Ritt dorthin wurde ihm in Ofen am Abend ein gebratener Pfau serviert, ein schweres Essen selbst für einen Gesunden. Der Vogel sollte Albrechts letztes Abendmahl sein!

Der erst 40-jährige dreifache König starb am 27. Oktober 1439 in Neszmély nahe Esztergom. Mit ihm wurde ein Mann zu Grabe getragen, den der Chronist Thomas Ebendorfer bewundernd preist als „Beherrscher des Erdkreises, Trost der Unglücklichen, Zuflucht der Unterdrückten und Verzweifelten, Schild der Einfachen, Kummer der Ungläubigen, Vorkämpfer des Glaubens, Verehrer Gottes und unermüdlicher Verbreiter seiner Anbetung, Vater des Vaterlandes". Ja, selbst ein tschechischer Chronist ließ sich zu dem Ausspruch hinreißen: „Er war ein milder und gerechter Fürst, obwohl er ein Deutscher war."

*

Elisabeth war untröstlich, da sie einerseits den geliebten Mann verloren hatte und andererseits nicht wusste, wie sie die politische Lage, in die sie geraten war, meistern sollte. Denn plötzlich war alles verändert, aus den unterwürfigen Freunden waren über Nacht Feinde geworden, die nur darauf lauerten, selbst die besten Positionen in den herrscherlosen Ländern einnehmen zu können. Schon kurz nach der Beisetzung des Königs zeigten die ungarischen Adeligen ihr wahres Gesicht. Sie boten dem jungen, erst 15-jährigen Polenkönig Władysław die Stephanskrone an, ohne darauf Rücksicht zu nehmen, dass Elisabeth in unmittelbarer Zukunft eventuell einem Sohn das Leben schenken könnte, der rechtmäßig als Nachfolger seines Vaters die Krone beanspruchen könnte. Aber in der angespannten politischen Situation konnte niemand einen Kleinkindkönig gebrauchen, denn die Türkengefahr wurde mit jedem Tag, der verging, bedrohlicher. Um die Witwe Albrechts aus dem Gefecht zu ziehen, kamen die ungarischen Magnaten auf die absurde Idee, die hochschwangere 32-jährige Frau mit dem halben Kind Władysław zu verheiraten. Dabei hatte sich Elisabeth ausdrücklich einverstanden erklärt, dass in den einzelnen Kronländern Reichsverweser eingesetzt werden sollten, die die politischen Agenden durchführen sollten.

Für Elisabeth gab es nur einen einzigen ungarischen König, und der sollte erst geboren werden. Sie war sich aber auch im Klaren darüber, dass dieser Sohn nur dann Anspruch auf den Thron hatte, wenn er mit der Stephanskrone gekrönt worden wäre, wobei nur sie wusste, dass sich jenes alles entscheidende Kleinod auf der Plintenburg befand.

Elisabeth musste handeln, wobei sie vorsichtig ans Werk ging. Denn immer noch waren alle Augen auf sie gerichtet, sie konnte keinen Schritt unternehmen, der nicht von ihren Widersachern kommentiert oder gar überwacht wurde. Sie durfte sich in keiner Weise verdächtig machen.

Scheinbar um dort die Geburt ihres Kindes abzuwarten, zog sie mit nur wenigen Vertrauten auf die Plintenburg, wobei niemand Verdacht schöpfte. Elisabeth hatte nur ihre Kammerfrau Helene Kottanerin in ihren Plan, die Krone zu holen, eingeweiht. Es war ein gefährliches Unternehmen, das die beiden Frauen wagten, denn dieser „Kronenraub" hätte für sie verhängnisvoll enden können. Aber alles war bestens vorbereitet, es gab kaum Mitwisser und die Natur spielte ebenfalls mit.

Es war eine bitterkalte Winternacht, in der sich die Kottanerin im Schutz der Dunkelheit zu der Kammer schlich, in der sich die Krone befand. Mithilfe eines Bedienten brach sie die Schlösser auf und entfernte die Siegel, die an dem Futteral, in dem die Krone lag, angebracht waren. Vorsichtig nahm sie die Krone heraus und hüllte sie in einen Polster. So schnell sie konnte, verließ sie den Raum und übergab das seltsame Paket einem Knecht, der nichtsahnend von dem brisanten Inhalt das Kissen noch mit einer alten Kuhhaut umwickelte. Da der Knecht den langen Schwanz der Kuhhaut nicht abgeschnitten hatte, schleifte dieser über den Schnee, sodass alle, die dies sahen, ein schallendes Gelächter über das seltsame Paket anstimmten. Da die Donau teilweise zugefroren war, wagte man die Fahrt mit dem Schlitten über das Eis, was beinah in einer Katastrophe geendet hätte, denn der Schlitten einiger Hofdamen brach ein und nur durch einen Zufall oder, wie man dies damals bezeichnete, durch ein Wunder Gottes wurden die Frauen gerettet. Auch die Stephanskrone und ihre Besitzerin erreichten unbeschadet das andere Ufer. Nur Stunden später schenkte Elisabeth tatsächlich einem Sohn das Leben, der als Nachgeborener den Namen Ladislaus Postumus erhielt.

Ladislaus Postumus

Königssohn ohne Chancen

Schon vor seiner Geburt gingen die politischen Wogen hoch, denn als sein Vater Albrecht II. überraschend starb, krönten die ungarischen Magnaten in aller Eile den jungen Polenkönig Władysław, wobei die Krönung keineswegs ohne Schwierigkeiten verlief, da die wahre Krone des heiligen Stephan für die ungarischen Adeligen nicht auffindbar war. Keiner der Anhänger des jungen Polenkönigs kannte den Ort, wo sich die echte ungarische Krone befand. Aber Not macht bekanntlich erfinderisch, weshalb eine Attrappe der Krone in aller Eile angefertigt wurde, die man dem Polen feierlich aufs Haupt drückte. Außerdem wurde beschlossen, dass die 30-jährige Witwe Elisabeth den erst 15-jährigen Władysław heiraten sollte.

Die ungarischen Magnaten hatten die Rechnung ohne Elisabeth gemacht. Nachdem sie eindringlich erklärt hatte, auf keinen Fall den Jüngling zu ehelichen, verfolgte sie nur ein Ziel: Ihr kleiner Sohn Ladislaus Postumus sollte in Stuhlweißenburg mit der echten Stephanskrone zum ungarischen König gekrönt werden. Und da der ungarische Adel politisch gespalten war, erklärte sich der Erzbischof von Gran erst nach langen Verhandlungen bereit, am Pfingstsonntag des Jahres 1440 den einige Monate alten Ladislaus nach den traditionellen Riten zum König von Ungarn zu krönen.

Turbulent, wie das Leben des jungen Ladislaus begonnen hatte, sollte es auch weitergehen. Schon bald erkannte man den Wert des Kindes, sodass es von den einzelnen politischen Gruppierungen wie ein Faustpfand hin und her geschubst wurde, obwohl sich Elisabeth zunächst an die Anordnungen ihres verstorbenen Gemahls gehalten hatte. König Albrecht II. hatte noch zu Lebzeiten bestimmt, dass sein Verwandter Herzog Albrecht VI. die Vormundschaft über den Knaben erhalten sollte. Jener, der Bruder Herzog Friedrichs V., des späteren Kaisers, war ein herrschsüchtiger, dynamischer Mann, dem nichts Besseres passieren konnte, als dieses politisch brisante Kind in Händen zu haben. Denn Ladislaus war nicht nur tatsächlich gekrönter König von Ungarn, er hatte auch Anspruch auf die böhmische Krone. Außerdem war es durchaus im Bereich des Möglichen, dass er dereinst zum deutschen König gewählt werden könnte und somit alle Ämter innehaben würde, die sein Vater bekleidet hatte.

Selten spielte ein Kleinkind in der Geschichte eine so bedeutende Rolle, wobei es bei dem Für und Wider der Sympathien für oder gegen Ladislaus überall zu blutigen Revolten kam, die auf dem Rücken der Bevölkerung ausgetragen wurden. Selbst ein Bruderkrieg stand im Raum, denn jeder der beiden herzoglichen Brüder Albrecht VI. und Friedrich V. verlangte das Sorgerecht für Ladislaus Postumus, als Albrecht plötzlich unter dubiosen Umständen starb. Herzog Friedrich ließ den Knaben sofort in die Steiermark bringen, denn niemand konnte in Wien in dieser turbulenten Zeit die Sicherheit des Kindes gewährleisten.

Zugleich mit dessen Übergabe kam es zwischen Herzog Friedrich und der Königswitwe zu einem eigenartigen Geschäft: Elisabeth verkaufte dem Herzog für 2500 Dukaten die ungarische Krone, da sie dringend Geld benötigte. Aktiv wie sie war, ging sie daran, Truppen aufzustellen, um die Gebiete, die an Władysław, den Widersacher ihres Sohnes, verloren gegangen waren, zurückzugewinnen. Als kluge Frau wusste sie aber auch, dass sie unbedingt versuchen musste, sich mit dem „falschen" ungarischen König zu einigen, sollte nicht das ganze Land durch die unzähligen Fehden, die überall vom Zaun gebrochen wurden, verwüstet werden. Und dies im Angesicht der Türkengefahr!

Elisabeth wandte sich an den Heiligen Stuhl um Vermittlung. Der Kardinallegat Giuliano Cesarini konnte beide Kontrahenten in Győr zu einem Gespräch bewegen, das ein gutes Ergebnis erkennen ließ. Man vereinbarte ein neuerliches Treffen für die nächste Zeit, bevor Elisabeth und Władysław in schönster Harmonie auseinandergingen.

Drei Tage später war Elisabeth tot! Über die Todesursache wurde lange gerätselt, Gerüchte wollten nicht verstummen, nach denen die ungarische Königin im Auftrag von Władysław vergiftet worden wäre.

Ladislaus wurde auf Geheiß Friedrichs auf die Burg Forchtenstein gebracht, wo ihm sein Vormund eine gute Ausbildung zuteilwerden ließ und großen Wert auf das Erlernen jener Sprachen legte, die in den Ländern gesprochen wurden, in denen Ladislaus einmal regieren sollte. Außerdem entwickelte Ladislaus schon früh eine besondere Liebe zu Büchern, die sich darin äußerte, dass er kurz nachdem er für volljährig erklärt worden war, den ehemaligen Vormund bat, ihm die Bücher seines Vaters, darunter die berühmte Wenzelsbibel, zu übergeben.

Da Herzog Friedrich schon sehr bald erkannte, dass die Augen aller auf den jungen Ladislaus geheftet waren, versuchte er, wo es nur ging, den Knaben in seiner Nähe zu haben. Es waren nicht nur die ungarischen Magnaten mit ihren ununterbrochenen Forderungen, Ladislaus herauszugeben, auch die Böhmen wollten nicht dulden, dass ihr „Lasla" in den Händen des österreichischen Herzogs war. Auch die beiden zu Macht und Reichtum gekommenen Familien Eytzinger, die berüchtigten Grafen von Cilli sowie die Wiener Stände verlangten die Auslieferung des Knaben. Das Interesse an dem Kind war, man könnte sagen, international, denn die Ungarn wollten ihn zu einem Ungarn und die Böhmen zu einem Tschechen machen. In beiden Ländern hatte man sogenannte Reichsverweser eingesetzt, Johann Hunyadi in Ungarn und Georg von Podiebrad in Böhmen, die die politischen Agenden bis zur Volljährigkeit des Knaben führen sollten.

Herzog Friedrich V., ein Mann, der stoische Ruhe ausstrahlte, der kaum Emotionen zeigte und durch Nichthandeln viel erreichte, war wider Erwarten von den deutschen Kurfürsten zum König gewählt worden, etwas, das im gesamten Reich allgemeines Erstaunen hervorrief. Und da Friedrich gute Beziehungen zum amtierenden Papst hatte, zog er nach Italien, nicht nur um in Siena seine portugiesische Braut Eleonore in Augenschein zu nehmen, sondern auch, um sich von Papst Nikolaus V. 1452 zum Kaiser krönen zu lassen.

Da Friedrich fürchtete, dass man während seiner monatelangen Abwesenheit sich seines Mündels bemächtigen könnte, nahm er Ladislaus Postumus vorsichtshalber mit nach Italien. Was Friedrich nicht ahnen konnte, war die Tatsache, dass gerade seine Abwesenheit die ehemaligen Gegner vereinigte und es im ganzen Land zu Aufständen kam. Als Kaiser Friedrich III. in Wiener Neustadt mit seiner jungen Frau eintraf, belagerten die beiden Reichsverweser und die Vertreter der Stände die Burg so lange, bis Friedrich Ladislaus herausgab. Ulrich von Cilli führte den jungen Mann im Triumphzug nach Wien, wo man ihn in einen Bottich steckte und keinesfalls feinfühlig von Kopf bis Fuß wusch, gleichsam, um von ihm die Schmach abzuwaschen, der er unter der Vormundschaft des Kaisers ausgesetzt war.

Wahrscheinlich war es Ziel aller politischen Gruppierungen, den Knaben auf irgendeine Weise unschädlich zu machen. Denn anders ist es nicht zu erklären, dass man dem halben Kind Wein im Übermaß einflößte und es mit allen möglichen allzu willigen Mädchen bekannt machte.

Ladislaus war gerade erst 15, als er am 28. Oktober 1453 in Prag zum böhmischen König gekrönt wurde. Es schien, als wäre er plötzlich durch diese Zeremonie erwachsen geworden, denn mit einem Mal begann er sich ernsthaft politisch zu betätigen. Anstelle des Ulrich von Eytzing berief er Ulrich von Cilli zu seinem engsten Ratgeber, der aber schließlich von einem Anhänger der Hunyadis hinterrücks ermordet wurde. Als Ladislaus Postumus erfuhr, wer die Drahtzieher dieser Aktion gewesen waren, unterschrieb er eigenhändig das Todesurteil für Ladislaus Hunyadi, wobei dessen Bruder, der zukünftige König Matthias, von Glück sprechen konnte, dass er mit einer Gefängnisstrafe glimpflich davonkam.

Kaum hatte Ladislaus Postumus entdeckt, wie aufregend das Leben als König sein konnte, da forderte er den Kaiser auf, die Stephanskrone herauszurücken. Vermutlich wäre es zu ernsthaften Kampfhandlungen gekommen, hätte nicht wieder einmal der Tod Schicksal gespielt.

Ladislaus Postumus war kein langes Leben beschieden. Wahrscheinlich kränkelte er schon lange, denn als er sich 1457 auf den Weg nach Prag begab, um seine Braut Magdalena, die Tochter des französischen Königs Karls VII., zu treffen, musste er immer wieder Pausen einlegen, um sich zu erholen. In der böhmischen Hauptstadt angekommen, gab es für ihn keine Rettung mehr. Er starb am 23. November 1457.

Sein Tod gab schon den Zeitgenossen Rätsel auf. Gerüchte wollten nicht verstummen, dass er einem Giftmord zum Opfer gefallen war, denn er hatte die feste Absicht, gegen Ulrich von Eytzing mit Waffengewalt vorzugehen, da sich dieser in Prag wie ein Herrscher feiern ließ.

Neuere Forschungen haben allerdings ergeben, dass er wahrscheinlich an Leukämie gestorben ist.

*

Eine wahre Sensation war die Krönung des einige Monate alten Kindes Ladislaus Postumus zum König von Ungarn. Am Pfingstmontag des Jahres 1440 sollte die feierliche Zeremonie in Stuhlweißenburg nach den alten Krönungsriten stattfinden, wobei der Säugling entsprechend eingekleidet werden musste, was die getreue Hofdame von Königin Elisabeth, Helene Kottanerin, ausführlich beschrieb: „Nun war ein schönes und großes Messgewand da, das war des Kaisers Sigismund Mantel gewesen, und er war rot und golden und es waren helle, silberne Punkte darauf gemacht. Den musste man zuschneiden und man machte dem jungen König daraus sein erstes Gewand, das er mit der Heiligen Krone zusammenlegen sollte … Ich machte die kleinen Utensilien, die Alba und die Humerale und die Stola und die Manipel und die Handschuhe und die Schuhe für die Füße, das musste ich in der Kapelle herstellen, bei versperrter Türe."

Am Morgen des Pfingstsonntags – so berichtete die Kottanerin weiter – wurde der kleine Ladislaus gebadet und eingekleidet, bevor man ihn in die Kirche trug. Eine Krönung in Stuhlweißenburg war stets ein ganz besonderes Fest, zu dem Schaulustige aus allen Himmelsrichtungen gekommen waren, denn man erinnerte sich noch gut an die Krönung Albrechts zum ungarischen König und konnte kaum glauben, dass jetzt der kleine Sohn des beliebten Königs hier gekrönt werden sollte. Für das Kind, aber vor allem für die Mutter war diese Zeremonie eine nervenaufreibende Angelegenheit, denn niemand konnte vorhersagen, was geschehen würde, wenn Elisabeth dem Erzbischof von Gran die „echte" Stephanskrone übergab. Für die ungarischen Magnaten, die einen Monat vorher bei der Krönung Władysławs auf eine Attrappe zurückgreifen mussten, ein Wunder oder Teufelswerk?

Der kleine Ladislaus wurde zuerst zum Ritter geschlagen, wobei die Schläge mit dem silber- und goldbeschlagenen Schwert auf das Kind etwas heftig ausfielen, sodass die besorgte Mutter ausrief: „Um Gottes willen, tut ihm nicht weh!" Anschließend nahm der Prälat, der Erzbischof von Gran, das heilige Öl, salbte den kleinen Ladislaus zum König und setzte ihm vorsichtig die Krone auf. Bei dieser Zeremonie verhielt sich das Baby mustergültig. Erst bei den folgenden Ritualen, die bei der Königskrönung vorgeschrieben waren, fing das Kind aus voller Brust zu schreien an, denn man versuchte Ladislaus auf einen Stuhl zu setzen – eine absolute Tortur für ein drei Monate altes Kind. Völlig erschöpft schlief es in seiner Wiege ein. Der Tradition war voll und ganz entsprochen worden!

Die Krönung des Ladislaus Postumus war wahrscheinlich die skurrilste Königskrönung, die jemals stattgefunden hat.

Friedrich III.

Die Krone war ihm eine Last

„Das größte Glück liegt im Vergessen des Unwiederbringlichen", so lautete das Lebensmotto des Habsburgers, der durch die Zufälligkeit der Umstände die deutsche Königs- und später sogar die Kaiserkrone tragen sollte. Friedrich III. war zum Herrschen nicht geboren, er wäre als einsamer Hagestolz in den Alchemistenstuben auf der Suche nach dem Stein der Weisen oder beim Zusammenmischen der Ingredienzien für das Lebenswasser, das alle Krankheiten heilen sollte, sicherlich glücklicher gewesen. Aber er entstammte einer Familie, die seit fast 200 Jahren mit kurzen Unterbrechungen die deutschen Könige stellte. Wenn auch ärgste Konflikte innerhalb der habsburgischen Linien, die sich im Laufe der Zeit herauskristallisiert hatten, beinah auf der Tagesordnung standen, so war dennoch zu vermuten, dass Friedrich, der älteste Sohn von Herzog Ernst von Innerösterreich und seiner Gemahlin, der legendären bärenstarken Cimburgis von Masowien, die Nachfolge von König Albrecht II. antreten würde, da die sieben Kurfürsten einen schwachen Mann zu wählen beabsichtigten. Friedrich kam ihnen dabei sehr entgegen, Gerüchte besagten, dass er saft- und kraftlos, entschluss- und energielos wäre. So ein Mann war der ideale Kandidat für die Königsmacher, denn bei ihm mussten sie nicht um ihren politischen Einfluss und ihre Hausmacht fürchten. Sein dynamischer Bruder Albrecht, als Habsburger Herzog der Sechste, war schon aus anderem Holz geschnitzt, er wäre für die Kurfürsten niemals infrage gekommen, denn der Herzog wusste, was er wollte. Vor allem Macht, die ihm von seinem Bruder Friedrich verwehrt wurde.

Nach dem frühen Tod des Vaters wuchsen die beiden Knaben Friedrich und Albrecht sowie zahlreiche andere Geschwister am Hofe Herzog Friedrichs IV. in Innsbruck auf, wobei Friedrich, der spätere Kaiser, erst mit 20 Jahren aus der Vormundschaft des Onkels entlassen wurde und infolgedessen seine Stammländer, die Steiermark, Kärnten und Krain in Besitz nehmen konnte. Es war eine schwierige Situation, die sich überall bemerkbar machte, denn das heutige Österreich war in mehrere Herrschaftsgebiete aufgeteilt, wobei jeder der Herzöge die Absicht hatte, auf Kosten der anderen sein Gebiet zu erweitern. Dass Zank und Hader, Intrigen und Zwietracht überall herrschten, war keineswegs verwunderlich. Niemand wusste schließlich, wer Freund oder Feind war, raubende, mordende und plündernde Söldner zogen durch die Länder, jeder kämpfte gegen jeden auf dem Rücken der leidtragenden Bevölkerung. Dazu kam, dass Friedrich, als er nach einer Reise nach Jerusalem in seinen angestammten Ländern Einzug hielt, die Söldner, die hohe Geldforderungen an ihn stellten, nicht bezahlen konnte, obwohl er in den Städten und Dörfern, die ihm unterstanden, Kredite aufgenommen hatte. Aber er stopfte nur die Löcher, die sich überall auftaten, vorübergehend, um sich dadurch immer mehr zu verschulden.

Dabei hätte er die Möglichkeit gehabt, seinen Gläubigern Sicherheiten zu bieten. Doch in seiner misstrauischen Art brachte es Friedrich nicht übers Herz, irgendjemandem von den Kostbarkeiten zu erzählen, die er, als Bettler verkleidet, im Heiligen Land von den Edelsteinhändlern erworben hatte. Später wusste nicht einmal sein Sohn Maximilian, wo sein Vater diesen Schatz versteckt hatte, der ihn aus den ständigen finanziellen Engpässen, in denen sich Maximilian ein Leben lang befand, hätte befreien können. Obwohl Maximilian selbst die Wandvertäfelungen in der Burg von Nürnberg abmontieren ließ, da er vermutete, dass hier die Edelsteine verborgen waren, fand er die Schätze seines Vaters nicht. Kaiser Friedrich III. nahm das Geheimnis mit ins Grab, genauso wie die Bedeutung der geheimnisvollen Zeichen AEIOU, die der Kaiser anscheinend als seinen persönlichen Code erfand.

Über die Reaktion Friedrichs, als er das für ihn zukunftsbestimmende Wahlergebnis der Kurfürsten erfuhr, ist nichts bekannt. Es bleibt aber zu vermuten, dass er alles andere als glücklich über die Entscheidung war, denn selbst in seinen innerösterreichischen Ländern hatte er mit tausend Problemen zu kämpfen, was ihm absolut gegen die Natur ging. Es gab Reibereien mit den Böhmen und Ungarn, mit den Wiener Ständen, den einzelnen Familien, die in einigen Teilen seiner Territorien das Sagen hatten, alles Dinge, die Friedrichs lethargischem Wesen zuwider waren. Er erkannte die Gefahren nicht oder wollte sie nicht erkennen, vor allem die Aktionen seines eigenen Bruders Albrecht beachtete er viel zu wenig, sodass selbst seine Zeitgenossen erstaunt über sein Nichthandeln waren. Aber Passivität war eine seiner hauptsächlichen Charaktereigenschaften, verbunden mit einer gewissen Starrheit, die ihn davon abhielt, sich den Dingen, auch wenn sie für ihn günstig waren, zu stellen. Zwar bemühte er sich, in seinen Ländern eine gewisse Ordnung nach dem jahrzehntelangen Chaos wiederherzustellen, die Mittel, die er dazu verwendete, erwiesen sich jedoch als unbrauchbar. Er selbst trat vielfach als Richter auf, weil er der Ansicht war, dass der Rechtsweg immer der zweckdienlichste wäre, was sich aber bei den dubiosen Verhältnissen, die damals herrschten, keineswegs als zielführend erwies.

Die Kurfürsten hatten Friedrich zum deutschen König gewählt, aber erst im Jahre 1442 war es ihm möglich, zur Krönung nach Aachen aufzubrechen. Vorher hinterlegte er große Geldsummen, denn überall kam es wieder zu Aufständen gegen ihn, die vor allem sein Bruder Albrecht schürte. Wollte er nicht als König ohne Land aus Aachen zurückkommen, musste er wenigstens einige Landesteile finanziell absichern.

Friedrich besaß alles andere als eine Kämpfernatur, selbst wenn er sich von Feinden umringt fühlte, zog er sich ins stille Kämmerlein zurück, um sich den Dingen zu widmen, die ihn interessierten. Dabei beschäftigte er sich mit Urkunden aus längst vergangenen Zeiten, vor allem aber mit dem Privilegium maius, durch das sich Rudolf der Stifter für sich und die Familie Habsburg große Vorteile gegenüber den Reichsfürsten erhofft hatte. Obwohl dieses Dokument am Prager Hof Kaiser Karls IV. durch den italienischen Dichter Petrarca als glatte, wie er sich ausdrückte, plumpe Fälschung erkannt worden war, hinderte dies Friedrich nicht, das Privileg als echt zu bezeichnen: Er bestätigte die Freiheitsbriefe, „die bemelten fürsten unsers hauss Oesterreich und unser und ihr erben und nachkommen, die die fürstenthumb Steyr, Kärnten und Crain je zu zeiten inhaben und regieren werden, nun hinfur ertzherzogen gennetet und gehaissen ... sollen werden". Damit war der Titel „Erzherzog" offiziell bis zum Ende der Herrschaft der Habsburger im Jahre 1918 gesichert!

Die Unruhen, die das Land in den Ruin trieben, nahmen kein Ende, vor allem, da sich Friedrich, auch nachdem er zum Kaiser in Rom gekrönt worden war, nicht dazu aufraffen konnte, entscheidende Maßnahmen zu ergreifen. Seine Gegner verbündeten sich, sodass dem Kaiser und seiner kleinen Familie nichts anderes übrig blieb, als sich in der Wiener Burg zu verschanzen. Dies hätte fast zur Katastrophe geführt, weil sich der Aufenthalt dort als Falle herausstellte. Alle Versorgungswege wurden von den feindlichen Truppen kontrolliert und somit abgeschnitten, weshalb der Kaiser und seine Angehörigen schon sehr bald nicht mehr über die nötigen Nahrungsmittel verfügten. An die schmachvollen Hungerzeiten, in denen man den hohen Herrschaften Ratten-, Hunde- und Katzenfleisch servierte, erinnerte sich Maximilian, der Sohn und Nachfolger Friedrichs, ein Leben lang.

Hauptdrahtzieher der Belagerung war Friedrichs Bruder Albrecht, der vom selbsternannten ungarischen König Matthias Corvinus kräftig unterstützt wurde. Einzig und allein Georg von Podiebrad und einige Getreue kamen dem Kaiser in dieser lebensbedrohlichen Situation zu Hilfe, denn von den Reichsfürsten war mit Unterstützung nicht zu rechnen. Was interessierten die deutschen Fürsten die Probleme eines unbekannten Kaisers, den beinah niemand jemals zu Gesicht bekommen hatte. Und so sollte es auch bleiben, aus dem Schattenkaiser wurde allmählich des „Reiches Erzschlafmütze", um die sich alle möglichen, teilweise abstrusen Gerüchte rankten. Auf geheimnisvolle Weise existierte ein Kaiser, der sich die meiste Zeit in den düsteren Räumen der Burg in Wiener Neustadt aufhielt – allein. Denn es entsprach ganz dem Charakter des Kaisers, dass er größere Gesellschaften scheute, jedes Fest war ihm in der Seele zuwider, ganz besonders fröhliche Tanzereien, denn die sah er als Instrumente des Teufels an. Nur zweimal war es seiner Gemahlin Eleonore gelungen, ihren spröden Ehemann zu ein paar Tanzschritten zu bewegen. Als sich Friedrich daraufhin erschöpft in einen Sessel fallen ließ, soll er sich dahingehend geäußert haben, dass er lieber fieberkrank daniederliegen wollte als noch einmal zu tanzen.

Die Politik interessierte ihn wenig. Wenn es nicht mehr anders ging, hielt er widerwillig Ratsversammlungen mitten in der Nacht ab, worauf er selbst am nächsten Tag bis in die Mittagsstunden schlief. Was andere über ihn dachten, kümmerte ihn nicht, denn ein Langschläfer galt in der damaligen Zeit als Faulpelz. Spartanisch war seine Lebensführung in jeder Hinsicht, wobei er keineswegs Rücksicht auf seine temperamentvolle Gemahlin nahm, die er eher wie eine Tochter und keinesfalls als Ehefrau behandelte. Für sie hatte er nur Tadel und Ermahnungen parat, er erkannte nicht, wie frustrierend das Leben Eleonores an seiner Seite, neben einem Griesgram war. So wie er kein Lob seiner Gattin gegenüber über die Lippen brachte, so kannten auch die Kinder den Vater nur als ständig nörgelnden Menschen, dem sie nichts recht machen konnten. Als die ersten Kinder überraschend starben, schob Friedrich der Mutter die Schuld für den Tod der Kleinen in die Schuhe, seiner Meinung nach hatte sie die Kinder ständig mit Süßigkeiten vollgestopft. Für die Zukunft verbot er alle Leckereien und zwang Maximilian und Kunigunde, dicken Hirsebrei und andere schwere Speisen zu essen.

Solange die Mutter lebte, hatten die beiden Kinder noch einen zärtlichen Menschen um sich. Aber nach ihrem frühen Tod wurde es dunkel um den Sohn und die Tochter des Kaisers, da Friedrich es nicht verstand, wenigstens geeignete Erzieher und Lehrer für sie zu finden. Dass aus Maximilian ein lebensfroher Mensch wurde und auch seine Schwester nicht gänzlich seelisch verkümmerte, war dem Erbteil der gemütvollen, liebevollen Mutter zu verdanken.

Den Vater bekamen sie ohnehin nur selten zu Gesicht, da Friedrich zu seinen Kindern keine Beziehung aufbaute. So wenig wie er sich um seine entzückende Gemahlin kümmerte, so wenig Zeit verbrachte er mit Sohn und Tochter. Stundenlange Gespräche mit seinen Astrologen und Astronomen waren ihm wichtiger als alles andere, von seinen Alchemisten ließ er sich in die Kunst des Goldmachens einweihen, wobei er die Hoffnung nicht aufgab, dass seine Experimente von Erfolg gekrönt sein würden.

Da sich der Kaiser oft wochenlang nirgendwo zeigte, rankten sich bald die kühnsten Gerüchte um ihn. So wollte man ihn angeblich beobachtet haben, wie er Mäusedreck sammelte, um daraus die Zukunft ablesen zu können. Es konnte nicht ausbleiben, dass schon seine Zeitgenossen in Kaiser Friedrich einen skurrilen Menschen sahen. Sein Nichthandeln legte man als Schwäche aus in einer Zeit, in der Körperkraft und persönlicher Mut zu den höchsten Tugenden zählten, die einen Mann auszeichneten, und wo ein Haudegen das größte Ansehen genoss. Erst viel später, als sein Sohn Maximilian in den Niederlanden in Lebensgefahr geriet, raffte sich der Kaiser auf, um ihm mit einem Heer zu Hilfe zu kommen. Seltsamerweise hatte Maximilian auf das Eingreifen seines Vaters gebaut, obwohl dessen bisheriger Lebenswandel keineswegs zu dieser Hoffnung berechtigte.

Friedrich war ein Hagestolz, ein eingefleischter Junggeselle, von dem niemand in seiner Umgebung sich vorstellen konnte, dass er jemals heiraten würde. Daher grenzte die Nachricht fast an ein Wunder, als bekannt wurde, dass Friedrich die Absicht hegte, sich zu verehelichen.

Wobei Friedrich nicht der Sinn nach einer geeigneten Lebensgefährtin stand, sondern einzig und allein die Überlegung, einen Nachfolger in die Welt setzen zu wollen. Jahrelang hatten die schönsten Damen versucht, den keineswegs unattraktiven Mann für sich zu gewinnen, was sich als vergebene Liebesmüh herausgestellt hatte, da der völlig temperamentlose Friedrich in der körperlichen Liebe etwas Verwerfliches, Verruchtes sah. Das ging so weit, dass er Frauen in seinem Umkreis strikt verbot, ihre körperlichen Reize zu zeigen, ja er hielt sich die Augen zu, wenn ihm ein etwas leichter angezogenes weibliches Wesen über den Weg lief. Dass dieser Mann kein idealer Gatte sein würde, dazu brauchte man kein Hellseher zu sein. Aber irgendwann musste er heiraten, das erforderte seine Stellung als König des Reiches, darüber war sich Friedrich auch selbst im Klaren. Und da er schon die 30 überschritten hatte, drängte die Zeit.

Auf seiner Rückfahrt von der Königskrönung in Aachen kam es zu einem Treffen mit Herzog Philipp von Burgund, dessen enge Beziehungen zum portugiesischen Königshaus bekannt waren. Bei dieser Begegnung machte der Burgunderherzog den frisch gekrönten Friedrich auf die junge Tochter des verstorbenen Königs von Portugal aufmerksam. In den Augen Philipps schien die erst 14-jährige Eleonore, ein fröhliches unkompliziertes Mädchen, die richtige Braut für den schwer zugänglichen Habsburger zu sein. Vielleicht würde es der kleinen Portugiesin gelingen, Friedrich aus der Reserve zu locken.

Nach langen Diskussionen über das Für und Wider dieser Heirat kam Friedrich endlich zu dem Schluss, um Eleonore werben zu wollen, wobei ihm die Aussagen des Burgunderherzogs nicht genügten. Er hatte die

Absicht, selbst noch Erkundigungen einzuziehen, weil den Medaillons mit dem Porträt Eleonores nicht zu trauen war. Wie leicht hätte es sein können, dass das junge Mädchen durch einen Buckel verunstaltet war oder an irgendeinem anderen Gebrechen litt, das man zunächst nicht bemerken konnte.

Friedrich schickte zwei Mönche auf die Reise nach Portugal, die die Braut in Augenschein nehmen sollten. Und da er wie immer schwach bei Kasse und zudem noch geizig war, stattete er die kaiserlichen Brautwerber finanziell äußerst dürftig aus, sodass sie überall wie Strauchdiebe angesehen wurden. Als sie endlich nach langen Irrwegen die portugiesische Hauptstadt erreichten, sperrte man die suspekten heruntergekommenen Gestalten zunächst einmal ins Gefängnis. Nachdem sich endlich ihre wahre Identität herausgestellt hatte, erlaubte man einem der beiden, Jacob Mocz, den Ehevertrag „per procurationem", als Stellvertreter Friedrichs, zu unterzeichnen, da von diesem die Nachricht gekommen war, dass Eleonore nach einer Befragung der Sterne durch seinen Hofastrologen die richtige Gemahlin für ihn wäre.

Was in dem schönen Köpfchen Eleonores vorging, als sie Friedrichs Abgesandten die Antwort gab, dass sie den Kaiser und sonst keinen wollte, ist nicht bekannt. Aber vielleicht reizte sie die Aussicht, an der Seite Friedrichs Kaiserin zu werden. Macht war wahrscheinlich zu allen Zeiten „sexy". Anders ist ihre spontane Entscheidung nicht zu erklären, da ihr auch der französische Kronprinz Avancen gemacht hatte, ein attraktiver, kultivierter junger Mann, an dessen Seite sie sicherlich nicht so ein trauriges Schicksal erlebt hätte. Aber die portugiesische Königstochter entschied sich für den überreifen Junggesellen, der mehr als doppelt so alt war wie sie und sie mit seiner Körpergröße von einem Meter achtzig um mehr als Hauptesgröße überragte.

Die erste Begegnung der Brautleute fand in Siena statt, nachdem Eleonore eine schreckliche Seereise, auf der das Schiff mehrmals zu kentern drohte, überstanden hatte. Friedrich zitterte am ganzen Leibe, als er seine reizende Braut erblickte. Nach einer kurzen Begrüßung zog er sich zurück, so schnell er konnte, da er nicht wusste, was er mit dem Mädchen, das noch dazu nur Portugiesisch sprach, anfangen sollte.

In getrennten Kutschen fuhren sie bis Rom, wo nicht nur die Trauung, sondern auch die Kaiserkrönung stattfinden sollte. Wahrscheinlich hatte sich Eleonore die Hochzeit mit dem deutschen König und baldigem Kaiser ganz anders vorgestellt, aber außer einem keineswegs freudigen „Ja" zeigte Friedrich keine Emotionen. Nach der Trauung suchte er, so schnell er konnte, allein seine Gemächer auf, da er unter keinen Umständen die Absicht hatte, von seinen Eherechten Gebrauch zu machen.

Die Heirat des deutschen Königs und die Kaiserkrönung Friedrichs und seiner Gemahlin waren Glanzpunkte im Leben der römischen Bevölkerung. Die Schaulustigen, die in Scharen herbeigeströmt waren, konnten sich die Zurückhaltung Friedrichs seiner jungen Ehefrau gegenüber nicht erklären, denn jeder, der Eleonore zu Gesicht bekommen hatte, war von der entzückenden Braut hingerissen. Da aber Friedrich von der Angst beseelt war, in Italien womöglich einen „welschen Bastard" zu zeugen, vermied er jegliches Beisammensein, auch nach der Kaiserkrönung. Getrennt begab man sich auf den Weg nach Neapel, wohin Alfons, ein Onkel Eleonores, das frisch getraute Ehepaar eingeladen hatte. Schon bald erkannte man am Hof von Neapel die merkwürdige Situation, die durch die Zurückhaltung, durch die Angst Friedrichs vor der Hochzeitsnacht entstanden war. Erst nach langen eindringlichen Gesprächen mit König Alfons, in denen der König von Neapel Friedrich ins Gebet nahm, erklärte sich der frisch gekrönte Kaiser bereit, am 16. April 1452 das öffentliche Beilager mit Eleonore zu halten. Mitten auf einem weiten Platz wurde ein breites Bett aufgestellt, das Friedrich und Eleonore in Anwesenheit des gesamten Hofstaates gemeinsam bestiegen, beide bis an den Hals bekleidet. Dann zog Friedrich kurz die Decke über die Köpfe, sodass sie einen Augenblick lang vor der Öffentlichkeit verborgen waren. Anschließend hauchte er einen Kuss auf Eleonores Wange und die Ehe galt als vollzogen.

Dies alles war natürlich den feurigen Neapolitanern nicht genug. Durch Liebeszauber, exotische Düfte und schmelzende Liebeslieder sollte der temperamentlose Ehemann ins Brautbett gelockt werden. Als man schließlich alle Zauberformeln ausgeschöpft hatte und sich resignierend zurückzog, ergriff Friedrich selber die Initiative, er bestellte Eleonore in seine Räumlichkeiten. Genauere Details berichtete Enea Silvio Piccolomini, der Vertraute Friedrichs, über diese verspätete Hochzeitsnacht.

Nach den zahlreichen Enttäuschungen an der Seite eines verständnislosen Ehemannes, nach den schweren Geburten der Kinder, von denen sie drei zu Grabe tragen musste, grenzte es fast an ein Wunder, dass die junge Frau den Mut nicht verlor und sich im Laufe der Zeit zu einer echten Persönlichkeit entwickelte, die von allen, die ihr begegneten, geschätzt wurde. Die Feste, die sie oft gegen den Willen des Kaisers arrangierte und zu denen sie bedeutende Männer ihrer Zeit einlud, waren Höhepunkte in ihrem Leben. Hier konnte sie zum Wohle des Herrscherhauses Politik machen, hier verteidigte sie die Machtansprüche der Habsburger. Mit diesen Einladungen nützte sie ihrem unklugen Gemahl mehr, als er wahrhaben wollte. Eleonore wurde in den wenigen Jahren, in denen sie in Österreich lebte, innerlich mehr zu einem Mitglied der Familie Habsburg, als es Friedrich jemals gewesen war. Diese feste und enge Bindung an dieses Geschlecht hat sie ihrem Sohn Maximilian mit auf den Lebensweg gegeben.

In den letzten Lebensjahren war der seltsame Kaiser beinah zu einer Legende geworden, nachdem sein Sohn Maximilian von den Kurfürsten zu seinem Nachfolger gewählt worden war und Vater und Sohn zunächst eine Doppelregierung ausübten, von der sich Friedrich bald zurückzog. Betrachtet man sein Leben, so kommt man zu dem Schluss, dass Friedrichs größte Tat wahrscheinlich die Verhandlungen mit Karl dem Kühnen, dem Herzog von Burgund, bezüglich einer Heirat Maximilians mit der einzigen Tochter Karls war. Durch diese burgundische Heirat wurde der Grundstein für das spätere Habsburger Imperium gelegt.

Während seines langen Lebens bevorzugte er als Aufenthaltsorte die Burgen von Wiener Neustadt und Graz, schließlich wählte er als Alterssitz die Burg von Linz, wo ihn seine Familie ab und zu besuchte. Vor allem seine Tochter Kunigunde, die gegen den Willen des Vaters den Bayernherzog Albrecht geheiratet hatte, stellte sich mit ihren Kindern des Öfteren in Linz ein, nachdem ihr der Vater verziehen hatte. Friedrich führte hier das Leben eines Pensionisten, pflegte im Burggarten Blumen und Gemüse und war „stolz wie ein König", wenn seine Früchte ertragreicher als die seiner Umgebung waren.

Das Alter machte dem nicht handelnden Kaiser immer mehr zu schaffen, vor allem die Füße, die vom Altersbrand befallen waren. Die Ärzte erkannten als einzigen Ausweg, die Schmerzen zu beseitigen, die Amputation eines Beines. Glücklichen Umständen war es zu verdanken, dass der alte Kaiser diese Tortur, nur durch Alkohol narkotisiert, überstand. Obwohl sich der Kaiser erstaunlich rasch erholte, verschied er aber kurze Zeit später ganz plötzlich. Wie die Ärzte konstatierten, hatte er zu viele Melonen gegessen und Eiswasser getrunken.

Ein ungeliebter, unbekannter und vielfach auch verkannter Kaiser war tot. Schon zu Lebzeiten hatten hervorragende Künstler in seinem Auftrag ein Hochgrab im Wiener Stephansdom errichtet. Hier wollte Friedrich allein beigesetzt werden. Man zögerte jedoch, den Leichnam nach Wien zu überführen, in jene Stadt, mit der er zu Lebzeiten so große Schwierigkeiten gehabt hatte. Aber die Volksseele ist wandelbar, besonders das Gemüt der Wiener: Jetzt waren alle verstummt, die ständig mit dem Kaiser unzufrieden gewesen waren. Hunderte säumten seinen letzten Weg, und so mancher, der Friedrich zu Lebzeiten gehasst hatte, wischte sich heimlich eine Träne aus dem Auge. Der Tod ließ vergessen, dass niemand diesen Kaiser wirklich haben wollte, der nicht für dieses Amt geboren war und sich ein Leben lang selbst im Weg gestanden hatte.

*

Die Krönung Friedrichs durch Papst Nikolaus V. war die letzte Kaiserkrönung in Rom. Es sollte ein großer Tag für alle werden, die mit Friedrich in die ewige Stadt gekommen waren. Feierlich war der Papst in vollem Ornat die Stufen zur Peterskirche hinuntergestiegen, um den König zum Eintritt in das festlich geschmückte Gotteshaus aufzufordern. Begleitet von den Würdenträgern des Reiches, zog Friedrich in Begleitung Eleonores und des Papstes langsam unter lauten Gesängen der Gläubigen in den Dom ein. Umgeben von den Kardinälen, ließ sich der Heilige Vater auf seinem Thron vor dem Hochaltar nieder, während Friedrich mit seiner Gattin außerhalb des Altarraumes auf einer für sie errichteten Tribüne Platz genommen hatte, da beide vor dem Mauritiusaltar, der sich in einer Seitenkapelle befand, vom Bischof von Ostia zwischen dem rechten Arm und dem Schulterblatt gesalbt werden sollten – zuerst der König, anschließend seine Gemahlin.

Nach der Salbung führte man das Paar vor den Petersaltar. Dort befanden sich Mönche, die dem König ein weißes Kleid überzogen und darauf warteten, dass der Papst Friedrich ein Schwert übergab. Es war ein feierlicher Moment, als Friedrich dreimal das Schwert aus der Scheide zog und in die vier Himmelsrichtungen schwenkte. Daraufhin nahm ihm der Papst das Schwert aus der Hand und versuchte, Friedrich das Schwert umzugürten, worauf er ihm den Reichsapfel und das Szepter reichte. Friedrichs Bruder Albrecht, der mit nach Rom gekommen war, trat auf einen Wink des Papstes hervor. In den Händen hielt er die glänzende Krone des Reiches. Gebannt schauten alle Anwesenden auf den Heiligen Vater, der Albrecht vorsichtig die Krone abnahm und sie dem vor ihm knienden König aufs Haupt setzte. Durch diesen feierlichen Akt war aus dem deutschen König Friedrich IV. der Kaiser des Heiligen Römischen Reiches deutscher Nation Friedrich III. geworden.

Krone, Szepter und Reichsapfel hatte Friedrich eigens aus Nürnberg nach Rom bringen lassen und sich außerdem, misstrauisch wie er war, noch extra Kopien der Reichsinsignien anfertigen lassen. Man wusste nie, was auf so einem langen, beschwerlichen Zug von Deutschland nach Rom alles geschehen konnte.

Unmittelbar nach der Krönung Friedrichs schritt der Papst auf Eleonore zu und krönte auch sie. Die Zeitgenossen berichteten ausführlich über den bezaubernden Anblick, den die Prinzessin bot, als ihr der Papst die Krone vorsichtig aufs Haupt drückte. Friedrich und Eleonore knieten nun im Gebet vor dem Altar, während die Gläubigen ein Bitt- und zugleich Dankgebet gen Himmel richteten. Dann erhob sich das Kaiserpaar und küsste dem Papst Hände und Füße. Hohe Würdenträger eilten herbei, um den Kaiser und seine Gemahlin auf ihre Plätze zurückzugeleiten.

Bei der darauffolgenden Messe, die Nikolaus V. mit großem Pomp zelebrierte, ministrierte Friedrich. Nachdem der Segen über das Kaiserpaar und die Gläubigen erteilt worden war, verließen Friedrich und Eleonore getrennt den Petersdom. Die Kaiserin wurde in ihren Palast eskortiert, um sich von den Strapazen der Krönung auszuruhen, Friedrich hingegen trat den traditionellen Rundritt durch Rom an. Der Papst bestieg als Erster mit elegantem Schwung sein Pferd, wobei ihm der frisch gekrönte Kaiser ehrfurchtsvoll die Steigbügel hielt und das Ross noch einige Schritte am Zügel führte – eine Szene, die dem Heer der Zuschauer den Eindruck vermitteln musste, dass in dem Jahrhunderte langen Streit die Macht des Papstes noch immer über die weltliche triumphiere.

Die Zeremonien waren noch lange nicht beendet. Papst und Kaiser ritten gemeinsam hinauf zur Engelsburg, der Kaiser mit der Krone auf dem Haupt, während das Volk in den Straßen jubelte. In der Engelsburg, wo Friedrich 300 Adelige zu Rittern schlug, überreichte Nikolaus V. dem Kaiser die Goldene Rose von Jericho. Anschließend begab man sich auf den Weg zum Lateran, wobei eine kritische Situation eintrat: Zuschauer, die sich zu nahe an den Kaiser herangedrängt hatten, um den prächtigen, mit Juwelen bestickten Königsmantel besser sehen, ja vielleicht mit etwas Glück berühren zu können, umringten in dichten Reihen sein Pferd. Friedrich fühlte sich bedroht, es kam zu einem Handgemenge zwischen seinem Gefolge und den Römern. Als die Situation zu eskalieren schien, gab der Kaiser seinem Pferd die Sporen und sprengte unbeschadet durch die zurückweichende Menge davon.

Maximilian I.

Kaiser, Künstler, Kämpfer

Den 22. März 1459 könnte man in der österreichischen Geschichte geradezu als Schicksalstag bezeichnen, denn Maximilian I., der Sohn von Kaiser Friedrich III. und seiner portugiesischen Gemahlin Eleonore, einer der bedeutendsten Renaissancefürsten, erblickte zu jenem Zeitpunkt das Licht der Welt. Für den Kaiser war die Geburt dieses Kindes eher ein Ereignis, dem er mit Skepsis entgegensah, denn die Aussagen des berühmten Astrologen Regiomontanus waren eher widersprüchlich: Die Gestirne zeigten alles andere als einen harmonischen Lebensweg für den Sohn an, Kampf und Intrigen würden Maximilian ein Leben lang begleiten und Fortuna würde nur ganz selten ihr Füllhorn über ihn ausschütten. Und da Maximilian genauso wie sein Vater ein Sternengläubiger war, befragte er vor wichtigen Entscheidungen seine Hofastrologen und richtete sich schließlich in vielen entscheidenden Belangen nach dem Lauf der Gestirne. Mit seiner stets positiven Lebenseinstellung versuchte er dem Schicksal zu trotzen, auch wenn er sich manchmal eingestehen musste, dass alle seine Bemühungen im Sand verliefen.

Mit Maximilian wuchs ein Jüngling heran, der alle jungen Leute in seiner Umgebung durch seine vielfältigen Talente, die ihm hauptsächlich seine portugiesische Mutter vererbt hatte, in den Schatten stellte. Anstatt stolz auf seinen tüchtigen Sohn zu sein, brachte ihm sein Vater nur Argwohn entgegen. Friedrich III. behandelte Maximilian genauso wie seine Ehefrau, barsch und lieblos. Es war daher eine Katastrophe für die beiden überlebenden Kinder Maximilian und Kunigunde, dass die liebevolle Mutter 1467 mit nur 31 Jahren starb, denn ab dieser Zeit gab es nur noch Ermahnungen, Tadel und manchmal sogar Schläge auf Anordnung des Vaters. Es grenzte beinah an ein Wunder, dass sich Maximilian, der in den folgenden Jahren von uneinsichtigen, pädagogisch völlig unfähigen Lehrern erzogen wurde, die mit ungeeigneten Methoden den Knaben drangsalierten, zu einem fröhlichen, lebensbejahenden jungen Mann entwickelte, der nicht nur die „sieben ritterlichen Behändigkeiten" meisterlich beherrschte, sondern sich auch durch unbändigen Mut und Körperkraft auszeichnete. Wahre Wunderdinge erzählte man sich von dem attraktiven Prinzen, wie die Mär, dass er in München einer Löwin die Zunge aus dem Maul gezogen haben soll, worauf sich das wilde Tier friedlich neben ihm niederließ.

Die Kunde von den verschiedensten spektakulären Taten machte im Reich die Runde, sodass Maximilian schon in jungen Jahren der Ruf, ein wahrer Haudegen zu sein, vorauseilte. Verständlich, dass sich so mancher Vater einer schönen Tochter diesen edlen Prinzen als Schwiegersohn wünschte.

Es war seltsamerweise Kaiser Friedrich III., der sich eine Verbindung seines Sohnes mit der Erbin von Burgund vorstellen konnte und daher die Einladung von Herzog Karl dem Kühnen annahm. Die Begegnung sollte in Trier stattfinden, wo der Burgunderherzog seinen Plan erläuterte, der für beide Familien von Vorteil sein würde: Karl schlug dem Kaiser die Heirat seiner einzigen Tochter Maria, der Erbin des reichen Burgunds, mit Maximilian vor, gleichzeitig ließ er durchblicken, dass er als Gegengabe die Königskrone für Burgund erwartete.

Der stets knauserige Friedrich war wie ein Kaiser aus dem Märchenbuch in Trier erschienen, in seinem mit unzähligen kostbaren Juwelen bestickten Mantel, der selbst den wohlhabenden Burgunderherzog in Staunen versetzte. Aber Friedrich wollte anscheinend demonstrieren, dass hier nicht ein Bettelmonarch seinen Sohn bestmöglich verheiraten wollte, sondern der Kaiser des Heiligen Römischen Reiches. Maximilian, der auch nach Trier gekommen war, erinnerte sich noch viele Jahre später an den pompösen Auftritt seines sonst so bescheidenen Vaters. Er selbst eroberte durch seine jugendliche Fröhlichkeit und Frische die Herzen der Burgunder, weshalb auch Karl der Kühne überzeugt war, dass der Prinz der richtige Gemahl für seine geliebte Tochter sein würde.

So wie es damals üblich war, kannten die Brautleute einander nicht, nur ab und zu überbrachten Boten Briefe Marias an den fernen Bräutigam:

„Erlauchter Prinz, vielgeliebter Vetter. Ich empfehle mich Ihnen bestens. Durch Ihren Gesandten Heßler habe ich Ihre liebenswürdigen Briefe erhalten, zusammen mit den hübschen Juwelen, die Sie mir sandten. Dafür danke ich Ihnen von ganzem Herzen. Mit Gottes Hilfe werde ich gern voll und ganz allen Anordnungen folgen, die mein sehr achtbarer Herr und Vater im Hinblick auf mich ergehen lässt.

Vielgerühmter Prinz, eurer und vielgeliebter Vetter, der Heilige Geist bewahre Sie in seiner Huld.

Geschrieben zu Gent, am 26. November. Ihre Cousine Marie."

Eigentlich hätte Maximilian alle Zeit der Welt gehabt, seine Brautfahrt nach Gent zu beginnen, wäre nicht der burgundische Herzog 1477 in der Schlacht bei Nancy gefallen. Jetzt trat der französische König auf den Plan und forderte nicht nur Teile von Burgund für Frankreich, sondern auch die Hand Marias für seinen Sohn Karl, der noch in den Kinderschuhen steckte. Maximilian musste sofort handeln, wollte er nicht das Risiko eingehen, Maria, die er immer noch nicht persönlich kannte, zu verlieren.

Mit großem Gefolge begab er sich auf Brautfahrt, die beinahe schon in Augsburg zu Ende gewesen wäre, da ihm sein geiziger Vater nicht genügend finanzielle Mittel für ein derartiges Unternehmen zur Verfügung gestellt hatte. Denn als Kaisersohn war er gezwungen, in den verschiedenen Städten aufwendige Feste zu geben, die ihn in den Ruin trieben. Die Augsburger, die den jungen Mann liebten, erkannten die brisante Lage, sie schenkten ihm einen Pokal voller Goldmünzen, sodass seine Weiterfahrt zumindest bis Köln gesichert war. Dort fand sich zum Glück noch eine Mäzenin in der Person der Stiefmutter Marias, Margarethe von York, die es ermöglichte, dass Maximilian endlich nach Hangen und Bangen am 18. August an der Spitze eines illustren Brautzuges im festlich geschmückten Gent einziehen konnte, wo ihn Maria sehnlichst erwartete.

Die Hochzeitsfeierlichkeiten dauerten Tage, denn es mussten noch etliche Dokumente und Verträge unterzeichnet werden, welche die Stellung des Bräutigams in Burgund in allen Punkten regelten. Wie sich herausstellen sollte, wurden die meisten Verträge, die Maximilian weitgehende Rechte eingeräumt hatten, nach dem frühen Tod Marias von den flandrischen Städten für null und nichtig erklärt.

Sie hätten in einem Rosengarten sitzen können, so äußerte sich der untröstliche Maximilian, als die 25-jährige Maria nach einem Sturz vom Pferd auf einer Falkenjagd im März 1482 langsam dahinstarb. Maximilian überwand den frühen Verlust der über alle Maßen geliebten Frau niemals.

Mit seiner Gemahlin wurden auch die Sympathien, die die burgundische Bevölkerung vorübergehend dem schönen Prinzen entgegengebracht hatte, zu Grabe getragen. Man machte ihm Schwierigkeiten über Schwierigkeiten, stellte seine beiden Kinder Philipp und Margarete unter die Obhut der niederländischen Stände, ja man lieferte die dreijährige Margarete an den französischen König Ludwig XI. als Braut für dessen Sohn Karl aus.

Maximilian musste, da er nicht über die nötigen Mittel verfügte, tatenlos zusehen, wie man mit seinen Kindern umging und wie er langsam und sicher alles verlor.

Es waren vor allem die Städte, die Maximilian die größten Probleme bereiteten, dazu kam, dass französische Heere unter fadenscheinigen Argumenten in den einzelnen Landesteilen einfielen, weswegen Maximilian beinah ununterbrochen Kleinkriege führen musste. Wahrscheinlich wäre es eine Frage der Zeit gewesen, zu einer friedlichen Lösung zu kommen, hätten nicht die Stände immer wieder gegen Maximilian das Kriegsbeil ausgegraben. Die Spirale der Gewalt begann sich immer weiter zu drehen – beinah bis zur totalen Vernichtung.

1485 ließ sich die Genter Stadtregierung endlich herab, mit Maximilian Frieden zu schließen und ihm den in ihrem Gewahrsam befindlichen Sohn Philipp herauszugeben. Jetzt schien für den Herzog der Zeitpunkt gekommen, sich der Königswahl in Frankfurt zu stellen. Sein Vater Friedrich hatte die Kurfürsten schon informiert, dass sich der Sohn um die Königskrone bewerben wollte. Vielleicht war es die Türkengefahr im Osten, die die Königsmacher in Frankfurt bewog, in geheimer Abstimmung tatsächlich den jungen Habsburger zu wählen. Das Reich hatte somit an der Seite des tatenlosen Kaisers endlich einen dynamischen jungen König!

Was Maximilian nach der Aussöhnung mit den Gentern völlig falsch eingeschätzt hatte, war die Stimmung in den übrigen niederländischen Städten. Hier war man keineswegs gewillt, Frieden mit dem Habsburger zu schließen. Man zeigte zwar ein scheinheiliges Gesicht, im Innersten aber brodelte der Hass. Im Februar 1488 rottete sich in Brügge, als Maximilian die Stadt verlassen wollte, eine unüberschaubare Menschenmenge vor den Stadttoren zusammen, die unmissverständlich zu verstehen gab, dass man den frisch gekrönten König und die Landsknechte in seinem Gefolge nicht ungeschoren entkommen lassen wollte. Mit Mistgabeln, Dreschflegeln und Spießen bewaffnet, begann sich der wütende Mob unter lautem Glockengeläut auf Maximilians Mannen zu stürzen, die in dem Tumult chancenlos waren. Man wollte Köpfe rollen sehen! Zwar wagte man es nicht, sich auch an Maximilian zu vergreifen, warf ihn jedoch in einen Kerker, der so positioniert war, dass der Inhaftierte die Folterungen und Abschlachtungen seiner Getreuen mitansehen musste.

Vor dem letzten Schritt, den jungen König vor den Augen der Öffentlichkeit hinzurichten, schreckte man allerdings zurück, immerhin hatte Maximilian alle Forderungen, die man schriftlich festgelegt hatte, unterzeichnet.

Es war wahrscheinlich die einzige wirkliche Aktion, zu der sich Kaiser Friedrich im Laufe seines Lebens aufraffen konnte. Als er von den Vorgängen und der Bedrohung seines Sohnes in den Niederlanden erfuhr, stellte er sich an die Spitze eines Reichsheeres, um in die aufrührerischen Städte Brügge und Gent zu ziehen. Der Kaiser sah in der Gefangenschaft Maximilians, des erwählten Königs, ein Majestätsverbrechen, welches es hart zu bestrafen galt. Die Folge waren wiederum Aufstände im ganzen Land gegen die Habsburger. Maximilian konnte sich nur mit Mühe per Schiff retten. Nachdem er noch in Seenot geraten war, übergab er, des Kampfes müde, das Kommando in den Niederlanden seinem langjährigen Weggefährten Albrecht von Sachsen.

Maximilian war zum ganzen Mann gereift, als er die Niederlande verließ. Er hatte sich nicht nur als Kriegsheld und Kämpfer bewährt, er hatte alles gelernt, was er als künftiger Kaiser brauchen sollte. Aus dem romantischen Jüngling war ein Realpolitiker geworden, der seine idealistischen Ziele dennoch nicht völlig vergaß. Sein künftiges Leben sollte von den Erfahrungen geprägt sein, die er in Burgund, dem modernsten Staat Europas, gemacht hatte. Nicht nur das vorbildlich organisierte Heer, das von Karl dem Kühnen aufgebaut werden war, hatte ihn beeindruckt und wurde von ihm nachgeahmt, vielmehr hatte er rasch erkannt, dass das

Funktionieren des Staates von einem wohldurchdachten Verwaltungssystem abhing, dessen Grundstrukturen er in seinen österreichischen Ländern einführen wollte. Tradition und Fortschritt sollten sich wie in Burgund zu einer perfekten Symbiose verbinden. Sehr offen für alles Neue, hatte ihn die höfische Kultur fasziniert und tiefe Spuren in seiner Denkweise hinterlassen. Künstler und Wissenschaftler fanden stets ein offenes Ohr – und manchmal auch, selbst wenn er sich dies nicht leisten konnte, eine offene Hand. Besonders Maler zählten für Maximilian zu den wichtigsten Menschen, da sie in seinem Auftrag Porträts von ihm anfertigten, die dem Volk präsentiert wurden. Auf diese Weise wurde er als Herrscher im ganzen Reich bekannt gemacht.

Größere Gegensätze zwischen einem Vater und einem Sohn waren kaum vorstellbar: War der greise Friedrich als Kaiser bescheiden und von niemandem beachtet im grauen Mantel manchmal sogar mit einem Ochsenkarren durch die Lande gezogen, so jubelte man nun dem dynamischen Maximilian zu, wenn er wie ein echter Herrscher auf einem prächtigen Ross in den Reichsstädten mit Sang und Klang Einzug hielt. Eine neue Zeit war angebrochen und man war bereit, gemeinsam in eine interessante Zukunft einzutreten!

Dass sich nicht alles rosig für Maximilian in den nächsten Jahren entwickelte, dafür sorgten vor allem die französischen Könige. Denn wenn er sich auch mit Karl VIII. im Vertrag von Senlis geeinigt hatte, ruhte der Franzose nicht, ihm das Leben politisch, aber auch privat schwer zu machen. Ohne mit der Wimper zu zucken, durchkreuzte Karl VIII. die Heiratspläne Maximilians.

Der König hatte sich jahrelang nicht mit dem Gedanken getragen, sich wieder zu vermählen. Einerseits konnte er seine große Liebe Maria nicht vergessen, andererseits kämpfte er mit so vielen Problemen und Schwierigkeiten, weshalb er weder Zeit noch Lust hatte, neuerlich auf Brautschau zu gehen. An körperlicher Abwechslung mangelte es ihm nicht, der Ruf als begehrter Liebhaber eilte ihm voraus. Kaum eine Frau konnte seinem Charme widerstehen, die große Zahl „natürlicher Kinder", von denen namentlich elf bekannt sind, ist ein beredtes Zeugnis seiner abwechslungsreichen Amouren.

Daher wollte er sich nur dann zu einer zweiten Ehe entschließen, wenn die zukünftige Braut wohlhabend war und in sein politisches Konzept passte. Gesucht wurde darum nicht eine Prinzessin mit Herz, sondern eine mit einem Sack voll Geld.

Die Liste der entsprechend vermögenden und einflussreichen Damen war nicht allzu lang, lediglich die Erbtochter des Herzogs der Bretagne schien die Kriterien zu erfüllen, die Maximilian bewogen, um ihre Hand anzuhalten. Zwar war das gute Kind erst 13, aber das Alter der Braut spielte in dieser Zeit die geringste Rolle. Auch dass sie hinkte und nicht gerade als strahlende Schönheit galt, war für Maximilian unwesentlich. Er schickte nach dem Jawort des Vaters seinen Freund und Weggefährten Pollheim nach Rennes, wo im Dezember 1490 die Hochzeit per procurationem, also durch einen Stellvertreter, mit Glanz und Gloria gefeiert wurde.

Während seiner Hochzeit weilte Maximilian irgendwo im Reich und schien es nicht eilig zu haben, seine kleine Frau in die Arme zu schließen. Hätte er allerdings mit der Tücke des französischen Königs gerechnet, so wäre er in Eilmärschen nach Rennes gezogen. Aber wie hätte er ahnen können, dass Karl VIII. schon über längere Zeit auf der Lauer lag, obwohl er offiziell vor Jahren mit Maximilians Tochter Margarete verheiratet worden war. So schnell er konnte, ließ er vom Papst die Ehe annullieren, fiel an der Spitze eines Heeres in der Bretagne ein und schleppte die völlig wehr- und hilflose Anne gegen ihren Willen ins Brautbett. Er hatte Maximilian sowohl die Braut als auch vor allem die reiche Bretagne weggeschnappt.

Maximilian fühlte sich durch die verbrecherische Vorgangsweise Karls in seinem Stolz tief getroffen. Noch in späteren Jahren betonte der Kaiser, dass kein Mensch auf Erden ihm so viel Schmach angetan hätte wie der Franzose. Es vergaß nicht und wollte nicht vergessen. Deshalb legte er ein „rotes Buch" an, in dem alle Schandtaten des französischen Königs dick unterstrichen vermerkt wurden.

Die Kriege mit Frankreich sollten kein Ende nehmen, erst als Philipp, der einzige legitime Sohn Maximilians, sich aufseiten Frankreichs gegen den Vater stellte, erkannte Maximilian, dass er letztlich chancenlos war. Man wollte endlich Frieden, immerhin führte der Kaiser insgesamt über 20 Kriege, die er mehr schlecht als recht finanzierte. Daher kam es des Öfteren vor, dass die Landsknechte, wie es in Ungarn geschah, mitten in den Kampfhandlungen das Weite suchten, weil sie sich um ihren Sold betrogen fühlten.

Aber für Maximilian schien der Kampf Lebenselixier zu sein, anders sind die ständigen Kontroversen und seine Bereitschaft zum Krieg nicht zu erklären. Der „Kaiser mit den fliehenden Sohlen", wie er aufgrund seines ständigen Umherziehens von seinen Zeitgenossen bezeichnet wurde, beschäftigte sich persönlich mit allen Formen und Facetten des Kriegshandwerks. In den Waffenschmieden entwickelte er selbst Kampfmaschinen, goss Geschütze und warb überall in Europa Truppen an, wobei er sich in erster Linie auf die Schweizer Landsknechte stützte, auf Männer, deren Beruf das Kämpfen war und die einzig und allein des Verdienstes wegen kämpften. Meist waren es nachgeborene Bauernsöhne, die von den Werbern in den verschiedenen Ländern angeheuert wurden. So kam es zu grotesken Situationen, in denen deutsche Landsknechte auf französischer Seite in Italien gegen Schweizer Söldner, die für Maximilian kämpften, die Waffen schwangen. Längst hatte Maximilian erkannt, dass die überalterten Ritterheere ihre Kampfkraft eingebüßt hatten und die Zukunft den beweglichen Landsknechten gehörte. Allerdings ergaben sich dadurch große Probleme für den Kriegsherrn. Denn hatten die Ritter dereinst ihre Ausrüstung und ihren Lebensunterhalt selbst zu finanzieren, so verschob sich jetzt die Finanzierung des Heeres auf den König. Für den sich ständig in Geldnöten befindenden Maximilian eine finanzielle Katastrophe!

Vor allem die Reichsfürsten verschlossen die Ohren, wenn Maximilian immer wieder mit Geldforderungen an sie herantrat. Allmählich hatte man erkannt, dass selbst große Summen dem Habsburger durch die Hände rannen. Wie anders war es zu erklären, dass von der reichen Mitgift, die Maximilians zweite Gemahlin Bianca Maria Sforza von Mailand mit in die unglückliche Ehe gebracht hatte, schon nach kurzer Zeit nicht mehr viel vorhanden war. Auch die Fugger reagierten mehr als zurückhaltend, wenn Maximilian bei ihnen mit Geldforderungen vorstellig wurde. So manches Privileg im Hause Fugger geht auf nicht zurückgezahlte Kredite zurück. Man könnte mit Fug und Recht sagen, dass kaum ein Jahr verging, in dem Maximilian nicht in irgendwelche Händel verwickelt war. Dabei war es erstaunlich, dass er trotz der zahlreichen Niederlagen, die er erlitt, das österreichische Gebiet weit über die Grenzen hinaus erweitern konnte, wobei er vielfach der lachende Erbe war, wenn ein entfernter Verwandter das Zeitliche segnete. Er selbst wurde in großem Stil international aktiv. Wenn er schon Frankreich nicht in die Knie zwingen konnte, so wollte er dieses Land wenigstens in die Zange nehmen. Daher vermählte er seine beiden Kinder Philipp und Margarete mit den Erben Spaniens und der überseeischen Länder, wobei er die weitere politische Entwicklung natürlich nicht vorhersehen konnte. Denn Juan, der Infant von Spanien, starb, noch bevor sein Sohn, der einige Tage nach der Geburt gestorben war, zu Grabe getragen wurde. Beinah gegen den Willen der Katholischen Majestäten Isabella von Kastilien und Ferdinand von Aragon ließ sich Philipp zum König von Spanien krönen. Zum Leidwesen mancher Damen war dem Sohn Maximilians, der als ansehnlichster Prinz Europas den Beinamen „der Schöne" erhalten hatte, auch kein langes Leben beschieden. Die Krone Spaniens und später die des Reiches ging auf Philipps ältesten Sohn Karl über – auf einen Mann, der von sich sagen konnte: „In meinem Reich geht die Sonne nicht unter". Dieses Reich war von seinem Großvater in vielerlei Hinsicht umgestaltet worden. Alte Strukturen waren sowohl im Reich als auch in den österreichischen Ländern aufgebrochen und durch moderne Einrichtungen ersetzt worden – nicht immer zur Freude der einzelnen Landesfürsten, die sich in ihren Rechten beschnitten fühlten.

Maximilian selbst war der Initiator weitreichender Reformen. Er versuchte, wo es ging, seine Pläne, die er mit bedeutenden Wissenschaftlern seiner Zeit besprach, umzusetzen. Und da er stets von interessanten Menschen, mit denen er auf Augenhöhe verkehrte, umgeben war, gab es nächtelangen Diskussionsstoff, der ihm neue Wege aufzeigte.

Maximilian war nicht nur ein Mann der Tat, ab und zu gab er sich Träumen hin, von denen er hoffte, sie verwirklichen zu können. So hatte er tatsächlich die Absicht, nach Rom zu ziehen und sich zum Papst wählen zu lassen. Diese Idee erläuterte er seiner Tochter Margarete gegenüber in einem langen Schreiben: „Morgen werde ich Matthäus Lang, den Bischof von Gurk, nach Rom senden, um mit dem Papst ein Abkommen zu treffen, damit er mich zum Koadjutor (Beistand und Nachfolger, Anm. d. V.) erwähle, auf dass ich nach seinem Tode sicher auf den päpstlichen Stuhl gelange, zum Priester geweiht und heilig gesprochen werden könne, damit Ihr dann nach meinem Tode mich als solchen verehren müsst, worauf ich mir nicht wenig einbilden werde … Euer guter Vater Maxi."

Es blieb bei der Absicht, sich um den Stuhl Petri zu bewerben, denn einerseits erholte sich Julius II. noch auf dem Sterbebett und andererseits hatte man in Rom längst einen anderen Mann im Auge, der die entsprechenden Summen zahlen konnte, welche die Kurie für den Erhalt des Papstamtes erwartete. Ohne Maximilian Geldgier vorwerfen zu wollen, liegt aber auch die Vermutung nahe, dass er als Papst endlich von den ständigen Geldnöten befreit gewesen wäre, da die Ablassgelder, die vor allem die Gläubigen des Reiches nach Rom abliefern mussten, ihm ein sicheres Geldpolster geboten hätten.

Maximilian war ein Tagträumer, unstet bei der Verwirklichung seiner Pläne, rastlos bei seinen Aktivitäten, ein Illusionist, dem es häufig an der richtigen Einschätzung der Wirklichkeit fehlte, sodass er sich oftmals von spontanen Einfällen hinreißen ließ, wobei das Ergebnis seines Handelns positiv oder negativ sein konnte.

Nachdem die Schweiz 1499 verloren gegangen war, wandte sich Maximilian seinen österreichischen Erblanden zu, wo er eine umfangreiche Verwaltungsreform anordnete. Er schuf zwei Verwaltungsbezirke: Tirol, die Vorlande, Görz, Istrien und Friaul sowie Österreich ob und unter der Enns, Steiermark, Kärnten und Krain, in denen zahlreiche neue Behörden, die er nach Wiener Vorbild gestaltete, für Recht und Ordnung sorgen sollten. Damit begründete er ein System, in dem Beamte, auf die sich die Kaiser jahrhundertelang verlassen konnten, eine vorrangige Rolle spielten.

Vieles deutet darauf hin, dass Maximilian in allem, was er unternahm, sich ein Denkmal setzen wollte. Dichter, Maler und Bildhauer unterstützten ihn dabei, denn er war der Überzeugung, „wer ime in seinem leben kain gedachtnus macht, der hat nach seinem tod kain gedachtnus und desselben menschen wird mit dem glockendon vergessen … und was ich in meinem Leben in meiner gedachtnus nit vollbring, das wird nach meinem tod weder durch dich oder ander nit erstat."

Je älter Maximilian wurde, desto schmerzlicher empfand er es, nicht wie seinerzeit sein Vater Friedrich III. in Rom zum Kaiser gekrönt zu werden. Denn er war sich darüber im Klaren, dass ihm der Weg in die oberitalienischen Gebiete versperrt bleiben würde, immerhin hatten die Allianzen „für ihn" oder „gegen ihn" so schnell gewechselt, dass die Tinte auf dem Papier, auf dem die Verträge geschrieben waren, noch nicht trocken war. Außerdem war ihm Papst Julius II., ein Haudegen vom Scheitel bis zur Sohle, absolut feindlich gesinnt. Er würde keineswegs geneigt sein, dem Habsburger die Kaiserkrone aufs Haupt zu setzen. Maximilian musste selbst zur Tat schreiten. Er beorderte den Bischof von Gurk und späteren Erzbischof von Salzburg, seinen Freund Matthäus Lang im Jahre 1508 kurzerhand nach Trient, wo dieser ihn in einem pompösen Festakt mit der Reichskrone krönte. Ein rauschendes Fest bildete den Abschluss der Feierlichkeiten, bei dem der Kaiser begeistert bis in die frühen Morgenstunden das Tanzbein schwang. Alle politischen Sorgen, die ständig auf ihn zukamen, schienen vergessen, Maximilian strahlte vor Vitalität und Zuversicht.

Dabei bewegten ihn schon längst wieder höchst interessante Pläne, die eine Vergrößerung des Reiches mit sich bringen würden: In Wien arrangierte er im Jahre 1515 eine prominent besetzte Doppelhochzeit, zu der der König von Ungarn und Böhmen sowie der König von Polen samt Kindern eingeladen wurden. Vertraglich wurde vor den Trauungen festgelegt, dass Maximilians Enkelin Maria den minderjährigen Sohn des Ungarnkönigs Ludwig heiraten sollte, während der Kaiser selbst als Stellvertreter für seine beiden Enkel Karl und Ferdinand bei der Eheschließung auftrat. Einer von beiden sollte später einmal der Gemahl Annas von Ungarn werden. Die Enkelkinder waren für Maximilian politisches Kapital, da den Habsburgern bei einem eventuellen Erbanfall Anspruch auf die Länder im Osten vertraglich zugesichert wurde.

Natürlich gestaltete man die Doppelhochzeit von Wien als luxuriöses Fest, ganz im Stil des Kaisers und seiner zahlreichen kunstsinnigen Freunde. In allen Lebenssituationen waren Künstler und Wissenschaftler des Kaisers liebste Gäste, für sie opferte er seine letzten Dukaten. Wäre er nicht Herrscher des riesigen Reiches geworden, hätte er sicherlich sein Talent als Schriftsteller und Dichter ausgelebt. Schon als junger Mann hatte er in seiner Autobiografie „Weißkunig" und im „Theuerdank" seine abenteuerliche Brautfahrt nach Burgund beschrieben, auf der er mit allen möglichen skurrilen Gestalten kämpfen musste, um schließlich als strahlender siegreicher Held alle Schwierigkeiten zu überwinden.

So wie die Dichter seiner Zeit in dem Kaiser einen Mäzen fanden, so unterstützte er, wo er konnte, Maler und Musiker, die zu seiner ständigen Begleitung gehörten. Er, der vielseitig Interessierte und Hochbegabte, verfolgte sein Lebensziel, ein „fröhlicher König" zu sein, der durch seine Liebenswürdigkeit und seinen Humor die Herzen aller eroberte. Maximilian hatte die Gabe, alles Negative, mit dem er so häufig konfrontiert wurde, wegzustecken und es rasch zu vergessen. Für ihn war das Leben wie ein Spiel, in dem man verlieren, aber auch gewinnen konnte. Und er war alles andere als ein Spielverderber!

Als Maximilian am 12. Januar Jahre 1519 starb, trauerte die gesamte deutsche Künstlerschaft um ihren verständnisvollen Förderer. Albrecht Dürer, der mit dem Kaiser in Freundschaft verbunden war, drückte seine Empfindungen folgendermaßen aus: „Er hat alle Könige und Fürsten seiner Zeit an Rechtlichkeit, Tapferkeit, Einsicht und Großherzigkeit übertroffen."

Eine Episode, welche die Wertschätzung, die der Kaiser Albrecht Dürer entgegenbrachte, zeigte, hatte Jahre vorher schon in Künstlerkreisen die Runde gemacht: Eines Tages stand Dürer in Anwesenheit des Kaisers auf einer Leiter, um für Maximilian ein neues Werk zu schaffen. Der Maler war voller Elan und beachtete nicht, dass die Leiter wackelte. Während er das Motiv des Bildes mit einigen Strichen fixierte, geriet die Leiter ins Schwanken. Maximilian, der etwas abseitsstand, bemerkte die Gefahr, in der Dürer schwebte, und rief einem Adeligen zu, er möge dem Meister die Leiter halten. Dieser aber war über jenes Ansinnen empört, denn für ihn bedeutete es mehr als eine Zumutung, einem – wie er meinte – Handwerker die Leiter zu halten. Als er keine Anstalten traf, der Aufforderung des Kaisers nachzukommen, sprang Maximilian selbst herbei, hielt Dürer die Leiter, wobei er sarkastisch zu dem beschämten Mann meinte, er könne aus jedem Bauern einen Adeligen machen, aber aus keinem Adeligen einen Albrecht Dürer.

Maximilian besaß eine eiserne Gesundheit, anders lässt es sich nicht erklären, dass er trotz des ständigen Umherziehens bei jeder Witterung, bei Schnee, Sturm und Kälte 60 Jahre alt wurde, ein Alter, das in der damaligen Zeit beinahe legendär war. Da er in seinen letzten Lebensjahren keineswegs von kleinen gesundheitlichen Attacken verschont war, ließ er eine Kiste in seiner Größe anfertigen, die er als seinen Sarg überallhin mitführen ließ.

Obwohl man eigentlich dem alten Kaiser wohlgesinnt war, konnte es nicht ausbleiben, dass man froh war, wenn er mit seinem Gefolge abzog und nicht allzu große Schulden hinterließ. In Augsburg hatte man ihm noch die Tore geöffnet, als man vernahm, dass der Kaiser sich nicht wohl fühlte; in Innsbruck jedoch verschloss man die Tore vor seinem Gefolge, da die Stadtväter wussten, dass Maximilian die Schulden, die er in der Stadt am Inn hatte, niemals zurückzahlen konnte. Dem kranken Kaiser blieb nichts anderes übrig, als auf dem Inn weiterzufahren, um schließlich nach einigen Wochen, in denen er auch Salzburg und den Wolfgangsee aufsuchte, nach Wels zu gelangen, wo er am 12. Januar nach kurzem Todeskampf wahrscheinlich an Darmkrebs starb. Maximilian hatte, wie so vieles im Leben, auch den Ablauf seiner Beisetzung geregelt. Er wollte in Wiener Neustadt neben seiner Mutter Eleonore bestattet werden, da die „schwarzen Mander" mit dem Kenotaph in der Schlosskapelle in Innsbruck noch nicht fertiggestellt waren. Vor dem Begräbnis allerdings sollte man seinen Leichnam geißeln, wobei ihm auch die Zähne ausgebrochen werden sollten. Seinem Wunsch gemäß begrub man den Kaiser unter den Altarstufen der St.-Georgs-Kapelle in seiner Geburtsstadt. Romantischen Darstellungen zufolge ruht sein Herz im Sarkophag der Frau, die er über alles geliebt hatte, bei Maria von Burgund in Brügge.

*

Unter den vielen Legenden und Anekdoten, die man sich über den Kaiser im Reich erzählte, ist die fantastische Errettung Maximilians aus der Martinswand vielleicht am bekanntesten. Wieder einmal hatte er sich in seinem geliebten Tirol aufgehalten und sich auf die Jagd begeben. Kein Weg war ihm zu steil und keine Wand zu schroff, wenn er eine besondere Gämse ins Visier nahm, denn er war von Jugend auf ein exzellenter Bergsteiger, was zu seiner Zeit für einen Herrscher durchaus unüblich war. Das verfolgte Tier kletterte immer höher und auf einmal stand der König in der Martinswand vor einer Höhle und konnte weder vor noch zurück. Vor ihm tat sich der Abgrund auf und über ihm hing ein riesiger Felsblock. Es blieb ihm nichts anderes übrig, als laut um Hilfe zu rufen. Sein zurückgelassenes Gefolge versuchte alles, um ihn zu retten. Schließlich aber sah man ein, dass man nichts für ihn tun konnte, als einen Priester zu rufen, der mit einer goldenen Monstranz erschien, um den, wie man glaubte, Todgeweihten ein letztes Mal zu segnen. Maximilian beugte ehrfürchtig das Knie, als er die Monstranz in der Sonne funkeln sah, und schickte reumütige Gebete zum Himmel. Da erschien plötzlich – es waren bereits drei Tage vergangen – ein junger Mann vor Maximilian, der ihm einen Weg über ein schmales Felsband zeigte, sodass der König unbeschadet den Abstieg wagen konnte. Als sich Maximilian bei dem Burschen bedanken wollte, war dieser wie durch Zauberhand verschwunden. Der Himmel hatte ihn errettet!

Noch heute erinnert eine Tafel mit der folgenden Inschrift an diese geheimnisvolle Geschichte: „Wanderer blick empor zur Martinswand, wo Kaiser Max am Rande seines Grabes stand".

Karl V.

Herrscher über ein Weltreich

Er war alles andere als ein schöner Mann, der älteste Sohn Philipps des Schönen und seiner spanischen Gemahlin Juana la Loca. Einzig und allein die geraden prallen Oberschenkel Karls erregten die Gemüter, denn in den eng anliegenden Strumpfhosen mussten die Beine makellos sein, dies entsprach dem Schönheitsideal der Zeit. Anders als sein ungewöhnlich attraktiver Vater, der als schönster Prinz Europas galt, war der schmächtige Jüngling mit dem hässlichen Gesicht, in dem das Unterkiefer weit herausragte, sodass die Mär ging, es regne Karl in den Mund hinein, wahrlich kein Adonis. Eine Laune der Natur hatte dafür gesorgt, dass sich nicht die körperlichen Vorzüge der Eltern auf den Sohn vererbten, denn auch die spanische Mutter galt überall als gut aussehende Frau. Karls etwas vorquellenden Augen, die er stets starr auf sein Gegenüber richtete, wirkten genauso wie seine dünne Fistelstimme beinah unheimlich. Vielleicht hätte eine sorgsam ausgewählte modische Kleidung Karls Anblick etwas verbessern können, aber er legte nicht den geringsten Wert auf ein ansprechendes Äußeres und kleidete sich keineswegs adrett Schwarz in Schwarz. Wäre Karl nicht Kaiser geworden, hätte man ihn sicherlich überall gemieden.

Dieser Mann, der dazu ausersehen war, der mächtigste Habsburger aller Zeiten zu werden, erblickte ausgerechnet auf einem Abort in Gent am 24. Februar 1500 das Licht der Welt. Hintergrund der seltsamen Geschichte war, dass die werdende Mutter, die spanische Gemahlin Philipps des Schönen, von Eifersucht zerfressen, ihren anziehenden, von den niederländischen Frauen umschwärmten Gemahl auf keinen Fall allein auf das pompöse Fest gehen lassen wollte, das die Genter zu Ehren des Königspaares veranstaltet hatten. Mitten im Festtrubel wurde Juana plötzlich von Wehen überfallen und keiner wusste so recht, wohin man die Königin bringen sollte. Schließlich verfiel man auf die Idee, sie zu einem nahe gelegenen Abort zu schleppen, wo sie unter lautem Singen einen Knaben zur Welt brachte: Karl V., den Kaiser, in dessen Reich die Sonne nicht untergehen sollte.

Das Schicksal wollte es, dass Karls Vater Philipp im Jahre 1506 ganz plötzlich starb. Sein überraschender Tod versetzte seine Gemahlin in einen psychischen Zustand, der nicht nur die Menschen in ihrer Umgebung an ihrem Verstand zweifeln ließ. Ihr eigener Vater, König Ferdinand von Aragon, war maßgeblich daran beteiligt, dass Juana die Fähigkeiten zu regieren abgesprochen wurden und sie schließlich aufgrund ihres sonderbaren Verhaltens in Tordesillas weggesperrt wurde. Da Ferdinand schon 1516 starb, war es notwendig, dass sich Karl als Enkel nach Spanien begab, um von den Cortes – der Ständeversammlung – die Anerkennung als Regent sowohl von Aragon als auch von Kastilien zu erwirken. Seine Mutter, die er bis dahin nicht kannte und der die eigentliche Herrschaft zugefallen wäre, zwang er, eine Verzichtserklärung auf die spanischen Länder abzugeben.

Der 17-jährige Karl war auf seine Herrschertätigkeit in vielerlei Hinsicht gut vorbereitet, denn seine Tante Margarete hatte für ihren Neffen die besten Lehrer ausgewählt, unter ihnen den renommierten Universitätsprofessor Adriaan Floriszoon Boeyens, der später Papst werden sollte. Sie führten ihm nicht nur die politische Situation im Reich und den angrenzenden Ländern vor Augen, sondern unterrichteten ihn auch in den wichtigsten Sprachen, wobei Karl am schlechtesten die deutsche beherrschte, was ihm im Reich natürlich verübelt wurde. Nach eigener Auskunft sprach er Deutsch nur mit seinem Pferd.

Karl kehrte aus Spanien in die Niederlande zurück und erlebte hier, dass seine Tante Margarete, die ihr Vater Maximilian wegen ihres politischen Geschicks als Statthalterin eingesetzt hatte, ihre Beziehungen zum Handelshaus der Fugger ausgebaut hatte, denn es war abzusehen, wann der immer noch regierende beinahe 60 Jahre alte Kaiser Maximilian von der politischen Bühne abtreten würde. Sie durchschaute mit klarem Blick die Ambitionen der deutschen Kurfürsten, die traditionell die eigentlichen Königsmacher waren, und wusste, dass nur viel Geld die Wahl ihres Neffen durchsetzen konnte. Denn schon sehr bald hatte der französische König Franz I. erkennen lassen, dass er an der deutschen Kaiserkrone genauso interessiert war, so wie auch der englische König Heinrich VIII. Es gelang Margarete tatsächlich, so viel Geld aufzutreiben, dass sie die Bestechungsgelder, die Franz I. von Frankreich im Sinn hatte zu zahlen, mit 800.000 Goldgulden – allein die Fugger hatten eine halbe Million locker gemacht – überbot und Karl im Jahre 1519 nach dem Tod seines Großvaters von den Kurfürsten zum erwählten römischen Kaiser ernannt wurde.

Das Leben des Herrschers war geprägt von unstetem Umherziehen, er besaß keine feste Residenz, wobei man noch am ehesten Mechelen, wo er seine Kindheit verbracht hatte, als vorübergehenden Ruhepol annehmen könnte. In seiner Abschiedsrede in Brüssel umreißt er seine unentwegte Reisetätigkeit folgendermaßen: „Ich war neunmal in Deutschland, sechsmal in Spanien, siebenmal in Italien und kam zehnmal hierher nach Flandern. Ich war zweimal in England und zweimal in Afrika, das sind 40 große Unternehmungen ... Achtmal habe ich das Mittelmeer durchquert und dreimal den Ozean ..."

Indem Karl zum Kaiser auserkoren wurde, übernahm er von seinem Großvater Maximilian ein schweres Erbe. An allen Ecken und Enden brodelte es: Im Jahr 1517 hatte ein unscheinbarer Augustinermönch in Wittenberg neue religiöse Thesen in den Raum gestellt, welche die Lehren der katholischen Religion, die das Haus Habsburg bisher als allein selig machende auf seine Fahnen geheftet hatte, in vielerlei Hinsicht infrage stellten. Endlose Streitigkeiten zeichneten sich ab, da einzelne deutsche Fürsten den Lehren Luthers nicht abgeneigt waren.

Dazu kamen Schulden, nicht nur bei den Fuggern, auch beim Augsburger Handelshaus der Welser stand Karl tief in der Kreide, sodass er sich gezwungen sah, ihm die reichen Gebiete in Südamerika, dem heutigen Venezuela, zu verpfänden. Erst als die „Goldschiffe" aus der Neuen Welt an den Küsten Spaniens vor Anker gingen, wurde plötzlich aus dem spanischen König Carlos I., wie Karl V. in Spanien bezeichnet wurde, ein reicher Mann, der über geschätzte sieben Millionen Dukaten verfügte.

Die Probleme mit Frankreich, das nicht nur ständig versuchte, die burgundischen Gebiete an sich zu reißen, sondern auch Mailand und Oberitalien beanspruchte, waren ebenso ein Erbe seines Großvaters wie die Auseinandersetzungen mit den jeweiligen Päpsten. Schien es auch manchmal vorübergehend so, als würde man wirklich einen Konsens in allen strittigen Fragen finden, genügte in Wirklichkeit ein Funken, um das immer noch glimmende Feuer zu einem neuerlichen kriegerischen Brand zu entfachen. Leidtragende bei den Konflikten mit den Franzosen war auf jeden Fall die Bevölkerung Oberitaliens, in deren Gebiet die Kämpfe ausgetragen wurden. Als nach der Schlacht bei Pavia im Jahre 1525 der französische König Franz I. gefangen genommen wurde, verhielt sich Karl dem Franzosen gegenüber ritterlich, wobei er die scheinheilige Heuchelei des Franzosenkönigs nicht durchschaute. Kaum war Franz gegen Ehrenwort wieder auf freiem Fuß, begann ein neues Intrigenspiel, er setzte alle Hebel in Bewegung, um sich für die Schmach der Gefangennahme zu rächen. Später führte sein Sohn Heinrich II. von Valois die antihabsburgische Politik fort, immerhin waren Heinrich und sein Bruder als Geiseln einige Jahre in Madrid gewesen. Selbst die Eheverbindung von Franz und von Karls Schwester Eleonore führte zu keinem Umdenken des französischen Königs. Und da Franz I. genau darüber im Bilde war, welche Schwierigkeiten die Türken im Osten den Habsburgern bereiteten, scheute er nicht davor zurück, Geheimabsprachen mit dem Sultan zu pflegen und das Geld anzunehmen, das Suleiman ihm bot.

Karl V. hätte eigentlich in seiner beinahe 40-jährigen Regierungszeit verzweifeln müssen, hätte er nicht seinen Bruder Ferdinand nach Abschluss des Vertrags von Brüssel 1522 in die Regierungsgeschäfte einbezogen, wobei auch seine Tante Margarete eine wichtige Stütze war, die in den Niederlanden als Statthalterin großes Ansehen genoss. Margarete war eine Vollblutpolitikerin, die im Laufe ihres abwechslungsreichen Lebens durch eine harte Schule gegangen war. Als erzwungene Braut des zukünftigen französischen Königs Karl VIII. hatte sie Jahre am französischen Hof verbracht, wo sie durch ihr liebenswürdiges Wesen auch nach langer Zeit noch beste Beziehungen zur wichtigsten Dame Frankreichs, zu Louise von Savoyen, hatte, mit deren Hilfe es zum „Damenfrieden von Cambrai" gekommen war – immerhin eine vorübergehende Beruhigung der angespannten politischen Situation. Da der Kaiser und der französische König einander nicht begegnen wollten, um die italienische Angelegenheit endgültig zu bereinigen, hatte man den Damen diese heikle Angelegenheit anvertraut. Durch geschicktes

Taktieren war es Margarete gelungen, die habsburgischen Interessen in Italien durchzusetzen.

Wenn man schon Karls Großvater den „Kaiser mit den fliehenden Sohlen" bezeichnete, so könnte man seinen Enkel mit Recht den „fliegenden Kaiser" nennen, denn die Kriegsschauplätze, auf denen er anwesend war und mitkämpfte, reichten bis nach Nordafrika, wo die Türken allein in Tunis 20.000 Christen gefangen hielten, die durch die Truppen Karls befreit wurden. Dabei war es erstaunlich, dass der nicht allzu kräftige Kaiser diese Strapazen auf sich nehmen konnte, vor allem, da er ab seinem 30. Lebensjahr von häufigen Gichtanfällen geplagt wurde. Dass seine Essensgewohnheiten zu dieser Stoffwechselerkrankung geführt hatten, vermuteten schon seine Leibärzte, vor allem dem Bierkonsum schoben sie die Schuld für seine Leiden zu. Aber Karl zeigte wenig Verständnis für die Ermahnungen der Medizinmänner, weitaus mehr interessierten ihn die Vorhersagen seiner Astrologen, weshalb er so wie seine Vorfahren vor wichtigen Entscheidungen die Sterne befragen ließ. Weil ihm sein Hausmathematiker Turrianus von Cremona, der sich ebenfalls mit der Sternenkunde befasste, vorhergesagt hatte, dass seine Truppen die Schlacht bei Mühlberg an der Elbe 1547 gegen das Heer einzelner protestantischer Reichsfürsten gewinnen würden, ließ er sich – im Vertrauen auf die Richtigkeit dieser Aussage – auf sein Pferd setzen, um mit einer Lanze in der Hand auf das Schlachtfeld zu reiten.

Auch als er auf Brautschau ging, ließ er sich von seinem Hofastrologen beraten, wobei man natürlich auf die Vereinbarungen der Doppelhochzeit von Wien, die Karls Großvater mit Anna von Ungarn für einen seiner beiden Enkel Karl und Ferdinand geschlossen hatte, Rücksicht nehmen musste. Da sich aber schon sehr bald abzeichnete, dass die ungarische Braut dem jüngeren Bruder zugedacht war, entschloss sich Karl, um die Hand Isabellas von Portugal anzuhalten, deren Schönheit nicht nur in ihrem Heimatland gepriesen wurde, sodass sich Karl auf die Bilder der Medaillons, die ihm seine Brautwerber überbracht hatten und die ein bezauberndes Mädchenantlitz zeigten, verlassen konnte.

Isabella war nicht nur ein schönes Mädchen, das Karl sofort in seinen Bann schlug, sie besaß auch einen klaren Verstand und die Fähigkeit, politische Dinge zu durchschauen, sodass sich Karl bald entschloss, sie während seiner Abwesenheit in Spanien als Regentin einzusetzen.

Überraschenderweise wurde die Ehe glücklich, obwohl allein die körperlichen Voraussetzungen des Kaisers keineswegs positiv waren. Aber Isabella sah anscheinend über das unattraktive Äußere ihres Gemahls hinweg, immerhin war er der Kaiser des größten Reiches auf Erden. Nach Aussagen von ernst zu nehmenden Chronisten entwickelte sich schon nach kurzem Kennenlernen eine liebevolle Beziehung, die bis zu Isabellas frühem Tod erhalten bleiben sollte. Fünf Kinder entsprossen dieser Fernbeziehung, denn Karl war es aufgrund ständiger Konflikte nicht vergönnt, allzu lang das Eheleben in Spanien zu genießen.

Der ständig umherziehende Kaiser verbrachte viele einsame Jahre ohne Frau und Kinder. In vielen seiner Briefe an die ferne Gemahlin drückte der sonst so zurückhaltende Mann seine Sehnsucht nach ihr und der Familie aus. Daneben enthielten sie auch Erziehungsratschläge und Tipps, wie der älteste Sohn Philipp auf seine Rolle als zukünftiger König von Spanien oder gar als Kaiser vorbereitet werden sollte. Karl V. besaß nicht das sanguinische Temperament seines Großvaters Maximilian, der zeit seines Lebens ein „fröhlicher Kaiser" sein wollte und der auch keine Bedenken hatte, dort, wo er hinkam, sich mit den schönsten Damen zu vergnügen.

Von seinem Enkel Karl fanden nur zwei außereheliche Kinder den Weg in die Geschichtsbücher: Margarete von Parma, die später als Statthalterin in den Niederlanden eingesetzt wurde, und der schöne Don Juan d'Austria, der ruhmreiche Sieger in der Schlacht bei Lepanto. Auch die Mütter dieser beiden „natürlichen" Kinder unterstützte Karl finanziell, solange er lebte.

Nach seinen eigenen Aussagen strebte der Kaiser danach, wo immer es ging, Gerechtigkeit walten zu lassen, was ihm allerdings bei den vielen Problemen, die er im Laufe seiner Regierung zu bewältigen hatte, kaum gelang. Denn als er 1527 seine Landsknechte und ihren brutalen Anführer Georg von Frundsberg nicht mehr bezahlen konnte und ihnen daher die Erlaubnis erteilte, zusammen mit den spanischen Truppen sich an der Stadt Rom schadlos zu halten und die Ewige Stadt zur Plünderung frei gab, hatte er wahrscheinlich keine Ahnung davon, wie die wild gewordene Soldateska hausen konnte. Der „Sacco di Roma", bei dem unwiederbringliche Kunstschätze vernichtet worden waren, ganz abgesehen von den Verbrechen gegen die Menschlichkeit, ist ein dunkler

Fleck in der Vita des Herrschers. Dabei sind die Gräueltaten seiner Conquistadores in den neu entdeckten Ländern noch nicht mitgerechnet!

Die Lage in Italien war für Karl V. durch die Gewalttaten Frundsbergs so prekär geworden, dass er kaum daran denken konnte, sich in Rom vom Papst zum Kaiser krönen zu lassen, ein Lebensziel eines jeden Herrschers aus dem Erzhaus. Daher kam er mit Papst Clemens VII. überein, dass das Fest der Krönung in Bologna stattfinden sollte. Über das glanzvolle Ereignis, das alle bisherigen Krönungen in den Schatten stellte, berichteten die Chronisten ausführlich. Vor allem darüber, dass auch Karl dem Papst den Steigbügel hielt, damit der Heilige Vater mühelos das Pferd besteigen konnte. Der Jahrhunderte dauernde Konflikt zwischen Kaiser und Papst um die Vorherrschaft wurde auch in Bologna wieder zum Thema.

Dabei zeichneten sich in Deutschland immer mehr religiöse Probleme ab, die durch die Schaukelpolitik, die Karl mit den Protestanten betrieb, noch verstärkt wurde. Denn hatte er 1521 in Worms über Luther die Reichsacht verhängt und ihm freies Geleit zugesichert, so konnte er nicht verhindern, dass der „Junker Jörg", als der Luther auf der Wartburg interniert war und dort die Bibel übersetzt hatte, seine Anhängerschar von Jahr zu Jahr vergrößerte. Der Kaiser kämpfte gleichsam gegen Windmühlen, denn die Praktiken des Ablasshandels, die er persönlich auch nicht gutheißen konnte, trieben rechtschaffene Leute in die Arme der Protestanten. Und da vor allem in Mitteldeutschland die „ketzerische" Lehre reißenden Zulauf bekam, konnte es nicht ausbleiben, dass sich gewaltige Konflikte anbahnten, die der Kaiser zunächst mit dem „Interim" zu planieren suchte. Aber jene halbherzige Verordnung „hatte den Schalk in ihm", wie dies Zeitgenossen treffend ausdrückten. Sie stieß weder bei den Katholiken und schon gar nicht beim Papst, aber auch nicht bei den Protestanten auf Gegenliebe. Der Kaiser war gezwungen, andere Möglichkeiten zu suchen, denn ein Bürgerkrieg zeichnete sich schon am Horizont ab. Zwar konnte er die Schlacht bei Mühlberg an der Elbe im Schmalkaldischen Krieg gewinnen, dass er aber die abtrünnigen protestantischen Fürsten gefangen nehmen ließ, machte zusätzlich noch viel böses Blut. Einen besonderen Schlag versetzte dem Kaiser der Abfall und Angriff des Kurfürsten Moritz von Sachsen, auf den Karl sein ganzes Vertrauen gesetzt hatte. Der Sachse, der sich heimlich mit dem französischen König Heinrich II. verbündet hatte, versuchte Karl durch einen Überraschungsschlag in Innsbruck gefangen zu nehmen und es war nur dem Weitblick seines Bruders Ferdinand zu verdanken, dass der kranke Kaiser sich noch rechtzeitig in Villach in Sicherheit bringen konnte.

Um endlich nach den jahrzehntelangen Religionsstreitigkeiten eine Lösung der Probleme herbeizuführen, kam es schließlich 1555 zum Religionsfrieden in Augsburg, wohin der Kaiser allerdings nicht mehr gereist war. „Cuius regio, eius religio" sollte das Motto für die Landesfürsten lauten. Der Landesherr bestimmte die Religion seiner Untertanen und räumte den Andersgläubigen das Recht der Auswanderung ein. Dass diese Regelung auch keine Ideallösung in sich barg, zeigte sich beim Exodus der Protestanten im Lande Salzburg, obwohl der Fürsterzbischof sich nicht an die Verordnungen des habsburgischen Kaisers hätte halten müssen.

Die letzte große Entscheidung Karls stand noch bevor. Weit über 30 Jahre Regierungs- und Kampfestätigkeit hatten den Kaiser müde gemacht. Obwohl er schon sehr bald die Agenden im Osten seinem Bruder Ferdinand übertragen hatte, sodass es gleichsam zu einer Teilung des Imperiums gekommen war und er die Niederlande unglückseligerweise verwaltungsmäßig Spanien zugeschlagen hatte, wo er seinen Sohn Philipp als Regenten eingesetzt hatte, war er durch die ununterbrochenen Querelen beinahe mutlos geworden. Er regierte zwar über ein Riesenreich, im Grunde genommen aber ohne Erfolg, denn selbst in der eigenen Familie, die bis dahin beinahe bigott am katholischen Glauben festgehalten hatte, zeigte sich da und dort, dass Luthers Thesen auf fruchtbaren Boden gefallen waren. Karls Schwester Isabella, die seinerzeit von ihrem Großvater Maximilian um 3000 Dukaten an Christian den Bösen von Dänemark verkauft worden war, tendierte ebenso wie Karls Neffe Maximilian zum Protestantismus.

Obwohl Karl V. durch seinen dynamischen Bruder Ferdinand immer wieder der Rücken freigehalten worden war und auch sein eigener Sohn Philipp versuchte, den Vater zu unterstützen, gelang es beiden nicht, den Kaiser von einem Schritt abzuhalten, den keiner erwartet hatte. Zwar hatte sich abgezeichnet, dass die Kurfürsten einen Philipp, der sich schon in den Niederlanden als düsterer Spanier keinen rühmlichen Namen gemacht hatte, niemals zum Nachfolger seines Vaters wählen würden, wohl aber dessen Onkel Ferdinand.

Wann in Karl V. der Plan reifte, die Krone niederzulegen und abzudanken, ist nicht genau bekannt. Er hatte nach bestem Wissen und Gewissen die Regierungsgeschäfte geführt, hatte nichts unversucht gelassen, den katholischen Glauben als einzig selig machenden zu bewahren, hatte auf privates Glück weitgehend verzichtet – seine geliebte Isabella war, obwohl ihr Beisammensein immer nur kurz war, im Kindbett gestorben – jetzt als alter Mann von 56 Lenzen wollte er endlich ausruhen.

In Brüssel, wohin die Großen des Reiches gekommen waren, hielt er eine sehr bewegende Rede, dankte allen, die ihn im Laufe der vielen Jahre unterstützt hatten, und bat um Verständnis für seinen entscheidenden Schritt. Mit ihm trat auch seine Schwester Maria als Statthalterin der Niederlande zurück und bestieg zusammen mit dem Bruder und der jüngsten Schwester Eleonore das Schiff, das sie nach Spanien bringen sollte.

In der Nähe des Klosters San Jerónimo von Yuste ließ sich der Kaiser nieder und widmete sich seinem ganz besonderen Steckenpferd, den Hunderten Uhren, die er im Laufe seines Lebens gesammelt hatte. Und nach wie vor huldigte er dem einzigen Laster, dem üppigen Essen. Wenn auch der Kaiser schon in jungen Jahren an allen möglichen Gebrechen litt, so war es doch erstaunlich, dass er für die damalige Zeit relativ alt wurde, obwohl die Gicht, Hämorrhoiden, Krampfadern ihn bei Tag und Nacht bei jedem Schritt und vor allem zu Pferd quälten. Auch in der Einsamkeit von Yuste legte er größten Wert auf Delikatessen aller Art, wobei er frische Meeresfrüchte besonders bevorzugte – zum Leidwesen seines Leibarztes Andreas Vesalius, der ahnte, dass der überreichliche Genuss von Schalentieren die Leiden des alten Kaisers nur verschlimmern würde.

Über den abgedankten Monarchen gibt es viele Anekdoten, wie er die letzten beiden Jahre seines Lebens verbrachte. So soll er befohlen haben, dass er in seinem Katafalk liegend die Totenmesse anhören konnte, die nach seinem Ableben zelebriert werden sollte.

Karl V. hatte ein Leben lang keine Familie um sich gehabt. Daher war er auch nicht fähig, in Spanien mit seinen beiden Schwestern Kontakt zu pflegen, was sich beide sehnlichst gewünscht hätten. Das spanische Hofzeremoniell, das von ihm und von seinem Sohn Philipp bis ins kleinste Detail verwirklicht wurde, verbot ihm eine nähere Beziehung zu Maria und Eleonore. Nur seinen „natürlichen" Sohn Hieronymus, den späteren Don Juan d'Austria, wollte er in seiner Nähe haben.

Karl V., der Kaiser über ein weltumspannendes Reich, starb im September 1558. Er fand seine letzte Ruhestätte als König Carlos I. im monumentalen Schloss Escorial bei Madrid.

*

Liest man die Briefe des Kaisers an seine ferne Gemahlin, mit der er nur kurze Zeit Stunden der Zweisamkeit erleben durfte, so erkennt man, wie sehr dem Herrscher über ein Weltreich das „kleine Glück" gefehlt hat. Da der Kaiser ununterbrochen mit innen- und außenpolitischen Problemen konfrontiert war, blieben ihm nur die Briefe an Isabella, in denen er seine ganze Sehnsucht ausdrückte: „Erlauchte und großmächtige Kaiserin! Ich verschob die Pläne für dieses Jahr, weil ich betreffs des Konzils auf eine gute Entscheidung hoffte, denn das Wohl der Christenheit hängt davon ab … Meine Rückkehr ist das, was ich am meisten begehre, um Euch wiederzusehen und in meinem Hause mit Euch zu sein … Alle sagen, dass meine Anwesenheit nicht zu entbehren sei, und alle bitten, dass ich mich der Sache annehme. So hab' ich mich denn entschlossen, noch einmal alles zu versuchen, und darüber die Rückkehr hinausgeschoben, hoffentlich nur bis zum kommenden März … Mein teuerstes, geliebtes Weib, ich küsse dieses Blatt Papier mit derselben Zärtlichkeit und Glut, mit der ich Eure Lippen küssen würde, wäre ich bei Euch …"

Zu seinem großen Leidwesen starb Isabella nach der Geburt des fünften Kindes am 1. Mai 1539. Erst Jahre später war der Kaiser, der sich nach der Beisetzung seiner Gemahlin in das Hieronymuskloster unweit von Toledo zurückgezogen hatte, in der Lage, in seinen Memoiren folgende Worte zu schreiben: „… es gefiel Gott, sie zu sich zu rufen, und wir können sicher sein, er tat es aus seiner großen Barmherzigkeit."

In welch tiefem Glauben musste der Kaiser verwurzelt sein!

Ferdinand I.

Der „Spanier" erobert die Herzen der Wiener

Was war das doch für eine Familie: Im zarten Alter von 17 wurde Karl, der Enkel von Kaiser Maximilian I., König von Kastilien und Aragon, mit 19 erwählten ihn die deutschen Kurfürsten zum römisch-deutschen Kaiser, seinem jüngeren Bruder Ferdinand fiel die Kaiserkrone im Jahre 1558 nach der Abdankung Karls zu und dessen Sohn Maximilian wurde nach dem Tod seines Vaters ebenfalls Kaiser! Und so sollten die Habsburger mit einer kurzen Unterbrechung die Kaiserkrone im Reich bis zum Jahr 1806 und in der Österreichisch-ungarischen Monarchie bis 1918 tragen.

Dabei wurden Karl und Ferdinand, die Söhne Philipps des Schönen, eher als Spanier angesehen, denen man in Deutschland nicht allzu große Sympathien entgegenbrachte, da weder der eine noch der andere die deutsche Sprache beherrschte. Zwar hatte Karl V. in Gent das Licht der Welt erblickt und war in den Niederlanden unter der Obhut seiner dynamischen Tante Margarete aufgewachsen, weil er sich aber schon in jungen Jahren in düsteres Schwarz kleidete, wirkte er auf die lebensfrohen Niederländer wie ein bigotter Spanier. Seinen Bruder Ferdinand, der am 10. März 1503 in Alcalá de Henares nahe Madrid geboren wurde, kannte man in Flandern überhaupt nicht, denn er wurde nach dem überraschenden Tod seines Vaters von seinem Großvater Ferdinand, dessen Namen er trug, am königlichen Hof in Aragon erzogen. Kaum war er den Kinderschuhen entwachsen, als er auf Geheiß seines kaiserlichen Bruders in die Niederlande geschickt wurde, wo ihn seine Tante Margarete unter ihre Fittiche nahm. Es war ein Glück für die Kinder Philipps des Schönen und seiner Ehefrau Juana, dass sich Margarete liebevoll um ihre Neffen und Nichten kümmerte und für sie die besten Lehrer aussuchte. So erhielten Karl und Ferdinand das Rüstzeug für ihre spätere politische Tätigkeit in ganz Europa.

Ferdinand war noch nicht 20, als er von seinem kaiserlichen Bruder nach dem Abschluss des Vertrags von Brüssel im Jahre 1522 in den östlichen Ländern des Reiches als Regent eingesetzt wurde. Mit der Herrschaft über die heutigen österreichischen Gebiete übernahm der junge Mann auch alle Probleme, die sich im Laufe der Zeit mit den Türken ergeben hatten, die nur ein Ziel verfolgten, mit Feuer und Schwert bis weit in den Westen vorzudringen. Ferdinands Großvater, Kaiser Maximilian, hatte in seinen letzten Regierungsjahren nicht mehr die Kraft gehabt, die Türken entscheidend zurückzuschlagen, sodass Ferdinand gezwungen war, jahrelang Abwehrschlachten gegen diesen gefährlichen Feind nicht nur im ungarischen Raum zu führen. Er konnte nicht verhindern, dass die Osmanen, aufgestachelt durch den Papst und den französischen König, bis Wien vordrangen, ohne allerdings die Stadt aufgrund der katastrophalen Wetterbedingungen, die im Herbst des Jahres 1529 herrschten, einnehmen zu können.

Der junge Ferdinand war zwar wie sein Vater auch kein Adonis, wirkte aber allein durch seine großen blauen Augen freundlicher als sein finster-asketischer Bruder. Sein stechender Blick signalisierte aber, dass der blonde „Spanier", wie er allgemein genannt wurde, ein willensstarker Mann war, der alles, was er sich vorgenommen hatte, bis zur letzten Konsequenz ausführen wollte. Und dies bekamen, kurz nachdem er sich über die Verhältnisse in Österreich informieren hatte lassen, die rebellierenden Regenten von Niederösterreich und der Bürgermeister von Wien zu spüren, wobei Letzterer eigenmächtig die noch von Kaiser Maximilian eingesetzten Räte abberufen hatte. Kaum hatte sich Ferdinand 1522 ein Bild von der Lage rund um Wien gemacht, als er Order gab, alle Unbotmäßigen in einem Blutgericht, das in Wiener Neustadt stattfand, gnadenlos hinrichten zu lassen. Diese brutale Tat zu seinem Einstand erschien vielen Zeitgenossen unverständlich und es dauerte lange, bis man Ferdinand jenes Massaker verzieh. Bauernunruhen und Aufstände im ganzen Land waren die Folge dieser völlig undiplomatischen Vorgangsweise, aber erst allmählich kam Ferdinand zur Einsicht, dass mit Milde mehr zu erreichen war als mit spanischer Strenge. Vielleicht war es auch seine Gemahlin Anna von Böhmen und Ungarn, die den Gemahl in sanftere Bahnen geleitete, denn sie versuchte in den 26 Jahren an seiner Seite, Ferdinand von den Grausamkeiten abzubringen, die so viel echtes Blut gekostet und so viel böses Blut erzeugt hatten. So wie einst sein Großvater Maximilian in der Doppelhochzeit von Wien 1515 beschlossen hatte, dass einer seiner beiden Enkel, entweder Karl oder Ferdinand, die junge Ungarin heiraten sollte, geschah es auch im Jahre 1521. Anna war allerdings zunächst enttäuscht, dass sie nicht die Gemahlin des Kaisers werden sollte, da sie sich ihrer zukünftigen Schwägerin Maria gegenüber, mit der sie zusammen in Innsbruck erzogen worden war, schon als zukünftige Kaiserin aufgeführt hatte. Sie konnte damals freilich nicht ahnen, dass sie sehr wohl 1558 Kaiserin geworden wäre, hätte sie nicht der Tod nach der Geburt des 15. Kindes ereilt.

Genauso wie sein Bruder Karl war Ferdinand gezwungen, überall in den Gebieten, in denen er als Regent eingesetzt war, nach dem Rechten zu sehen. Da er sich von seiner geliebten Anna nicht trennen wollte, nahm er sie auf all seinen Reisen mit. Natürlich entstanden dadurch erheblich mehr Kosten, als wenn er nur allein durch die Lande gezogen wäre. Als er einmal darauf angesprochen wurde, meinte er: „Einem frommen Herrn gebührt, seinen Ehebund zu halten; es ist besser, einige Unkosten auf seine Ehegattin zu wenden als auf Buhlerei."

Der Ehe entstammten 15 Kinder, von denen drei Söhne und neun Töchter das Erwachsenenalter erreichten. Als seine geliebte Gemahlin 1547 starb, war Ferdinand ein gebrochener Mann, denn außer Gott hatte er Anna am meisten geliebt.

Weil er von den Kurfürsten nach der Krönung seines Bruders Karl zum römisch-deutschen Kaiser in Bologna zum König gewählt wurde, schien es für ihn nicht ganz ausgeschlossen zu sein, ebenfalls die Kaiserkrone zu tragen, obwohl Karl V. alles daran setzte, den Reichsfürsten den eigenen Sohn Philipp als zukünftigen Kaiser zu präsentieren. Aber im Vergleich zu dem starren, ganz im spanischen Hofzeremoniell verankerten Philipp schien den Kurfürsten Ferdinand, der sich im Laufe der Jahre an die Sitten und Gebräuche der Länder, in denen er herrschte, angepasst hatte, der geeignete Nachfolger zu sein. Außerdem zeigte er sich in Glaubensfragen kompromissbereiter als sein Bruder und vor allem als dessen Sohn. Ferdinand unternahm immer wieder Versuche, die Religionsstreitigkeiten zu beenden, obwohl er selbst als Habsburger in der katholischen Lehre fest verankert war. 1561, als er schon die Kaiserkrone trug, erschien sein „Reformationslibell", in dem er die Reinigung der katholischen Kirche und eine Reform der päpstlichen Kurie forderte, ferner von den Priestern die Abhaltung der heiligen Messe in deutscher Sprache sowie die Priesterehe und das Abendmahl in beiderlei Gestalten. Was der Kaiser vorschlug, wäre eine weitgehende Annäherung an die Thesen Luthers gewesen. Aber er bemühte sich vergeblich, denn keiner war mit diesen Ideen einverstanden, die, wären sie in die Tat umgesetzt worden, viel Leid in der Zukunft verhindert hätten. Es war eine Verkettung des Schicksals, dass ausgerechnet zu jener Zeit ein abgrundtiefer Hasser der Habsburger Dynastie auf dem Stuhle Petri saß, denn Paul IV. war nicht bereit, Ferdinand nur einen Schritt entgegenzugehen, ja er ließ sich sogar dazu hinreißen, nicht einmal die kaiserlichen Gesandten zur Audienz zu empfangen, eine unvorstellbare Brüskierung des Kaisers!

Wenn auch Ferdinand selbst dem katholischen Glauben verpflichtet war, so konnte er doch nicht verhindern, dass sein ältester Sohn Maximilian, der sein Nachfolger werden sollte, zumindest Interesse an den Lehren Luthers zeigte. Wahrscheinlich war er von seinem Hauslehrer Pfauser auf die revolutionären Thesen des Augustinermönchs aufmerksam gemacht worden, denn als Kaiser Ferdinand erfuhr, was Pfauser dem Sohn beibrachte, soll er dem Lehrer in einem Anfall von Jähzorn eigenhändig das Messer an die Kehle gesetzt haben.

Je älter Ferdinand wurde, desto kompromissbereiter zeigte er sich. Er hatte, sprachbegabt wie er war, Deutsch in kürzester Zeit erlernt, sodass man ihm überall in den Ländern, in denen er herrschte, wenn er „dem Volk aufs Maul schaute", den „Spanier" verzieh. Mit den Türken, die er nicht entscheidend zurückschlagen konnte, hatte er sich auf jährliche Tributzahlungen geeinigt, wobei die Überbringer der Silbergeräte und der 30.000 Dukaten jedes Mal ihr Leben riskierten, wenn sie sich dem Sultan näherten, denn nicht nur einmal geschah es, dass ihnen als Dank für die Tributzahlungen die Kehle durchgeschnitten wurde.

Nach dem Tod seines Schwagers König Ludwig II. von Böhmen und Ungarn 1526 nach der Schlacht bei Mohács wurde Ferdinand am 24. Februar 1527 wegen eines bestehenden Erbvertrages zum König von Böhmen gekrönt. Lediglich die ungarische Krone blieb ihm verwehrt, da sich die ungarischen Magnaten weigerten, einen Habsburger als ungarischen

König anzuerkennen. Sie bevorzugten den Wojwoden Johann Zápolya, mit dem sich Ferdinand aber schließlich arrangierte.

Ferdinand war alles andere als eine Kämpfernatur, wenn er auch zu explosionsartigen Ausbrüchen von Jähzorn neigte. Dabei drohte er immer wieder, den Kontrahenten, der ihn in Wut versetzt hatte, umbringen zu lassen, um das Todesurteil im nächsten Augenblick, wenn er sich beruhigt hatte, sofort zu revidieren. In den Jahren, die er in Wien verbrachte, ließ er entscheidende Neuerungen einführen, vor allem hatte er erkannt, dass seine spanischen Berater in den österreichischen Ländern völlig fehl am Platz waren. Zwar holte er die Jesuiten ins Land, um die Bildung der Bevölkerung zu heben, aber er achtete streng darauf, dass sie nicht zu einem Machtfaktor werden konnten.

Nachdem Karl V. in Brüssel im Jahre 1556 seine Abdankung bekannt gegeben hatte, wählten die Kurfürsten unter Protest des Papstes Paul IV. seinen Bruder Ferdinand zum kaiserlichen Nachfolger. Karls Sohn Philipp schied als König von Spanien aus der Reichspolitik aus, lediglich in den Niederlanden schaltete und waltete ein für die flandrische Bevölkerung verständnisloser spanischer Statthalter – eine Katastrophe! Eine schlechtere Entscheidung, die Niederlande von den Spaniern regieren zu lassen, war damals fast nicht möglich, denn diese beiden Welten – die bigotte spanische und die leichtlebige niederländische – waren von vornherein unvereinbar.

In den langen Jahren, die Ferdinand zuerst als Statthalter seines Bruders, später als König und Kaiser in den österreichischen Ländern verbrachte, legte er schon bald seine spanische Lebenseinstellung ab und – man könnte sagen – er wurde Österreicher. Nachdem er eine zentralistische Regierung aufgebaut hatte, indem er innenpolitisch eine Straffung der Ämter vornahm, führte er das Werk seines Großvaters Maximilian weiter. Daneben erkannte er sehr bald durch die dauernden Kämpfe an den Außengrenzen des Reiches aufgrund der Einfälle der Türken, dass er alles daransetzen musste, den Landfrieden zu sichern. Denn weder die Reichsfürsten noch sein Bruder Karl stellten ihm die Mittel zur Verfügung, um Landsknechte und Söldner für einen entscheidenden Schlag gegen die Türken bezahlen zu können.

Interessant entwickelte sich das Verhältnis der beiden kaiserlichen Brüder. Anfangs musste Ferdinand von dem Gefühl beherrscht worden sein, ohne die präzisen Anordnungen Karls nicht selbstständig agieren zu dürfen. Dies führte zu einem inneren Konflikt bei Ferdinand, vor allem als Karl sich in die Privatsphäre seiner Nichten einmischte. Er versuchte die Ehepläne, die sein Bruder für seine zahlreichen Töchter ausgearbeitet hatte, mit eigenen Ideen zu durchkreuzen, was ihm allerdings nicht gelang. Auch Ferdinands kompromissfreudige Haltung den deutschen Reichsfürsten gegenüber war Karl ein Dorn im Auge. Ferdinands eigener Sohn Maximilian schrieb folgende Zeilen an seinen Vetter in Bayern, da er die Abhängigkeit seines Vaters von dessen Bruder nicht verstand: „Gott gew, daß Seine Majestät (Ferdinand) sich ainmal tapfer gegen der Kayserl. Majestet (Karl) erzag und nit so klanmietig, als wie bisher beschehen ist. Mich wundert nur, daß Seine MT. so blint ist und nit merken will, wie untreulich und unbrüderlich die Kayerl. Mt. mit ime umbget."

Die Situation musste für beide Brüder nicht leicht gewesen sein, weil ihre Aufgabengebiete und damit die Anforderungen, die an sie gestellt wurden, grundverschieden waren. Aus zahlreichen Briefen geht hervor, dass Ferdinand stets geneigt war, einen Konsens mit dem Bruder, zumindest was die innerpolitischen Probleme im Reich betraf, zu finden, wobei Karl auf die Gutmütigkeit seines Bruders bauen konnte. Beide lebten ein völlig unterschiedliches Leben, Karl mehr oder weniger in Einsamkeit, von wenigen Freunden umgeben, während Ferdinand immer leutseliger wurde, sodass er schon bald wie seinerzeit sein Großvater ein Herrscher zum Anfassen wurde, der sich mit naturwissenschaftlichen Dingen genauso beschäftigte wie mit den Erkenntnissen der Mathematik oder dem Interpretieren von Physiognomien, was ihm ein besonderes Vergnügen bereitete. Als begeisterter Sänger liebte er die Musik und unterhielt, ebenfalls in der Tradition verankert, eine vielköpfige Musikkapelle, die nicht nur an seiner Tafel, sondern auch bei den glanzvollen Festen, die er höchstpersönlich arrangierte, aufspielte. Seine ganz besondere Vorliebe galt der Architektur, weshalb er auf dem Hradschin in Prag sowie in der Hofburg in Wien einen eigenen neuen Trakt erbauen ließ.

Aus dem einst strengen jungen Habsburger, der mit eisernem Besen in Niederösterreich und Wien gekehrt hatte, wurde ein freigebiger alter Mann, der seine Räte bestens bezahlte, ohne dass sie wirklich über ihr Tun Rechenschaft ablegen mussten. Auf diese Weise wurden alle in seiner Umgebung reich, bis auf ihn selbst, der aus den Schulden nicht herauskam – ganz der Enkel seines Großvaters Maximilian!

Nachdem Ferdinand zwar gegen den Willen einzelner Reichsfürsten die Kaiserkrone erlangt hatte, machte er sich Gedanken über die Teilung seiner österreichischen und böhmischen Gebiete, wobei Maximilian als Kaiser Österreich bekommen sollte, dessen jüngerer Bruder Ferdinand Tirol und die Vorlande und schließlich Karl die Steiermark. Es sollte lange dauern, bis die einzelnen Teilgebiete wieder unter einem Herrscher vereinigt wurden.

Aus dem zunächst unverstandenen „Spanier" war ein lebensfroher, aufgeschlossener Herrscher geworden, der sich sowohl gerne in Prag als auch monatelang in Wien aufhielt, wo er prunkvolle Bauten errichten ließ. Er hatte schon längst die schwarze spanische Tracht mit der einengenden weißen Halskrause abgelegt, sodass er in keiner Weise noch eine Ähnlichkeit mit seinem kargen Bruder Karl hatte. Durch sein beständiges Streben nach Gerechtigkeit erwarb er sich vor allem die Sympathien des kleinen Mannes, denn Ferdinands Leitmotiv hieß: „Gerechtigkeit geschehe oder die Welt geht zugrunde".

Als im Reich bekannt wurde, dass Ferdinands Sohn Maximilian mit dem lutherischen Glauben sympathisierte und dadurch in Gegensatz zu seinem kaiserlichen Vater geriet, musste Ferdinand leidvoll erfahren, wie ihm im Jahre 1559 die protestantischen Reichsfürsten nahelegten, zugunsten seines Sohnes abzudanken.

Obwohl schon lange kränkelnd, konnte Ferdinand sich zu diesem Schritt nicht entschließen, da es im Laufe der Jahre immer wieder ernsthafte Kontroversen mit seinem ältesten Sohn, der in vielen Dingen anderer Meinung als der Vater war, gegeben hatte. Ferdinand konnte sicherlich nicht beruhigt seine Augen schließen. Nachdem er den Tod kommen gespürt hatte, gab er genaue Anweisungen, wie sein letzter Weg und seine endgültige Ruhestätte aussehen sollten. Der Kaiser, der beinah ein Leben lang im Schatten seines Bruders gestanden hatte, starb am 25. Juli 1564 wahrscheinlich an Lungenschwindsucht. Er war immerhin 61 Jahre alt geworden, ein Alter, das in der damaligen Zeit kaum ein Zeitgenosse erreichte. Sein Sohn Maximilian schrieb an seinen spanischen Cousin König Philipp II., dass „seine Majestät nix als Haut und Baner an ier gehabt hatt" und dass das Leben des Kaisers „gleich wie ein Liechtl in ainer Ampel" erlosch.

*

Von den vielen Geschichten, die Zeitgenossen über den „gerechten" Kaiser berichteten, beschäftigte eine Frage nicht nur die Mitglieder der engsten Familie: Hat Kaiser Ferdinand seine illegitime Schwiegertochter Philippine Welser empfangen und sie dadurch hoffähig gemacht?

Lange Zeit stand Ferdinand vor einem Rätsel, warum sich sein zweitgeborener Sohn Ferdinand so vehement gegen eine Heirat mit einer europäischen Prinzessin sträubte. Keine der vorgeschlagenen Damen schien ihm gut genug zu sein, seine Argumente waren teilweise nicht nachvollziehbar, da der junge Prinz sich keineswegs wie ein Hagestolz entwickelte. Nur wenige Eingeweihte kannten den wahren Grund für die ablehnende Haltung Ferdinands: Er hatte heimlich auf Schloss Březnice in Böhmen die nicht mehr ganz junge, aber immer noch schöne Kaufmannstochter Philippine Welser geheiratet. Es war den Eheleuten gelungen, ihre vor Gott geschlossene Verbindung geheim zu halten, obwohl Philippine vier Kindern das Leben geschenkt hatte. Durch irgendeine Indiskretion erfuhr der Kaiser schließlich doch von der keineswegs standesgemäßen Heirat seines Sohnes. Über seine Reaktion kann man nur mutmaßen, denn in dieser Zeit war eine Ehe, wie man am Beispiel der Agnes Bernauer ersieht, für eine bürgerliche Ehefrau lebensgefährlich. Da aber sowohl Karl V. als auch Ferdinand bei den Welsern tief in der Kreide standen, konnte Philippine auf Milde hoffen. Ob sie jemals von ihrem kaiserlichen Schwiegervater empfangen wurde und ob sie dort Absolution erhielt, wie dies ein romantisierendes Bild aus dem 19. Jahrhundert darstellt, ist reine Spekulation, da es keine Berichte von den Chronisten über ein Zusammentreffen gibt.

Kaiser Ferdinand handelte menschlich. Er zwang seinen Sohn nicht, die Ehe zu lösen, sondern erklärte sie nur als „morganatisch", das heißt, die Kinder aus dieser Verbindung waren nicht erbberechtigt. Wahrscheinlich war sein Sohn und Nachfolger Maximilian mit dieser Lösung nicht einverstanden, denn er machte die bedrohliche Bemerkung: „Ich wollte die Brekkin stäke in einem Sack." Aber auch er musste die Entscheidung des Vaters anerkennen, sodass Philippine Welser, nachdem auch der Papst ihre Ehe mit Ferdinand, der nach der Teilung der habsburgischen Gebiete als Statthalter in Tirol und den Vorlanden eingesetzt worden war, legalisiert hatte, das Leben als hochverehrte Landesmutter in Tirol führen konnte.

Maximilian II.

Geheimer Protestant im Hause Habsburg?

Heute würde man Maximilian, den ältesten Sohn von Kaiser Ferdinand I. und seiner ungarischen Gemahlin Anna, als halbstarken Rabauken bezeichnen, der überall, wohin er kam, ins Fettnäpfchen trat, sodass man Türen und Fenster eilig verschloss, wenn sich die Kunde verbreitete, der Kaisersohn wäre mit seinem Tross im Anmarsch. Vor allem die Mädchen brachte man in Sicherheit, denn es hatte sich bald herumgesprochen, dass Maximilian, wo immer sich die Gelegenheit bot, seine Verführungskünste zur Perfektion entwickelte. Der Werdegang des jungen Mannes war ganz besonders erstaunlich, da sich die Eltern zum Ziel gesetzt hatten, ihre grundsolide moralische Lebenseinstellung an ihre Kinder weiterzugeben. Dabei musste der Vater leidvoll beobachten, dass vor allem sein ältester Sohn sich in keiner Weise an die Vorschriften, die er erlassen hatte, hielt und so mancher munkelte, dass Maximilian in vielfacher Weise an seinen leichtlebigen Großvater Philipp den Schönen erinnerte.

Weil die Ermahnungen des Vaters bei Maximilian eher trotzige Reaktionen hervorriefen, kam Ferdinand mit seinem kaiserlichen Bruder Karl überein, dass der junge Mann einige Zeit in der Umgebung des strengen Onkels Zucht und Ordnung lernen sollte. Aber auch Karl gelang es nicht, den Neffen, der große Chancen auf den Kaiserthron hatte, zu bekehren und auf den rechten Weg zu führen. Vielleicht nahm der Kaiser die Angelegenheit nicht allzu ernst, denn er hatte die Absicht, die Kurfürsten zu überzeugen, dass lediglich sein streng katholischer Sohn Philipp das Zeug zum Kaiser haben würde. Da konnte ihm der schlechte Ruf seines Neffen nur recht sein.

Der lebenslustige Maximilian schien ein echtes Problem in der Habsburger Familie zu sein, da auch Maria, die Tante, die in den Niederlanden als Statthalterin eingesetzt war und die ihren Brüdern in vielen schwierigen Situationen stets mit Rat und Tat zur Seite stand, zu einem großen Familientreffen in Augsburg eingeladen war, wo über das Schicksal des jungen Mannes entschieden werden sollte. Und weil man ohnedies schon verschiedene Mittel ausprobiert hatte, um Maximilian auf den Pfad der Tugend zu leiten, kam man auf die Idee, ihn mit seiner bigotten spanischen Cousine zu verheiraten. Über die Protestreaktionen Maximilians ist nicht viel bekannt, aber man kann annehmen, dass er sich mit Händen und Füßen gegen diese Heirat gesträubt hat.

Doch Maximilian wusste genau, dass er nicht die geringste Chance hatte, sich gegen den Ratschluss der Familie zu wehren, obwohl allseits bekannt war, wie sehr ihm alles Spanische in der Seele zuwider war. Vor allem seinen Vetter Philipp konnte er nicht ausstehen, und dessen Schwester würde wahrscheinlich kaum anders sein, reizlos, streng katholisch und furchtbar langweilig. Zwar hatte er ein Medaillon von seiner Zukünftigen erhalten, aber er traute dieser Abbildung nicht, da man wusste, dass Maler für Geld auch den hässlichsten Menschen attraktiv erscheinen lassen.

Der Heiratsvertrag war beschlossene Sache zwischen Karl V. und seinem Bruder Ferdinand, die Höhe der Mitgift festgelegt, alle Formalitäten beendet, sodass einer Abreise des jungen Mannes nach Spanien nichts mehr im Wege stand. Auf dem Brautzug, der ihn durch Bayern führte, zeigte sich, dass der Prinz sich in keiner Weise gebessert hatte, denn in der Gegend von Garmisch fielen er und seine Kumpane über Frauen und Mädchen her, taten ihnen Gewalt an und entschädigten sie mit einem lächerlichen Obolus. Eine wahre Schande für einen Kaisersohn!

Es war allerdings die letzte Freveltat, denn auf der Weiterreise erkrankte Maximilian an heftigem Fieber, das ihm alle Kräfte raubte. Als er nach einer endlosen Reise übers Meer den Boden Spaniens betrat, hatte er Mühe, sich aufrecht zu halten, sodass er bei allen, die ihn erblickten, einen jämmerlichen Eindruck erweckte, als wäre er vom Tod gezeichnet. Obwohl der Bräutigam sich in einem bedauernswerten Zustand befand, wurden die Hochzeitsfeierlichkeiten protokollmäßig durchgeführt, wobei Maximilian nichts anderes übrig blieb, als zu allem Ja und Amen zu sagen. Von der Hochzeitsnacht des jungen Paares konnten die Chronisten, obwohl sie ihre Fantasie bemühten, nicht allzu viel berichten.

Aber als Maximilian endlich genesen war, geschah in Spanien fast ein kleines Wunder: Maximilian verliebte sich in seine junge Frau Maria, die ebenfalls von ihrem Ehemann hingerissen war, obwohl sie aufgrund ihrer streng katholischen Erziehung in vielen Belangen anderer Meinung war. Vor allem was die Religion betraf, hatten die beiden grundverschiedene Ansichten. Maximilian war durch seinen elsässischen Lehrer Wolfgang Schiefer, einem überzeugten Protestanten, von Kindheit an von der Lehre Luthers stark beeinflusst worden. Er begrüßte das Abendmahl in beiderlei Gestalt genauso wie die Eheschließung der Geistlichen, als Habsburger Erzherzog allerdings war er der katholischen Lehre verpflichtet. Wie es in seinem Inneren stand, gab er nicht preis, weder in seiner Jugend noch später als Kaiser zeigte er sein wahres Gesicht. Er hielt sich bis zu seinem Tode bedeckt und wurde so ein Meister der Verstellkunst, der „Dissimulatio".

Maximilian fühlte sich am Hofe seines Cousins in keiner Weise wohl, das spanische Hofzeremoniell, das von Philipp II. in seiner ganzen Unsinnigkeit zelebriert wurde, war dem freiheitsliebenden Maximilian geradezu ein Gräuel. So schnell er konnte, wollte er mit seiner jungen Frau nach Österreich zurück. Doch Philipp II. wähnte sich in den Niederlanden für unabkömmlich und betraute daher den Vetter mit seiner Vertretung in Spanien. Aber auch nachdem diese schreckliche Zeit für Maximilian zu Ende gegangen war, konnte er seine kleine Familie nicht mitnehmen, da Maria wieder ein Kind erwartete. Nach langen Jahren des Wartens zogen die Eheleute endlich gemeinsam über Trient nach Norden, wobei man in der Stadt des Konzils haltgemacht hatte, bei Kardinal Madruzzo zu Gast war, der das junge Paar in jeder Hinsicht verwöhnte. Vor allem die exquisiten Speisen hatten es Maximilian angetan, obwohl er gesundheitlich immer noch vor allem mit dem Magen Probleme hatte. Vielleicht hatte er des Guten zu viel genossen, jedenfalls erlebte er nach einigen Wochen in Wasserburg am Inn einen totalen körperlichen Zusammenbruch. Die beigezogenen Ärzte wussten keinen Rat, denn Maximilian fiel von einer Ohnmacht in die andere, schließlich ließ man ihn ausgiebig zur Ader und setzte Schröpfköpfe an. Auch der berühmte Johann Krafft, der auf Geheiß Kaiser Ferdinands nach Wasserburg geeilt war, konnte sich die Ursache für die Krankheit nicht erklären und so kam man auf die eigenartige Idee, der Kardinal könnte Maximilian vergiftet haben. Der Grund für diese Annahme war nicht schwer zu finden, immerhin nahm der junge Erzherzog eine schwankende Stellung in der religiösen Frage ein.

Maximilian erholte sich nicht mehr wirklich von dieser körperlichen Attacke. Seit jener Zeit wurde er von Herzanfällen geplagt, auch sein Magen blieb überempfindlich. Bei geringster Aufregung überfielen ihn rasende Kopfschmerzen, die ihm jede Tatkraft raubten.

Als Maximilian halbwegs bei Kräften war, setzte das junge Paar seine Reise nach Wien fort. Nicht allein, denn außer einem riesigen Gefolge war auch ein ausgewachsener Elefant im Tross, dessen Anblick den Wienern Schreckensschreie entlockte. So mancher fiel auf die Knie, denn das mächtige Tier wurde von einem kohlschwarzen Mohren geführt, der allgemein für den „Gottseibeiuns", den Teufel gehalten wurde.

Es war kein leichtes Leben, das Maximilian in den nächsten Jahren aufgebürdet wurde, da er niemals seine wahre religiöse Überzeugung kundtun konnte. Auf der einen Seite standen seine bigotte Familie, sein Vater und seine Ehefrau, auf der anderen seine protestantischen Freunde in Deutschland. August, dem Kurfürsten von Sachsen gegenüber klagte er in einem verschlüsselten Schreiben, er habe den Eindruck, als hätte er eine Kette um den Hals, und nicht nur allein am Halse, sondern auch an den Füßen. Man „traue ihm gar nicht, wäre wie ein Mönch im Kloster, hätte auch niemand Treuen um sich … Die kaiserliche Majestät wäre ihm spinnefeind; Könnten Sie ihn im Löffel ertränken, so täten sie es."

Die Situation wurde für Maximilian immer unerträglicher, sodass er sich beinah flehentlich an seine protestantischen Freunde um Hilfe wandte und ihnen sogar andeutete, dass er sich gegen seinen Vater, den Kaiser, erheben wollte. Aber die Fürsten verhielten sich bedeckt, sodass er diesen aufrührerischen Plan fallen ließ und sich offiziell am 10. Oktober 1562 mit einem Treuegelöbnis seinem Vater unterwarf. Als Gegengabe erwirkte Kaiser Ferdinand von Papst Pius IV., dass der Sohn das Abendmahl in beiderlei Gestalt einnehmen durfte, allerdings abseits von den übrigen Gläubigen.

Nach der Aussöhnung mit dem Vater stand auch der Krönung Maximilians zum König in Frankfurt nichts mehr im Wege. Ein Jahr später erhielt er auch die ungarische Krone, die Nachfolge im Reich und in den habsburgischen Ländern war damit geregelt. In den Religionsfragen schien für die deutschen protestantischen Fürsten ein Kompromiss in Sicht, denn die Einstellung Maximilians war allgemein kein Geheimnis. Lediglich mit den Brüdern traten Schwierigkeiten auf, sein jüngerer Bruder Ferdinand war nicht standesgemäß mit der Kaufmannstochter Philippine Welser verheiratet, was Maximilian massiv störte, und sein jüngster Bruder Karl, der in der Steiermark regierte, war ein bigotter Katholik, der mit aller Strenge in seinen Ländern die Gegenreformation durchführen ließ.

Im Grunde war Maximilian seiner Zeit weit voraus. Nicht nur, dass er über eine ungewöhnliche Sprachbegabung verfügte, dank der er sich in den entsprechenden Landessprachen seines ausgedehnten Reiches unterhalten konnte, was ihm ungemein viele Sympathien einbrachte, auch für die zeitgenössische Malerei und Dichtkunst interessierte er sich. Alles Neue faszinierte ihn, weshalb er die Wissenschaftler seiner Zeit unterstützte, Botaniker führten neue Pflanzen aus dem Orient ein, wie die Tulpe und den Flieder, die er in seinen Gärten kultivieren ließ.

Die Tragik Maximilians lag darin, dass er mit seinem wachen Geist die Gefahren der Zeit erkannte, aber nicht durchgreifend zu handeln vermochte. Er war kein „Principe", wie ihn Machiavelli als Idealbild prägte, viel eher ein sehender Zauderer, der das Beste für sein Land und Volk wollte, aber nicht die Kraft besaß, seine Ideen in die Tat umzusetzen. Vielleicht geriet dieser hochbegabte, idealistisch gesinnte Kaiser dadurch in den Schatten der Weltgeschichte, weil er nicht imstande war, das rechte Wort am rechten Platz zu sprechen. So konnte jeder in seiner Umgebung seine Macht stärken, denn Maximilian war nicht der Mann, der sowohl den Katholiken als auch den Protestanten in ihren Bestrebungen Einhalt gebot. Die habsburgische Macht näherte sich einem Tiefpunkt unter seiner Herrschaft, Maximilian war für die Zeit des internationalen Intrigenspiels nicht geboren.

Dazu kamen für den Regenten unvorstellbare Probleme mit den Türken und ihren Verbündeten. Suleiman II. hatte sich trotz seines biblischen Alters von 75 Jahren noch einmal aufs Pferd geschwungen, „um die Deutschen für alles, was sie ihm angetan hatten, büßen zu lassen". Unterstützung fand er bei Johann Zápolya, der die östlichen Gebiete des Habsburger Reiches beanspruchte. Das Hauptheer bestand aus 100.000 Mann, dazu kamen 40.000 Reiter und 12.000 Janitscharen. Das kaiserliche Heer, das sich in der Gegend von Wien gesammelt hatte, bestand hingegen aus einem bunt zusammengewürfelten Haufen von Söldnern aus dem ganzen Reich, die nur ein Ziel hatten – möglichst viel Beute zu machen. Zucht und Ordnung fehlten, die Landsknechte hausten ärger als die Feinde in den Gebieten rund um Wien, wie Zeitzeugen berichteten. Man habe „weder Vieh noch Leut, weder Stiefel noch Bank, ja nit ainen nagel in der Wand gefunden". Im kaiserlichen Heer fehlte es nicht nur an Disziplin, in erster Linie gab es keinen versierten Heerführer, denn der Kaiser hatte es sich nicht nehmen lassen, den Oberbefehl selbst zu übernehmen. Und dabei zeigte sich, dass Maximilian alles andere als ein strategisch geschulter Heerführer war. Seine Befehle klangen laienhaft und wäre nicht der kaiserliche Feldoberst Lazarus von Schwendi an seiner Seite gewesen, so hätte die Aktion gegen die Türken schon bald in einem Desaster geendet.

Nachdem in Ungarn einige Festungen an die Türken verloren gegangen waren, kam dem kaiserlichen Heer ein Glücksfall zu Hilfe. Suleiman II. starb ganz plötzlich. Sein Sohn und Nachfolger Selim II. war aus anderem Holz als sein Vater geschnitzt. Er war bereit, am 17. Februar 1568 in Adrianopel einen Frieden für acht Jahre zu schließen, allerdings gegen Zahlung eines jährlichen „Ehrengeschenks" von 30.000 Dukaten.

Schwierigkeiten über Schwierigkeiten belasteten den Kaiser, in der katholischen Kirche herrschten nach wie vor üble Missstände, im protestantischen Lager wüteten Zank, Streit und Intoleranz. Dazu kamen Berichte von der Hugenottenverfolgung in Frankreich und die Empörung der Niederländer gegen Maximilians Cousin Philipp II. von Spanien. Um all diesen Problemen zu entgehen, bewarb sich Maximilian um die frei gewordene Krone Polens. Aber auch hier handelte er zögerlich, denn als die Abgesandten von Polen in Wien erschienen, um ihm von dem positiven Ausgang der Wahl zu berichten, ließ er sie zwei Monate warten, bevor er sie empfing. Diese Brüskierung hatte zur Folge, dass sich in der Zwischenzeit Stephan Báthory am 1. Mai 1576 in Krakau die polnische Krone aufsetzen ließ.

Wahrscheinlich war Maximilian zu diesem Zeitpunkt schon viel zu krank, um wirklich auf seine Weise handlungsfähig zu sein. Jahrelang hatte er sich dem Diktat der Ärzte gebeugt, hatte nur kleine Bissen zu sich genommen und den schweren ungarischen Wein, den er so liebte, mit Wasser verdünnt. Und trotzdem wurden die Gliederschmerzen immer unerträglicher, dazu kamen beinah täglich Herzanfälle, die ihn handlungsunfähig machten. Maximilian, der nach dem Tod seines Vaters Ferdinand Kaiser geworden war, war mit seinen 49 Jahren ein durch und durch kranker Mann. Trotzdem ließ er sich nicht davon abbringen, einen Reichstag nach Regensburg einzuberufen, wo wieder einmal die religiöse Frage im Mittelpunkt stehen sollte. Hier, vor den hochrangigen Vertretern der beiden Glaubensrichtungen, hielt der Kaiser seine letzte Rede. Aschfahl im Gesicht, mit vor Fieber glühenden Augen, vom Tode gezeichnet, ermahnte er die Anwesenden zu Eintracht, Ordnung und Frieden. Nach den letzten Sätzen sackte er in sich zusammen, Diener mussten ihn aus dem Saal tragen.

Nachdem die Wunderheilerin Agathe Streicher aus geheimnisvollen Ingredienzien einen stärkenden Trank hergestellt hatte und dieser dem Kaiser eingeflößt worden war, erholte sich Maximilian kurzfristig. Ein schwerer Rückfall raubte dem Kranken die Besinnung und es war abzusehen, wann sein Lebenslicht erlöschen würde. Eilends schickte man um einen Priester, der Maximilian die Sterbesakramente reichen sollte. In einem letzten lichten Augenblick verweigerte der sterbende Kaiser die Tröstungen der katholischen Religion. Kaum hörbar flüsterte er, dass sein Priester im Himmel wäre.

Als Mann ohne Taten ist Maximilian II. in die Geschichte eingegangen. Er steht im Schatten von vielen anderen, weit weniger menschlichen, weniger gebildeten, weniger wahrhaft christlichen Persönlichkeiten auf dem Kaiserthron. Die Zeit der Glaubensstreitigkeiten hatte nicht viel übrig für echte Menschlichkeit und Toleranz.

*

Wahrscheinlich nicht nur einmal las der kaiserliche Vater dem ungestümen Sohn die Leviten, wobei seine Briefe in lateinischer Sprache abgefasst waren, damit nicht jeder Einblick in die Schreiben des Kaisers nehmen konnte. Dabei hielt sich der Herrscher nicht mit langen Einleitungen auf, sondern kam bald zu seinem eigentlichen Anliegen. Besorgt schrieb er an den missratenen Sohn:

„Glaube mir, wenn Du so weitermachst, wie Du angefangen hast, so sind Deine Seele, Deine Ehre und Dein guter Ruf für immer verloren, und Du wirst dabei nicht alt werden. In der Besorgnis, Du mögest Dich nach meinem Tode zu einem zügellosen Lüstling auswachsen, ermahne ich Dich darum dringend, Dir in der Unzucht etwas mehr Mäßigung aufzuerlegen. Wenn Du sie aber trotzdem nicht entbehren kannst (was ja freilich ein Zeichen von Schlechtigkeit ist und wovor ich Dich gerne bewahren möchte), so gehe doch wenigstens behutsam zu Werke, errege kein öffentliches Ärgernis, lass die verheirateten Frauen in Ruhe und wende nie wieder Drohung oder gar Vergewaltigung an!"

Aus dem wilden Saulus wurde durch den liebevollen Einfluss seiner Gemahlin ein milder Paulus.

Rudolf II.

Ein Zauderer auf dem Kaiserthron

Es war eine diplomatische Meisterleistung, die der todkranke Kaiser Maximilian vollbrachte, indem er die deutschen Kurfürsten davon überzeugte, dass sein ältester Sohn Rudolf, der schon im Jahre 1572 zum ungarischen König und drei Jahre später zum König von Böhmen gekrönt worden war, der Geeignetste wäre, die Kaiserkrone des Heiligen Römischen Reiches zu tragen. Und da die Mächtigen im Reich im Grunde kein Interesse an einem starken Kaiser zeigten, standen die Chancen für den jungen Mann gut, denn Rudolf war ein Mensch mit vielen Gesichtern – zaudernd, wenn es zu handeln galt, kraftlos, wenn Stärke vonnöten gewesen wäre, und unbeständig, wenn es hieß, klare Entscheidungen zu treffen. Die überdurchschnittliche Intelligenz und der Kunstsinn des Kaisersohnes bedeuteten den Wahlmännern wenig, wichtig erschien einzig und allein die Tatsache, dass der zukünftige Kaiser sich möglichst wenig in die Reichs- und Religionspolitik einmischen sollte.

Schon bald nach Rudolfs Regierungsantritt im Jahre 1576 stellte sich heraus, welch eigenartiger Sonderling durch das Votum der Kurfürsten auf den Thron gelangt war. Mit sich und der Familie uneins, fand Rudolf kaum ein geeignetes Regierungskonzept, wobei ihm seine seltsamen Charakteranlagen zeitlebens im Weg standen. Vielleicht hätte er weniger Probleme mit sich und der Welt gehabt, wäre er nicht als zwölfjähriger Knabe auf Anraten König Philipps II., dem Bruder der Mutter, nach Spanien geschickt worden, um dort nicht nur im „wahren Glauben" bestärkt, sondern auch dem strengen spanischen Hofzeremoniell unterworfen zu werden. Denn für seine Mutter Maria war die weltoffene religiöse Einstellung ihres Gemahls Maximilian ein Leben lang besorgniserregend. Von ihrer Mutter Isabella von Portugal, der Ehefrau von Kaiser Karl V., nach streng katholischen Grundsätzen erzogen, erkannte Maria klar die Hinneigung Maximilians zum Protestantismus. Daher sollten wenigstens zwei ihrer Söhne im erzkatholischen Spanien erzogen werden.

Sieben Jahre waren Rudolf und sein Bruder Albrecht in Spanien gewesen, eine lange Zeit, vor allem in dieser entscheidenden Lebensphase, in der sich ihre Charaktere endgültig festigten. Sie hatten in Spanien viel gelernt, hatten sich gebildet, waren in unzähligen Gottesdiensten, Andachten, Bittgängen und Prozessionen sowie durch pausenlose Belehrungen im „wahren Glauben" bestärkt worden. König Philipp II. hatte bei den Neffen ganze Arbeit geleistet, aus den zunächst umgänglichen „Österreichern" waren echte „Spanier" geworden. Ihr Wesen hatte sich grundlegend verändert, alles, was heimisch, gemütvoll, österreichisch war, schien ihnen so wesensfremd, dass man sich schon bald bei Hofe in Wien über Rudolfs „spanischen Humor" und seine Arroganz beklagte. Der spanische Gesandte schrieb im Jahre 1574: „Sie haben von ihrer Erziehung in Spanien etwas, was ihnen ebenso schädlich, wie das andere (die streng katholische Einstellung, Anm. d. Verf.) ihnen nützlich sein kann, und zwar einen gewissen Stolz, sei es im Schreiten, sei es in jeder anderen ihrer Gebärden, der sie, ich möchte nicht verhasst sagen, um dies unerfreuliche Wort zu vermeiden, aber jedenfalls viel weniger beliebt macht, als sie es sein könnten. Denn es widerspricht in jeder Hinsicht dem hiesigen Landesbrauch, der beim Fürsten eine gewisse familiäre Redeweise verlangt, und es gilt als eine aus Spanien mitgebrachte Eigenschaft, die gewiss als schlecht und verabscheuungswürdig angesehen wird."

Dabei hätte gerade Rudolf mit seinem durchaus ansprechenden Äußeren und seiner eher ruhigen Art die Sympathien der Fürsten und des Volkes gewinnen können. Aber er gab sich keine Mühe, jenes „spanische Wesen", das ihm schon bei seinem Onkel Philipp so imponiert hatte, abzulegen.

Selbst die eigenen Familienmitglieder stieß er durch seine zur Schau gestellte Unnahbarkeit zutiefst ab, sodass die Brüder sich anfangs von ihm zurückzogen, um ihn später aufs Heftigste zu bekämpfen. Vor allem sein jüngerer Bruder Matthias, der sich hintangesetzt fühlte, machte ihm das Leben schwer, indem er Rudolf, wo er nur konnte, Prügel in den Weg warf, was der Kaiser meist tatenlos hinnahm. Man hatte mit Rudolf einen schwachen, ja man könnte sagen lebensuntüchtigen Mann zum Kaiser gewählt, der nicht wusste, wie er mit den Problemen der Glaubensspaltung und der Türkengefahr umgehen sollte, der im privaten Leben gescheitert war, da er sich nicht entschließen konnte, zu heiraten, obwohl er jahrzehntelang mit seiner spanischen Cousine Isabella Clara Eugenia verlobt war. Man hatte die kleine Spanierin im Alter von zwei Jahren Rudolf versprochen, er aber verschob die Hochzeit, auch als Isabella schon längst im heiratsfähigen Alter war, immer wieder, sodass die „nicht eingelöste Braut" schließlich Rudolfs Bruder Albrecht und nach dessen frühem Tod Ernst ehelichte, der ebenfalls ein Bruder des Kaisers war.

Dabei war Rudolf keineswegs den Frauen abhold, im Gegenteil. Ständig von sexuellen Gelüsten geplagt, vergnügte er sich vor allem mit blutjungen Mädchen, obwohl er ein jahrelanges Verhältnis mit der Tochter seines Hofantiquars Katharina Strada unterhielt. Sechs Kinder entstammten dieser Liaison, drei Söhne und drei Töchter, wobei der Kaiser engen Kontakt mit diesen „natürlichen" Kindern pflegte, für sie die besten Lehrmeister aussuchte, mit ihnen spazieren ging und später für sie geeignete Ehepartner auswählte. Auf diese Weise vermisste er keine offizielle Ehefrau. Erst als er durch Gerüchte erfuhr, dass sein Bruder Matthias die Absicht hegte, die Tochter seines Onkels Ferdinand II. von Tirol zu ehelichen, trat er plötzlich auf den Plan und zeigte Interesse an Anna Gonzaga, der jungen Braut des Bruders, ohne allerdings als Brautwerber aufzutreten. Wahrscheinlich lockte Rudolf weniger das nicht mehr taufrische Mädchen als die Wunderkammer auf Schloss Ambras, die Ferdinand mit seiner ersten Gemahlin Philippine Welser hatte anlegen lassen. Denn kaum war Erzherzog Ferdinand II. von Tirol tot, als Rudolf sich an die Söhne Philippines wandte, um besondere Raritäten aus deren Besitz zu erwerben. Daneben schickte er Vertrauensleute in ganz Europa umher, die für ihn wertvolle Gemälde und kostbare Kunstgegenstände aufkaufen und in die Prager Burg bringen sollten, wo er seine Residenz aufgeschlagen hatte. Und da er wie alle Habsburger vor ihm stets in Geldnot war, gab er Befehl, das Essen einzuschränken, wobei er mit gutem Beispiel voranging und tagelang nur Wasser und Brot zu sich nahm.

Den Künstlern und Wissenschaftlern, mit denen er sich umgab und die jederzeit Zutritt zu seinen Gemächern hatten, zahlte er, obwohl seine

Kassen bedrohlich leer waren, auf Kredit oft fürstliche Gehälter oder er erhob sie in den Adelsstand.

Vor allem Kuriositäten hatten es ihm angetan, denn er glaubte durch sie die begrenzten Schranken des Daseins durchbrechen zu können. So bemühte er sich selbst jahrelang, den Stein der Weisen zu finden, durch den die menschliche Existenz, die Materie, überwunden werden sollte. In seinem faustischen Drang braute er in einer Alchemistenküche Zaubertränke, Elixiere, die das ewige Leben garantierten und die, von alten Menschen getrunken, die Kraft der Jugend zurückbringen sollten. Er mischte Tinkturen, um Mumien wiederzubeleben, und suchte nach einem Weisheitstrank, der gleichzeitig Lebenstrank sein sollte. Alle, die behaupteten, mit dem Jenseitigen Umgang zu pflegen, fanden begeisterte Aufnahme am Prager Hof und den Kaiser kümmerte es wenig, wenn ihm nachgesagt wurde, er wäre mit dem Teufel im Bunde.

Das war die Welt, die Rudolf interessierte, das wahre Leben, so wie es ihm lebenswert schien. Die Nachwelt hätte dem hochbegabten Habsburger, der ohne Ansehen der Person und Religion Künstler wie Giuseppe Arcimboldo und Wissenschaftler wie Tycho de Brahe und Johannes Kepler förderte, sicherlich das beste Zeugnis ausgestellt, wäre er nicht Kaiser gewesen, hätte er nicht über seinen persönlichen Interessen die Politik sträflich vernachlässigt und die Entwicklung in eine gefährliche Richtung treiben lassen, bis hin zum fürchterlichen Dreißigjährigen Krieg.

Bei aller politischen Lethargie konnte Rudolf die Gefahr, die von den immer weiter vorrückenden Türken ausging, nicht übersehen. Zu Beginn seiner Regierung hatte er noch versucht, von den deutschen Fürsten Gelder aufzutreiben, um ein schlagkräftiges Heer gegen den Feind der Christenheit aufstellen zu können. Die Türken waren bis an die Grenzen des Reiches vorgedrungen, hatten weite Teile Ungarns eingenommen und übten in den besetzten Gebieten eine Schreckensherrschaft aus. Den Kaisern blieb in ihrer Machtlosigkeit nichts anderes übrig, als den Forderungen der Türken stattzugeben und jährlich Tribut zu zahlen, der nicht nur aus Goldstücken bestand. 45.000 Taler und eine kunstvolle Uhr in Form eines Serails überbrachten Boten Rudolfs dem Sultan, wobei der Kaiser auf diese Weise hoffte, dass jener auf weitere Tributzahlungen verzichten würde. 1588 sandte Rudolf wiederum alle möglichen

Kostbarkeiten aus Gold und Silber an den Sultan, der aber das geforderte Geld vermisste und in einem Anfall von Wut 600 in Konstantinopel anwesende Christen köpfen ließ. Als der Kaiser diese Nachricht erfuhr, geriet er so in Rage, dass er sich seinen Harnisch bringen ließ und selbst stante pede in den Krieg gegen diese Barbaren ziehen wollte.

Rudolf war ein durch und durch unkriegerischer Mann, der sich nur auf seine Feldherren verlassen musste, die ab und zu die Türken nach kleineren Siegen zurückdrängen konnten. Graf Schwarzenberg gelang es, die Festung Sissek in Ungarn einzunehmen, wie ein Chronist berichtete: „Nach solchem durch göttliche Hilfe erlangten Sieg ist das christliche Kriegsvolk dreimal um die Festung herumgezogen, jedes Mal auf ihre Knie gefallen, und hat Gott für den erlangten Sieg von Grund ihres Herzens gedankt."

Dabei ging die Gefahr nicht nur von den Türken aus, der ungarische Magnat Stephan Bocskay hatte sich selbst zum Herrn über Siebenbürgen und Ungarn ernannt und sich nicht gescheut, jene Länder als Lehen aus der Hand des Sultans entgegenzunehmen. Bei diesem Festakt warf er sich vor dem Wesir auf den Boden und küsste dessen Hände und Knie, wie es bei den Türken üblich war.

Die Brüder des Kaisers, vor allem Matthias, schauten lange dem seltsamen Treiben in der Prager Burg zu, obwohl sie längst erkannt hatten, dass der Kaiser in keiner Weise handlungsfähig war. Er ließ die Dinge schleifen und unternahm weder gegen die Türken Entscheidendes, noch bezog er bei den Religionsstreitigkeiten Position. Rudolf war auch keinen Ratschlägen zugänglich, denn er weigerte sich, Besucher zu empfangen, da er ständig in der Angst lebte, ermordet zu werden, so wie der französische König Heinrich IV., der durch Meuchelhand gefallen war.

In der Familie hatte Rudolf keine Freunde, ja es blieb zu befürchten, dass er nicht nur die Krone, sondern auch sein Leben in dem Bruderkrieg, der sich entspann, verlieren könnte. Denn Matthias zeigte zunehmend sein wahres Gesicht, er ließ sich zum König von Ungarn und Böhmen krönen, seine Absicht, die Absetzung des Kaisers zu betreiben, wurde immer deutlicher erkennbar. Auch der Majestätsbrief, den Rudolf 1609 erließ und durch den sowohl die Katholiken als auch die Protestanten zufriedengestellt werden sollten, konnte den Kaiser nicht mehr retten. Als die böhmischen Stände lautstark Rudolfs Abdankung forderten, soll der vom Leben enttäuschte Kaiser laut in die Nacht hinausgerufen haben: „Praga, ingrata Praga, durch mich bist du erhöht worden, und nun stößt du deinen Wohltäter von dir!"

Matthias zog mit großem Pomp in Prag ein, nur wenige hielten noch zu Rudolf, der wie ein Gefangener in seiner Burg auf dem Hradschin saß, wo er keinen Schritt unbeaufsichtigt tun durfte.

Nach dem psychischen Zusammenbruch des Kaisers dauerte es nicht lange, bis sich der körperliche ankündigte. Als man ihm einen Priester schicken wollte, um ihm die Sterbesakramente zu überreichen, lehnte er dies ab. Er wollte keine Absolution, keine Letzte Ölung und keinen geistlichen Beistand. Als Begründung, warum er einen Geistlichen ablehne, flüsterte er mit letzter Kraft: „Ja, wenn wir einen hätten, der unseres Humores wäre."

*

Unter den „natürlichen" Kindern Rudolfs gelangte der älteste Sohn Julius, der Liebling des Kaisers, dem er Siebenbürgen und eventuell das Königreich Böhmen übertragen wollte, zu trauriger Berühmtheit. Obwohl dies beinahe im Bereich des Unmöglichen zu sein schien, stand dem Kaiser das Beispiel des unehelichen, natürlichen Sohnes von Kaiser Karl V., von Don Juan d'Austria vor Augen, dem sein Halbbruder König Philipp II. das Oberkommando über das Heer gegen die Türken übertragen hatte und der als Sieger von Lepanto in die Geschichte eingegangen war.

Aber Julius war kein Don Juan! Es zeigte sich bald, dass er eine sadistische Freude an allerlei Quälereien und Abartigkeiten hatte. Er schlug die Ratschläge seines Vaters in den Wind und sah nicht ein, dass es notwendig gewesen wäre, etwas zu lernen und sich mit Sinnvollem zu beschäftigen. Seltsamerweise stellte sich König Philipp II. mit einem Angebot ein, den unbotmäßigen Burschen an seinem Hof in Madrid aufzunehmen, um ihn dort Mores zu lehren. Der kaiserliche Vater überlegte lange, kam aber schließlich zu dem Schluss, Julius nicht nach Spanien zu schicken, sondern seine Erziehung selbst in die Hand zu nehmen. Ein Vertrauter des Kaisers berichtete: „Die beiden Söhne des Kaisers Julius und Matthias sind hier mit dem Reichshofrat Paul von Krauseneck. Den Älteren kleidet man sehr stattlich und soll derselbe ehestens ins Reich oder nach Frankreich reisen. Der Jüngere ist etwas schöner und holdseliger."

Nachdem Julius für seine Exzesse in Prag bekannt war, wählte der Vater für ihn das südböhmische Krumau aus, wo bei Julius die Geisteskrankheit, an der er litt, voll zum Ausbruch kam. Wie sein Vater war Julius für seinen aufbrausenden Jähzorn bekannt. Wenn ihn Wutanfälle überkamen, zerschlug er alles, was nicht niet- und nagelfest war. So ging Julius eines Tages auf seine junge Geliebte mit dem Messer los, versetzte ihr eine Unzahl von Stichen und verletzte sie lebensgefährlich. Da er glaubte, Margarete Pichler wäre tot, warf er sie aus dem Fenster in den Schlosshof. Die Misshandelte überlebte die Attacke und den Sturz wie durch ein Wunder und flüchtete zu ihrem Vater. Julius forderte die Rückkehr der Geliebten, die der Vater verweigerte. Daraufhin gab der Kaisersohn Order, den Bader einzusperren, und drohte ihm, er werde ihn aufhängen lassen. Margarete kehrte zu Julius zurück, der sie am Faschingsmontag auf brutale Weise umbrachte und ihre Leiche zerstückelte.

Diese grausame Tat des Sohnes erschütterte den Kaiser schwer. Er ließ Julius in der Kartause Gaming festsetzen. Obwohl er Tag und Nacht streng bewacht wurde, gelang Julius in den Kleidern eines Knechts die Flucht. Er kam allerdings nicht weit. In Krumau aufs Neue eingesperrt, bedrohte und attackierte er seine Bewacher brutal, schrie stundenlang, wälzte sich auf dem Boden und schlug völlig von Sinnen wild um sich. Man versuchte alles, um den Geisteszustand des jungen Mannes zu verbessern, flößte ihm statt Wein Zimtwasser ein und verabreichte ihm nur ungesalzene Speisen. Aber alle Bemühungen der Ärzte waren umsonst.

Als Julius schließlich starb, wagte man nicht, seinem Vater den Tod zu vermelden. Zu sehr fürchtete Rudolf, eines Tages wie der Sohn im Wahnsinn zu enden.

Matthias

Sieger im Bruderzwist

Als der Bruder Kaiser Rudolfs mit 20.000 Mann in Böhmen einfiel, um die Macht an sich zu reißen, sprach zur damaligen Zeit niemand von einem Militärputsch, dieses Wort blieb späteren Generationen vorbehalten, sein Ziel aber war damals wie heute das gleiche – die Absetzung des Regenten oder der Regierenden.

Matthias, der jüngere Bruder Rudolfs, hatte schon jahrelang die Absicht, Rudolf, über den er im Reich die übelsten Gerüchte ausstreuen ließ, dem er lethargische Untätigkeit vorwarf, zu entmachten, um endlich selbst die Kaiserkrone tragen zu können. Denn als Nachgeborener besaß er aufgrund der Gesetze der Primogenitur keineswegs Herrschaftsrechte. Jedenfalls hatte sein Vater Maximilian noch zu Lebzeiten darauf bestanden, dass Rudolf sein Nachfolger werden sollte, die jüngeren Brüder sollten sich mit bescheidenen Jahresgeldern zufriedengeben. Obwohl sowohl Ernst als auch Albrecht sich in den Jahren nach dem Tod des Vaters um die Statthalterschaft in den Niederlanden bewarben, akzeptierten sie im Allgemeinen ihre Positionen, die ihnen von ihrem Vater zugedacht waren. Nicht so Matthias! Er fühlte sich Rudolf gegenüber hintangesetzt und bekämpfte schon in jungen Jahren den kaiserlichen Bruder, zuerst im Geheimen, um ihm dann nach einigen Jahren offiziell den Fehdehandschuh hinzuwerfen. Brüderliche Liebe oder zumindest Sympathie verband Matthias mit Rudolf in keiner Weise, da Matthias in Wien und nicht in Spanien aufgewachsen war. Er war mit dem österreichischen Wesen vertraut und wurde auch von der Wiener Bevölkerung als einer der ihren geliebt und geschätzt, ganz im Gegensatz zu Rudolf.

Eines verband die beiden unterschiedlichen Brüder dennoch, nämlich ihre Einstellung in religiösen Fragen, mit denen sie auf Schritt und

Tritt konfrontiert wurden. Denn beide waren durch den toleranten Vater geprägt und nicht durch die bigotte spanische Mutter, beide bezogen daher keine echte Position, keiner wusste, was sie wirklich dachten, wohin ihr Weg führen würde.

Nach dem Tod des Vaters und nach der Kaiserkrönung seines Bruders Rudolf wählte Matthias zunächst Linz als seinen Aufenthaltsort, um sich von hier aus um einen Bischofssitz entweder in Münster, in Lüttich oder Speyer zu bewerben, obwohl er weder geistliche Weihen noch sonstige Voraussetzungen für ein geistliches Amt in die Waagschale werfen konnte. Schon bald erkannte er, dass seine Chancen im Reich äußerst gering waren, weshalb er sich für die Krone Polens zu interessieren begann. Aber auch hier war ihm das Glück nicht hold, man wollte eigentlich keinen Habsburger auf dem polnischen Thron.

Für den ehrgeizigen jungen Mann, der etwas bewirken wollte, musste es kein leichtes Leben gewesen sein, immer und überall eine Abfuhr zu erleiden. Darum war es nicht verwunderlich, dass er jeden Strohhalm ergriff, der ihn zu einem Aufgabenbereich führte. Als daher die Vertreter der katholischen niederländischen Stände ihm andeuteten, dass man ihn eventuell als Statthalter in den Niederlanden akzeptieren würde, vergaß er alle Vorsichtsmaßnahmen. Obwohl er gegen den ausdrücklichen Befehl seines Bruders handelte, floh er mit rußgeschwärztem Gesicht, in schäbige Kleider gehüllt, aus der Wiener Burg. Zunächst hieß man ihn in den Niederlanden willkommen, es dauerte aber nicht lange, bis man ihm zu verstehen gab, dass er auch hier nichts zu suchen hätte.

Später machte man im Einverständnis mit Spanien seinen Bruder Ernst zum Statthalter, Matthias bekam aber endlich auch einen Aufgabenbereich als Statthalter der österreichischen Stammlande und in Böhmen.

Selbst im privaten Bereich dauerte es lange, bis er die richtige Frau fürs Leben gefunden hatte: Anna Maria Gonzaga, die Tochter seines Onkels Ferdinand von Tirol. Dabei hätte es passieren können, dass gerade sein Bruder Rudolf dieses Mädchen ehelichen wollte, weil der Kaiser sich ausrechnete, in Annas Mitgift seltene Kostbarkeiten zu finden. Aber im Wettstreit um Anna ging Matthias als Sieger hervor. Die Hochzeit mit der Tirolerin wurde im Dezember 1611 zu einem Großereignis in Wien, denn Matthias verstand es, Feste mit großem Pomp zu begehen. Um

17 Uhr gaben sich die Brautleute in der Augustinerkirche das Jawort, anschließend wurden Hunderte Gäste zum opulenten Hochzeitsmahl geladen, um in den nächsten Tagen an ausgedehnten Jagden teilzunehmen.

Die Fürsten aus allen Teilen des Reiches waren erstaunt über den Luxus, den sie hier in Wien geboten bekamen, vor allem da man wusste, dass die Geldtruhen des Bräutigams keineswegs üppig gefüllt waren bei dem notorischen Geldmangel der Habsburger. Aber im Gegensatz zu seinem kaiserlichen Bruder in Prag liebte Matthias ein angenehmes Leben, er galt als umgänglich und gesellig und hätte sich wahrscheinlich inmitten einer Schar Kinder wohlgefühlt. Dieser Wunsch sollte ihm aber nicht erfüllt werden. Zwar unterzog sich seine junge Frau allen möglichen geheimnisvollen Kuren, ließ Quacksalber zu sich kommen, Wahrsager und Wunderheiler, die jedoch alle keinen Rat gegen die Kinderlosigkeit wussten. Ob der überreichliche Genuss der neuen „Droge" Pfeffer an der Kinderlosigkeit der Söhne von Kaiser Maximilian II. schuld war, ist bis heute nicht bewiesen.

Je deutlicher Matthias versuchte, dem immer seltsamer werdenden Bruder in Prag das Leben schwer zu machen, desto religiöser wurde seine Gemahlin, die einzig daran interessiert zu sein schien, neue Klöster zu gründen. Da sie von irgendwelchen Schuldkomplexen befallen war, schlug sie sich mit einer silbernen Geißel und tat Buße für Sünden, die sie sicherlich nicht begangen hatte.

Je deutlicher Matthias die Unfähigkeit Rudolfs in Prag erkannte, einerseits den Religionskonflikt zu lösen, während er andererseits untätig zusah, wie die Türken und ihr Verbündeter Stephan Bocskay das ungarische Land verwüsteten, sah er nur eine Möglichkeit, mit den Brüdern zusammen eine Lösung herbeizuführen. Dass er natürlich die Kaiserkrone im Auge hatte, war nur zu verständlich. Im Jahre 1606 beschloss man offiziell, dass Matthias die Nachfolge Rudolfs antreten sollte, zunächst als Statthalter von Ungarn. Matthias war seinem Lebensziel einen bedeutenden Schritt näher. Da selbst die Natur Matthias zu Hilfe zu kommen schien, als der Halleysche Komet am Himmel auftauchte, was Rudolf als schreckliches Omen ansah, war er guten Mutes, auch noch seine anderen Ziele zu erreichen. Denn er hatte schon längst ein Heer aufgestellt, sodass er mit Waffengewalt den Bruder zwingen konnte, ihm im Vertrag von Lieben die österreichischen Erblande, Ungarn und Mähren zu

107

übertragen. Die Tage von Rudolf als Kaiser waren gezählt, da sich auch die böhmischen Stände trotz des Majestätsbriefes, den er 1609 erlassen hatte, von ihm abwandten. Wenn man, was höchst selten geschah, den Kaiser zu Gesicht bekam, war man über seine Erscheinung entsetzt. Sein fahles Gesicht mit den stechenden Augen, die ins Leere blickten, diese „Hauptblödigkeit" ließ jeden, der ihn sah, zurückprallen, sodass selbst die letzten seiner Anhänger zu dem Schluss kamen: Unter einem Kaiser Matthias konnte es nur besser werden.

Es war nicht Matthias allein, der die Entscheidungen traf, an seiner Seite stand eisern sein Ratgeber Melchior Khlesl, als guter oder böser Geist. Für Matthias arbeitete die Zeit, denn immer mehr verstrickte sich Rudolf in seine Spintisierereien, aus denen er keinen Ausweg fand. Sein Bruder hatte längst das Heft in der Hand und wartete nur darauf, dass Rudolf das Zeitliche segnete, um dann im Jahr 1612 zum Kaiser gewählt zu werden. Hätte man nun erwartet, dass Matthias endlich seine Pläne verwirklichen und intensiv ins politische Geschehen eingreifen würde, so hatten sich seine Anhänger gründlich getäuscht. Denn auch er war kein Mann der Tat, der in dieser wirren Zeit dringend vonnöten gewesen wäre und der nach dem Tod seines Bruders die Zügel hätte fest in die Hand nehmen sollen, da eindeutige Worte und Handlungen gefragt gewesen wären.

Aber es war wahrscheinlich schon längst zu spät. Im Reich hatten sich die beiden religiösen Gruppen formiert und radikalisiert, die Katholische Liga, die von Maximilian von Bayern angeführt wurde, stand der Protestantischen Union gegenüber. Eine Konfrontation zwischen beiden war nur noch eine Frage der Zeit. Und da der Habsburger Kaiser traditionell die Katholiken unterstützen musste, machte er sich auf alle Fälle die Lutheraner zu Feinden. Dazu kam, dass Matthias, kinderlos wie er war, einen Nachfolger vorschlagen musste. Obwohl er selbst über seinen Cousin, den steirischen Ferdinand, der als bigotter Katholik galt, nicht glücklich war, fand er doch keinen geeigneteren Nachfolger.

Ein großer Krieg warf seine Schatten voraus, wobei niemand die Konsequenzen erahnen konnte, die sich aus dem Prager Fenstersturz im Jahre 1618 ergaben. Matthias stand der sich anbahnenden europäischen Katastrophe machtlos gegenüber. Auch die Kaiserwürde erwies sich für ihn als Bürde, weil er die zerstrittenen Reichsstände nicht zu einigen vermochte. Nur ab und zu zeigte er sich dem Volk, von schmerzhaften Krankheiten gezeichnet. Resignierend hatte er alles, was ihn belastete, seiner rechten Hand Melchior Khlesl übergeben, der in seinem Sinne einen Ausgleichsfrieden mit den Türken zustande brachte. Als man Khlesl 1618 stürzte und gefangen nahm, war der Lebenswille von Matthias gebrochen. Nur wenige Monate nach dem Tod seiner Gemahlin folgte er Anna in den Tod. Beide wurden erst Jahre später in der Kapuzinergruft, die sie als Grabmal für die Habsburger geplant hatten, beigesetzt.

*

Kaiserkrönungen zählten in Frankfurt am Main zu den absoluten gesellschaftlichen Höhepunkten und wurden glanzvoll gefeiert, wobei es sich im Jahre 1612 sogar um eine doppelte Krönung handelte. Denn die Gemahlin von Matthias folgte ihrem Gemahl im Abstand von ein paar Tagen, da auch sie mit den Reichsinsignien gekrönt werden sollte. Über 2000 Personen und beinah ebenso viele Pferde hatten sich auf den Weg nach Frankfurt gemacht, alles, was Rang und Namen hatte, war zu den Feierlichkeiten erschienen, wobei der Hochadel in über 100 sechsspännigen Kutschen anreiste. Wie immer die Unterbringung und Versorgung der Gäste funktionierte, darüber schweigen die Chronisten.

Den Ablauf der Krönung schilderte Anna ausführlich ihrer Mutter Anna Gonzaga, mit der sie zeitlebens in engem Kontakt stand. Der Mainzer Erzbischof Johann Schweikhard nahm die Krönung vor, wobei die bigotte Frau sich auf den blanken Boden legte, die Arme in Kreuzesform ausbreitete, um an die Leiden Christi zu erinnern. Anschließend erfolgte die Salbung, bevor man ihr feierlich die Reichsinsignien überreichte. Nachdem Anna – immer noch auf dem kalten Steinboden liegend das Altarsakrament empfangen hatte, verließen Kaiser und Kaiserin den Dom. Tagelange Feste und Lustbarkeiten folgten, wobei auch das einfache Volk auf seine Rechnung kam. Denn aus den Brunnen von Frankfurt floss statt Wasser Wein, ganze Ochsen drehten sich auf den Spießen und Bänkelsänger unterhielten die staunende Menge mit ihren schier unglaublichen Geschichten.

Auf ihrem Zug nach Wien verbrachten Matthias und Anna einige Tage in der freien Reichsstadt Nürnberg, wo die Stadtväter der hohen Frau als

Krönungsgeschenk einen mit Silber beschlagenen Sekretär überreichen wollten. Aber Anna brüskierte den Rat der Stadt, indem sie diese Gabe rundweg ablehnte und lieber einen Span vom Kreuz Christi gehabt hätte, was die Nürnberger aber strikt ablehnten. Die Kaiserin durfte zwar die Kreuzesreliquie besichtigen, freilich unter strengen Sicherheitsvorkehrungen, da man trotz ihrer demonstrierten Frömmigkeit leise Zweifel an der Ehrlichkeit der hohen Frau zu haben schien!

Ferdinand II.

Der „Cattolichissimo" unter Habsburgs Kaisern

Als Ferdinand, der zweitgeborene Sohn des Erzherzogpaares Karl von Innerösterreich und Maria von Bayern, am 9. Juli 1578 in der Wiege lag, vermochten selbst die berühmtesten Astrologen nicht vorherzusagen, dass er später einmal auf dem habsburgischen Kaiserthron sitzen würde. Es mussten erst zwei Kaiser ohne legitime Nachkommen sterben, ehe dieser unwahrscheinliche Fall eintreten konnte. Der Tod spielte in der habsburgischen Familie wie schon so oft Schicksal, denn eigentlich hätte Ferdinands älterer Bruder Chancen auf den Thron gehabt, aber der schwächliche Knabe überlebte die ersten Lebensjahre nicht. Erzherzogin Maria war allerdings von robuster Natur und brachte in den folgenden 17 Jahren immerhin noch 14 Kinder zur Welt, sodass die Erbfolge in der steirischen Linie gesichert war. Trotz der beinah ständigen Schwangerschaften und der schweren Geburten führte Maria von Bayern ein aufregendes Leben an der Seite ihres Gemahls Karl, der sie innig liebte und ihr jeden Wunsch von den Augen ablas. Maria entstammte dem streng katholischen Haus der Wittelsbacher, war aber aufgrund ihrer Mutter auch eine Enkelin von Kaiser Ferdinand I. und daher mit ihrem Ehemann verwandt. Die päpstliche Dispens, die vor der Verehelichung eingeholt werden musste, war nur eine Formsache und traf rechtzeitig ein, sodass einer Heirat zwischen Onkel und Nichte nichts im Wege stand.

Da sie selbst in ihrer Jugendzeit am bayerischen Hof an Zucht und Ordnung, vor allem aber an die strenge Ausübung aller religiöser Pflichten gewöhnt war, verlangte Maria auch von ihren Söhnen und Töchtern absoluten, ja beinah untertänigen Gehorsam. Auch ihr Gemahl Erzherzog Karl respektierte ihre Vorstellungen in religiöser Hinsicht und stellte nur katholische Beamte und Diener ein, obwohl damals die Mehrzahl der Steirer dem evangelischen Glauben zugetan war. Die Kinder, vor allem der ältere Sohn Ferdinand, wurden von klein auf dazu angehalten, täglich mehrere Messen zu besuchen, regelmäßig an Bittgängen und Wallfahrten teilzunehmen und zu den gebotenen Feiertagen die Sakramente zu empfangen. Trotz der strengen Erziehung liebte Ferdinand seine Mutter über alles, wobei er es nicht wagte, sie anders als mit „gnädigste Frau Mutter" anzusprechen, während er das Knie vor ihr beugte, genauso wie vor den Statuen der Heiligen, mit denen die Grazer Burg ausgeschmückt war.

Um aus dem jungen Ferdinand einen besonders gläubigen Katholiken zu machen – immerhin war er als Nachfolger in Innerösterreich ausersehen –, schickte man den Knaben auf Anraten von Marias bayerischem Bruder aufs Jesuitenkonvent in Ingolstadt. Auch sein Cousin Maximilian von Bayern, mit dem sich Ferdinand ausgezeichnet verstand, drückte hier die Schulbank. Diese Freundschaft sollte sich für Ferdinand in späteren Jahren als äußerst wichtig herausstellen, da ihn Maximilian nicht nur einmal aus einer sehr bedrohlichen Situation befreite.

Die Zeit in Ingolstadt prägte den jungen Mann ganz besonders, sodass er die Bedingungen des gemäßigten „Brucker Libells", das sein Vater Karl auf Druck der Protestanten unterzeichnet hatte, sofort nach seinem Regierungsantritt vehement ablehnte. Keine Konzessionen an die Protestanten, lautete seine Devise, denn für Ferdinand gab es keine ärgere Vorstellung, als dass die Ketzer in den Ländern, in denen er herrschte, weiterhin in Frieden leben sollten.

Seine extrem katholische Vorstellung war immerhin Gesprächsthema im Reich und hatte sich auch bis Tirol durchgesprochen, denn Erzherzog Ferdinand II., der Onkel des Jünglings, wandte sich an Kaiser Rudolf II., um ihn zu bitten, Ferdinand aus den Händen der Jesuiten zu befreien, „weil er von den Jesuiten noch verzagter gemacht werde".

Als Ferdinands Vater Erzherzog Karl 1590 überraschend mit nur 50 Jahren starb, war der Sohn erst zwölf Jahre alt. Da der Vater seiner politisch versierten, starken Ehefrau vertraute, hatte er Maria die Mitvormundschaft über den Sohn testamentarisch eingeräumt, während bis zur Volljährigkeit Ferdinands Onkel Ernst die Regierungsgeschäfte in der Steiermark ausüben sollte. Ferdinand war alles andere als ein attraktiver junger Mann mit seinem schütteren rötlichen Haar, seinen wasserblauen kurzsichtigen Augen, dem ungewöhnlich fleischigen Mund und der gedrungenen Gestalt, der man schon als Jüngling ansah, dass sie einmal aus der Form geraten würde. Im Allgemeinen zeigte er sich, wenn die religiöse Richtung stimmte, leutselig und umgänglich, beinahe volkstümlich, auch in den anderen Ländern, in denen er als Kaiser später herrschte, denn er vermochte sich mit seinen jeweiligen Untertanen in der Landessprache zu unterhalten.

Ferdinand II. war in eine schwierige Zeit hineingeboren. Die regierenden Kaiser waren den innerpolitischen Problemen genauso wenig gewachsen wie den außerpolitischen. Weder ein Rudolf noch ein Matthias konnten ein friedliches Zusammenleben zwischen Katholiken und Protestanten herbeiführen, ihre Unentschlossenheit und Intoleranz hatten zu gewaltigen Spannungen zwischen den beiden religiösen Gruppierungen geführt. Auf der einen Seite standen die Anhänger der streng katholischen Habsburger, die keinen Schritt auf die Protestanten zugehen wollten, weil sie felsenfest überzeugt waren, dass nur die katholische Religion die allein selig machende sein konnte. Der Bibelausspruch „liebet eure Feinde, tuet Gutes denen, die euch hassen" schien für sie nicht geprägt zu sein. Andererseits hatten auch die Protestanten nicht die geringste Absicht, sich mit den Katholiken auszugleichen, da sie auf dem Standpunkt standen, dass nur durch sie eine von Unsitten und Unmoral verdorbene Kirche geläutert werden konnte. Die Situation war völlig verfahren, Krieg lag in der Luft.

Für den jungen, durch die Dogmen der Jesuiten geprägten Ferdinand war es ein Gebot der Stunde, dass er die Rekatholisierung zunächst in seinen Ländern in großem Stil durchführte. Sein Motto lautete: „Lieber würde ich Land und Leute fahren lassen und in bloßem Hemd davonziehen, als zu Bewilligungen mich verstehen, die der Religion nachteilig werden könnten." Die Maßnahmen, die er setzte, sprachen eine deutliche Sprache: Die Rekatholisierung Innerösterreichs ließ er mit brutaler Härte durchführen, alle, die sich weigerten, von ihrer protestantischen Lehre abzulassen, wurden enteignet und des Landes verwiesen, arme Protestanten mussten ihr Bündel schnüren, den wohlhabenden gestattete man, ihren Besitz zu verkaufen, allerdings, wie man sich denken konnte, um einen Spottpreis! Viele Besitzungen standen von heute auf morgen leer und wurden vom Erzherzog und späteren Kaiser an bigotte

Katholiken verschenkt, wobei Ferdinand, der als äußerst freigebig bekannt war, auch Schmeichlern und Heuchlern große Ländereien zukommen ließ. Er selbst behielt sich nichts, wobei es ein Leichtes gewesen wäre, seine ständige Geldnot zu beseitigen. Auch später, als die großen böhmischen Familien aufgrund ihrer Weigerung, zum Katholizismus zu konvertieren, enteignet wurden, verschenkte Ferdinand riesige Güter an seine vertrauten Vasallen. Auf diese Weise wurde ein gewisser Wallenstein steinreich, während der Kaiser angewiesen war, Kredite selbst bei Protestanten aufzunehmen, wie bei der ungewöhnlich geschäftstüchtigen Anna Neumann aus Murau, bei der er mit 45 Millionen Gulden schließlich in der Kreide stand. Aber Geld hat bekanntlich keine religiöse Färbung – „pecunia non olet!".

Ferdinands Karriere begann, als er vorzeitig für volljährig erklärt wurde, wobei die Mutter ihm vielerorts den Weg geebnet hatte. Denn Maria verfügte über ungewöhnlich gute politische Verbindungen in Europa, zum einen stand sie mit vielen einflussreichen Persönlichkeiten brieflich in Kontakt, zum anderen war es ihr gelungen, ihre zahlreichen Töchter an die Könige von Polen und Spanien sowie an den Fürsten von Siebenbürgen zu verheiraten, wobei sie selbst jeweils bei den Hochzeiten anwesend war. Maria verbrachte nach dem Tod ihres Mannes, den sie um 26 Jahre überlebte, die meiste Zeit auf Reisen und war dadurch bestens im Bilde, welche Stimmung in Europa herrschte. Dass ihre Eindrücke und Erfahrungen den Sohn sicherlich interessierten und sein Weltbild prägten, war nicht verwunderlich. Aber trotz ihrer Aufgeschlossenheit galt sowohl Marias als auch Ferdinands Sinnen und Trachten danach, die Ketzer zu vertreiben und möglichst zu vernichten sowie den Katholizismus in allen Ländern wieder einzuführen.

Es war beinahe ein Kuriosum in der Geschichte, dass ausgerechnet der bigotte, in religiösen Fragen völlig einseitig ausgerichtete Ferdinand als Nachfolger der beiden Kaiser Rudolf und Matthias allmählich ins Gespräch kam, dass auch die deutschen Kurfürsten, die immer noch den Kaiser auswählten, gerade den steirischen Fundamentalisten Ferdinand akzeptierten, von dem man wusste, mit welch menschenverachtenden Mitteln er die Gegenreformation in seinen Ländern durchführen ließ, dass er Reformkommissionen einsetzte, die mit ihren Spitzeln jeden ausfindig machten, der nicht konvertieren wollte. Sehenden Auges ging man mit einem Ferdinand als Kaiser, der er nach dem Tod von Rudolf und Matthias geworden war, in den schrecklichen Krieg, der als religiöse Auseinandersetzung rund um Prag begonnen hatte und in einer europäischen Katastrophe endete. Die allgemeinen Aufstände gegen die Politik Ferdinands hätten den Kurfürsten, von denen einige Protestanten waren, zu denken geben müssen, dass selbst in den habsburgischen Stammlanden sich eine gewaltige Opposition gegen den Kaiser aufgebaut hatte, gegen die Ferdinand mit äußerster Brutalität vorging, vor öffentlichen Hinrichtungen als Abschreckungsmaßnahme nicht zurückscheute und Andersgläubige als mit dem Teufel im Bunde oder als Hexen verfolgen und schließlich verbrennen ließ. Öffentliche Exekutionen standen auf der Tagesordnung und boten für so manchen sadistisch veranlagten Gaffer ein abwechslungsreiches Spektakel.

Je größer die religiösen Gegensätze wurden, desto mehr schlossen sich die Angehörigen der jeweiligen Konfession zusammen: Auf katholischer Seite formierte sich die Liga unter der Führung von Maximilian von Bayern und auf protestantischer Seite vereinigte man sich in der Union, wo man als Führer Friedrich von der Pfalz erwählte, der sich zum Gegenkönig krönen ließ. War das Kriegsglück nach dem Prager Fenstersturz im Jahre 1618 zwei Jahre später in der Schlacht am Weißen Berg in der Nähe von Prag zunächst aufseiten der Katholischen, so wechselte es im Laufe der Jahrzehnte mehrmals, je nachdem, wer die Truppen befehligte und welche Länder gerade in die Kämpfe verwickelt waren. Denn aus den religiösen Auseinandersetzungen war im Laufe der Zeit ein höllischer Krieg geworden, in dem nicht nur die Dänen, Schweden und protestantischen Reichsfürsten gegen die Kaiserlichen und spanischen Truppen kämpften, sondern auch die Franzosen, die in den letzten Kriegsjahren eingriffen, um Gebietsgewinne zu erzielen. Da der Krieg den Krieg ernährte, jeder gegen jeden kämpfte, erlitt Mitteleuropa die schwerste Katastrophe in seiner bisherigen Geschichte.

Wenn auch Kaiser Ferdinand selbst wenig in die Kampfhandlungen eingriff, so ist er doch für alle Zeiten mit dem Dreißigjährigen Krieg verbunden. Dabei beteuerte er immer wieder, dass sein ganzes Streben und Trachten danach ging, niemandem Unrecht zu tun, wobei er sicherlich die religiöse Frage ausnahm. Weil der Kaiser selbst keine strategische Ausbildung und keinerlei Kämpfernatur besaß, musste er sich auf seine Feldherren verlassen, vor allem auf seinen ursprünglichen Günstling Wallenstein, den er nach etlichen Siegen über die Protestanten emporhob, um ihn vorübergehend fallen und schließlich – als ihm Wallenstein gefährlich zu werden begann – ermorden zu lassen.

Sein Privatleben trennte der Kaiser streng von seinen politischen Ambitionen. Im Alter von 22 Jahren hatte er seine bayerische Cousine Maria Anna geheiratet, die ihn natürlich schon aufgrund ihrer Erziehung in seinen religiösen Vorstellungen bestens unterstützte. Als sie 1616 starb, hinterließ sie einen tieftraurigen Ehemann und sieben Kinder. Ferdinand hatte Maria Anna geliebt und konnte sich lange nicht entschließen, erneut zu heiraten. Als er dennoch im Jahre 1621 um die Hand der Gonzaga-Prinzessin Eleonora Anna Maria anhielt, hatte er keine schlechte Wahl getroffen, denn Eleonora galt nicht nur als reich, sie war auch gebildet und zudem rühmte man ihre Tugend und Schönheit. Außerdem war sie ungewöhnlich fromm!

Die Hochzeit fand in Innsbruck mitten im großen Krieg am 2. Februar 1622 statt, wobei der Luxus, der hier aufgeboten wurde, die zahlreichen Gäste in Erstaunen versetzte. Immerhin verschlangen die Lustbarkeiten die stolze Summe von 260.007 Gulden!

Es waren nicht nur Rosen, die Eleonora von ihrem Ehemann gestreut wurden, denn sie musste beinah hautnah erleben, wie der Dreißigjährige Krieg durch diplomatische Kontakte in ihre Heimatstadt Mantua getragen wurde und dorthin Tod und Verwüstung brachte.

Eleonora, die halb so alt wie ihr Gatte war, übte einen starken Einfluss auf Ferdinand aus. Er hatte mit ihr eine Frau an seiner Seite, die seinen kulturellen Interessen, vor allem seiner Liebe zur Musik ungewöhnlich entgegenkam. Sie war es, die ihn dazu bewegte, italienische Künstler an seinen Hof nach Wien zu holen, die Oper und Ballett, aber auch die Commedia dell'arte in Wien heimisch werden ließen. Eleonora Gonzaga kann man mit Fug und Recht als Grande Dame der Wiener Kulturszene dieser Zeit bezeichnen, in der beinah überall Tod und Verzweiflung herrschten.

Aus dieser Ehe des Kaisers gingen keine Kinder mehr hervor, Eleonora kümmerte sich rührend um die Söhne und Töchter Ferdinands aus seiner ersten Ehe, wobei besonders der älteste Sohn Ferdinands gleichen Namens, der noch zu Lebzeiten des Vaters von den Kurfürsten 1636 auf dem Reichstag von Regensburg zum König erwählt worden war, die Stiefmutter über alles verehrte und liebte.

Kaiser Ferdinand II. starb mitten im Dreißigjährigen Krieg am 15. Februar 1637 an einer Lungenentzündung. Der Tod hatte sicher seinen Schrecken verloren, denn der „Cattolichissimo", wie er zu Lebzeiten bezeichnet wurde, erwartete sich sicher einen ganz besonderen Platz im Himmel.

*

Als Kaiser Ferdinand II. sein Ende kommen fühlte, soll er sich mit folgenden Worten von seiner Familie verabschiedet haben: „Mit der Ehre und Pracht von Kaisern und Königen ist's wie bei einem Schauspiel. Ich finde keinen Unterschied zwischen Theaterkönigen und den wirklichen, nur dass die einen Stunden und die anderen Jahre regieren. Die Ehrbezeigungen dauern bei beiden nur, solange sie auf der Bühne stehen. Nach ihrem Tode sind sie vergessen wie alles andere."

Den Unterschied zwischen dem schönen Schein und der realen Wirklichkeit der Macht schien Kaiser Ferdinand nicht in Betracht gezogen zu haben.

Ferdinand III.

Friedensbringer und Förderer

Ferdinand III. hatte sich seine Rolle als Kaiser nicht aussuchen können. Nach den Regeln der Erbfolge bestieg er nach dem frühen Tod seiner älteren Brüder den Habsburger Thron zu einer Zeit, die wirrer und deprimierender nicht hätte sein können: mitten im Dreißigjährigen Krieg, der als Religionskrieg begonnen hatte und in einem allgemeinen Chaos enden sollte. Der begabte junge Mann wäre wahrscheinlich glücklicher gewesen, hätte er sich ganz seinen schöngeistigen Neigungen widmen können, für die er schon früh Interesse gezeigt hatte. Er war mit seiner schlanken, eher schmächtigen Gestalt weder ein Draufgänger noch ein Haudegen, obwohl er, vielleicht angeregt durch die unterschiedlichsten Gerüchte über den Fortgang des Krieges, nach einem Oberbefehl im kaiserlichen Heer trachtete. Er wollte sich auf dem Schlachtfeld bewähren, immerhin zählte er kaum 18 Jahre, als er 1625 zum König von Ungarn gewählt und zwei Jahre später zum König von Böhmen gekrönt wurde. Noch zu Lebzeiten seines gleichnamigen Vaters bewies Ferdinand beachtliche strategische Fähigkeiten, denn es gelang ihm an der Spitze der kaiserlichen Truppen, Regensburg und Donauwörth zu befreien und in der Schlacht bei Nördlingen im Jahre 1634 die protestantischen Heere zu besiegen. Dass der Kronprinz durch sein militärisches Engagement mit dem kaiserlichen Heerführer Wallenstein in Konflikt geraten musste, war vorhersehbar. Aber die Ermordung des unbequemen Friedländers, der aufgrund seiner militärischen Erfolge jedes Augenmaß verloren hatte, kam für den jungen Kaisersohn zur rechten Zeit. Inwieweit Kaiser Ferdinand II. bei dem Attentat in Eger die Hände im Spiel hatte, wird wohl ein ewiges Geheimnis bleiben.

Nach seiner Krönung zum Kaiser 1637 legte Ferdinand III. den Oberbefehl zurück, um ihn an den absolut unfähigen General Gallas zu übergeben, der schon bald den Beinamen „Heerverderber" erhielt und der durch völlig falsches Taktieren nicht verhindern konnte, dass die Schweden nach spektakulären Siegen in Böhmen bis weit nach Niederösterreich vordrangen und 1645 vor den Toren Wiens standen. Es schien den Bewohnern dieser Stadt wie ein Wunder, als die Schweden kampflos abzogen, während man schon das Schlimmste befürchtet hatte, denn der Kaiser wäre nicht in der Lage gewesen, Truppen zum Entsatz von Wien auszuheben, da ihm die nötigen Mittel fehlten, um den Sold der Soldaten zu bezahlen. Die immerwährende Geldnot der Habsburger Kaiser zeigte sich hier besonders dramatisch.

Ferdinand III. hatte als Sohn des damaligen Erzherzogs Ferdinand von Innerösterreich am 13. Juli 1608 in Graz das Licht erblickt. Genau wie sein Vater wurde er von den Jesuiten in streng katholischem Sinn erzogen, was bei dem Knaben allerdings zu einer Aversion gegen diesen Orden führte. Er war zwar nach den Regeln der katholischen Religion gläubig, aber nicht bigott wie sein Vater. Vielleicht hätte er eine moderatere Politik in religiösen Fragen betrieben, wäre er nicht mitten im verheerenden Dreißigjährigen Krieg zum Kaiser erwählt und gekrönt worden. Denn als er die Fäden der Macht ziehen konnte, waren sie schon längst brüchig und rissen an den verschiedensten Stellen.

So wie einst sein Vater war Ferdinand durch Zufall auf den Thron gelangt. Er wirkte schwächlich und zerbrechlich, sodass man befürchten musste, er würde die Kinderjahre nicht überleben. Daher arbeitete man ein wohldurchdachtes Konzept aus, durch das der junge Mann nicht nur in die verschiedenen Techniken des Kriegshandwerks eingeführt wurde, sondern auch gleichzeitig eine Stärkung des Körpers bewirkt werden sollte. Schon früh nahm ihn der Vater zu allen wichtigen Besprechungen und Sitzungen mit, um ihn auf sein künftiges Amt vorzubereiten. Mit großem Eifer begann Ferdinand sich mit militärischen Fragen zunächst theoretisch zu beschäftigen, die er in dem Stadium, in dem sich der große Krieg befand, alsbald in die Praxis umsetzen wollte, wobei er ganz konkrete Vorstellungen hatte. So soll er des Öfteren geäußert haben, dass er sich nie von den Ministern, und wären sie noch so kompetent, abhängig machen wolle. Allerdings durchbrach er diesen Vorsatz aufgrund des riesigen Arbeitsaufwands, der sich für ihn in der politischen Situation ergab, in der er sich in den ersten schwierigen Regierungsjahren befand. Doch kaum war er zum Kaiser gekrönt worden, ließ er sowohl den Staatskanzler Graf Trauttmansdorff als auch den Grafen Auersperg nach eigenem Gutdünken schalten und walten.

Ferdinand war ein hochgebildeter, sprachgewandter Kaiser – er beherrschte sieben Sprachen in Wort und Schrift –, schrieb Gedichte und komponierte Musikstücke, die heute noch aufgeführt werden. Er war sicherlich einer der begabtesten Habsburger auf dem Kaiserthron, sein Schicksal war, dass er in einer Zeit regieren musste, die schrecklicher kaum sein konnte. Obwohl er von Anbeginn seiner Regierungszeit an versuchte, durch Kommissionen und interne Gespräche mit den Gegnern Friedensverhandlungen herbeizuführen, gelang ihm dies jahrelang nicht, weil auf Betreiben des französischen Kardinals Richelieu die Kämpfe weitergeführt wurden, obwohl in Mitteleuropa niemand mehr den Freund vom Feind zu unterscheiden vermochte. Aber die Franzosen sahen in der Endphase des Krieges Chancen auf Vergrößerung des Territoriums, die sich mit dem Westfälischen Frieden schließlich auch erfüllen sollten. Als man sich doch endlich entschloss, in den Städten Münster und Osnabrück zu Friedensverhandlungen zusammenzukommen, konnte Kaiser Ferdinand nicht verhindern, dass weite Teile Norddeutschlands den Schweden zugesprochen wurden, dass Frankreich Gebietsgewinne zu verzeichnen hatte und dass sich die politische Struktur im Reich vollständig veränderte. Außer den Kurfürsten regierten 165 Reichsfürsten meist in kleinen Territorien, während zusätzlich noch 61 freie Reichsstädte eigene Gesetze hatten. Das, was die Kaiser ursprünglich angestrebt hatten – die absolute Macht im Reich –, dieses Ziel war in unerreichbare Ferne gerückt. Dazu kam, dass der eigentliche Anlass zu dem alles vernichtenden Krieg, die religiösen Kontroversen, keineswegs beseitigt wurde, der Protestantismus war vor allem in Nord- und Mitteldeutschland erstarkt, sodass dieser Teil des Reiches für immer für den Katholizismus verloren schien. Kaiser Ferdinand III. war wie seine Vorgänger ein frommer Mann, der die Regeln der katholischen Religion akribisch befolgte, ohne allerdings bigott zu sein. Tief und innig verehrte er die Gottesmutter Maria, der er verschiedene Wunder, die sich während seiner Regierungszeit zutrugen, zuschrieb, wie den überraschenden kampflosen Abzug der schwedischen Truppen vor Wien. Als frommer Christ führte er zahllose Bittprozessionen und Wallfahrten an und beachtete genau die Vorschriften des Kirchenjahres, er wollte für seine Untertanen ein leuchtendes Beispiel sein!

Während des Krieges hatte sich Kaiser Ferdinand schon mit dem Gedanken getragen, eine grundlegende Reichsreform durchzuführen. Nachdem sich die Stimmung im Reich nach dem Friedensschluss in Münster und Osnabrück allmählich normalisiert hatte, versuchte er auf dem letzten Reichstag von Regensburg im Jahre 1654 die Schaffung eines Reichsheeres durchzusetzen, was sich aber bei den unterschiedlichen Interessen der Teilnehmer als undurchführbar erwies. Besser erging es ihm mit dem Reichskammergericht, wobei es ihm gelang, die anwesenden Ratsherren und Abgesandten der Länder von der Notwendigkeit einer rechtlichen Neuordnung zu überzeugen.

Ferdinand sah sich jahrelang mit dem Erbe des Dreißigjährigen Krieges konfrontiert. Die Länder waren verwüstet, die Äcker zerstört, das Vieh verendet und die Lage der Bevölkerung, die um die Hälfte reduziert war, erwies sich beinah als hoffnungslos. Wahrscheinlich wusste der Kaiser zunächst nicht, wie er die soziale Lage seiner Untertanen verbessern sollte. Aber allmählich kehrte Sicherheit in den einzelnen Landesteilen ein, das Leben normalisierte sich, weshalb der Kaiser daran gehen konnte, neue Verordnungen für Handel und Gewerbe zu erlassen. Die verwüsteten Straßen und Wege wurden instandgesetzt, sodass es den Händlern möglich wurde, ungehindert ihre Waren von Ort zu Ort zu bringen. Der Kaiser kümmerte sich intensiv um die Belange der Bevölkerung, war aber doch nicht gegen absurde Ideen gefeit: Nach wie vor ließ er Männer, Frauen und sogar Kinder als Hexen verfolgen und verbrennen, sodass der Denunziation weiterhin Tür und Tor geöffnet waren.

Ferdinand III. war dreimal verheiratet. Seine erste Gemahlin Maria Anna kam aus Spanien und war die Tochter von König Philipp III. Ursprünglich sollte sie Charles I. von England ehelichen, der sogar inkognito nach Spanien gereist war, um seine zukünftige Braut unerkannt in Augenschein zu nehmen. Da er aber darauf bestand, dass das junge Mädchen den anglikanischen Glauben annehmen müsste, scheiterte die Hochzeit. Was man damals, als sich diese Verbindung zerschlug, nicht wissen konnte, war die Tatsache, dass Charles dereinst in England enthauptet werden sollte.

Die Ehe mit dem habsburgischen Verwandten in Graz wäre auch beinahe nicht zustande gekommen, denn man konnte sich über die Frage des Beichtvaters der Braut, der so wie alle Beichtväter der Zeit eine wichtige Position innehatte, nicht einigen. Schließlich fand man doch eine Lösung und Maria Anna begab sich auf die gefährliche, unendlich lange Reise, denn wegen des Dreißigjährigen Krieges war der Brautzug oftmals gezwungen, weite Umwege zu machen, um dem Kampfgetümmel zu entgehen. Nach 14 Monaten traf die Braut schließlich unbeschadet mitten im Winter des Jahres 1631 in Triest ein, wo ihre feierliche Übergabe durch das spanische Gefolge an den österreichischen Erzherzog Leopold V. von Tirol stattfand.

Es sollten noch Wochen vergehen, bis die Trauung am 26. Februar in der Wiener Augustinerkirche stattfinden konnte. Die Hochzeit, die mitten in dem verheerenden Krieg stattfand und die einen Monat dauerte, übertraf an Glanz, Luxus, aber auch an Kosten alles bisher Dagewesene, wobei die Frage auftaucht, aus welch geheimnisvollen Geldtruhen man die erforderlichen 365.280 Gulden nahm.

Es war eine glückliche Fügung des Schicksals, dass diese auf Umwegen arrangierte Ehe zu den harmonischsten in der Habsburger Geschichte zählte. Aus der anfänglichen Sympathie, die beide füreinander empfanden, entwickelte sich schon nach kurzer Zeit die große Liebe. Maria Anna wurde für Ferdinand eine verlässliche Stütze, die er auf seinen vielen Reisen an seiner Seite wusste. Und wenn sie aufgrund der vielen Schwangerschaften nicht mehr in der Lage war zu reisen, setzte er sie als Regentin ein. Es war für Ferdinand daher ein furchtbarer Schicksalsschlag, als die Kaiserin in Linz mit 39 Jahren an einer von den Ärzten konstatierten Schwangerschaftsvergiftung überraschend starb.

Auch Ferdinands zweite Ehe mit der erst 16-jährigen Maria Leopoldine aus Tirol wurde schon nach nur einem Jahr durch den frühen Tod der jungen Frau zerstört. Erst die dritte Gemahlin Ferdinands, Eleonora Magdalena Gonzaga, hatte Chancen, ihren Ehemann zu überleben, als sie 1651 dem um 20 Jahre älteren Ferdinand das Jawort gab.

Es war selbst für einen Kaiser nicht leicht, an den europäischen Höfen eine passende Braut zu finden, denn die Damen hatten bestimmte

Kriterien zu erfüllen: Sie mussten in allererster Linie katholisch sein, dann sollten sie noch im gebärfähigen Alter sein, die Familie, aus der die Bräute kamen, sollte kinderreich sein und womöglich viele Kinder männlichen Geschlechts besitzen, daneben war auch ein ansprechendes Äußeres gefragt und zumindest etwas Bildung erwünscht. All dies konnte Eleonora Magdalena in die Waagschale werfen und war daher die ideale Gattin des dritten Ferdinand. Seltsamerweise schenkte sie aber ihrem Gemahl keine Kinder mehr, sondern betreute liebevoll die Söhne und Töchter Ferdinands aus seiner ersten Ehe. Ganz besonders war sie den beiden älteren Söhnen Ferdinand und Leopold zugetan, die sie wie eine echte Mutter liebten.

Obwohl Eleonora wie alle Gemahlinnen der Habsburger Kaiser streng katholisch erzogen worden war, wirkte sie niemals bigott. Im Gegenteil, sie beschäftigte sich sogar mit Gedichten und Schriften „ketzerischer" Dichter und Schriftsteller, ohne diese zu verurteilen.

Ferdinand III. hatte bei der Wahl seiner dritten Gemahlin einen wahrhaft guten Griff getan, denn in Eleonora hatte er einen schöngeistigen Widerpart gefunden, mit ihr konnte er stundenlang musizieren, wobei sie mit ihrer schönen Stimme ihm die Lieder vortrug, die er gerade komponiert hatte. Ein ideales Paar!

Schon drei Jahre nach der Eheschließung wurde Eleonora eine eher seltene Ehre zuteil. Als ihr Stiefsohn Ferdinand IV. 1653 in Regensburg zum König gekrönt wurde, setzte man ihr die Kaiserinnenkrone aufs Haupt, nachdem sie schon gekrönte Königin von Böhmen und Ungarn war.

Eleonora entwickelte sich zu einer aktiven, politisch interessierten Kaiserin, die Diplomaten aus aller Welt empfing, die es sich zur Ehre anrechneten, von dieser bedeutenden Frau eingeladen zu werden. Da ihr Gemahl sich ihr gegenüber äußerst großzügig verhielt und ihr ein jährliches Salär von 30.000 Gulden gewährte, war sie in der Lage, ein eigenes Orchester zu beschäftigen, das aus 51 Musikern bestand. Daneben engagierte sie den berühmten Komponisten Antonio Draghi, der verschiedene neue Opern dirigierte. Allmählich wurde der Wiener Kaiserhof als europäische Kulturstätte bekannt, Künstler und Wissenschaftler fanden sich hier ein, da sie wussten, dass sowohl der Kaiser als auch die Kaiserin regen Anteil an ihrem Schaffen nahmen.

Eleonora überlebte ihren Ehemann um 29 Jahre, wobei sich nach dem Tod ihres Gemahls die Stiefsöhne rührend um die Stiefmutter kümmerten und sie bestens versorgten. So erhöhten sie ihre jährliche Apanage auf 230.000 Gulden, sodass Eleonora auch als Witwe ein sorgenfreies, standesgemäßes Leben mit einer stattlichen Dienerschaft führen konnte. Kaiser Ferdinand III. sollte sein 50. Lebensjahr nicht mehr erreichen, der unstete Lebenswandel, der ihm durch die kriegerischen Ereignisse aufgezwungen worden war, und auch die üppigen Speisen, denen er nicht widerstehen konnte, hatten seinen Körper vor der Zeit geschädigt und geschwächt. Der überraschende Tod seines begabten ältesten Sohnes Ferdinand im Jahre 1654, der schon zum römischen König gekrönt worden war und auf den er alle Hoffnungen für die Zukunft gesetzt hatte, ließ ihn psychisch in einen Abgrund fallen. Es dauerte lange, bis er die „Favorita" verließ, das Schloss, wohin er sich von der Welt zurückgezogen hatte. Mit letzter Kraft gelang es ihm noch, seinen zweitgeborenen Sohn Leopold, der ursprünglich für den geistlichen Stand bestimmt war und der als junger Mann ein keusches, bigottes Leben führte, zum König von Ungarn und Böhmen krönen zu lassen.

*

Der Tod war in der Habsburger Familie ein häufiger Gast. Wahllos raffte er die hoffnungsvollsten Familienmitglieder dahin. Durch sein Wirken wurden politische Konstellationen, die vielfach zum Wohle des Volkes zustande gekommen waren, zerstört, durch ihn gelangten Männer auf den Kaiserthron, die niemals für dieses Amt vorgesehen waren. Eine besonders leichte Beute für den grausamen Gevatter waren die Ehefrauen der Kaiser und ihre Kinder. Anna, die Gemahlin des späteren Kaisers Ferdinand I., starb bei der Geburt des 15. Kindes. Maria Anna von Bayern, die Mutter von Ferdinand II., überstand ebenfalls eine Entbindung nicht, genauso wie Maria Anna von Spanien und die erst 16-jährige Maria Leopoldine von Tirol, beides Gemahlinnen von Kaiser Ferdinand III. Zwei Ehefrauen von Kaiser Leopold I. überlebten ebenfalls nicht die Geburten ihrer Kinder, genauso wie von den 15 Kindern, die Leopold gezeugt hatte, nur fünf das Erwachsenenalter erreichten. In allen Fällen dürften Schmerz und Trauer bei den Hinterbliebenen unermesslich gewesen sein.

Um den Tod von Kaiser Ferdinand III. rankten sich die seltsamsten Gerüchte. Denn als er schon auf dem Sterbebett lag, brach in der Hofburg ein Brand aus, der kaum zu löschen war. Außerdem wurde berichtet, dass seltsamerweise drei Adler, die durch die Räumlichkeiten im Sturzflug geflogen waren, nach diesem Manöver verendeten. Und dies mitten in Wien! Die Wahrsager, die sich bei Hofe befanden, sahen in jenen Auspizien ein denkbar schlechtes Omen: Der Kaiser würde sterben! Und ausnahmsweise hatten sie recht. Eilig holte man einen Geistlichen, der Ferdinand die Letzte Ölung verabreichte, bevor er am 2. April 1657, einem Ostermontag, diese Welt mit einem tiefen Seufzer verließ.

Leopold I.

Ein Künstler musste die Türkenkriege führen

Es war eine Tragödie sowohl für die kaiserliche Familie als auch besonders für das Reich, als der älteste Sohn von Kaiser Ferdinand III., der begabte und allseits beliebte Ferdinand, der schon zum König von Ungarn und Böhmen gekrönt worden war, im Jahre 1654 an den Pocken starb. Der Tod des hoffnungsvollen jungen Mannes riss eine schmerzliche Lücke, denn jetzt nach dem schrecklichen Dreißigjährigen Krieg schien gerade dieser Kaisersohn mit seinen vielfältigen Fähigkeiten der richtige Mann zu sein, um die politischen Verhältnisse zu stabilisieren. Von klein auf war Ferdinand dazu erzogen worden, einmal die Nachfolge seines kaiserlichen Vaters anzutreten, ganz anders als sein Bruder Leopold, der für den geistlichen Stand regelrecht prädestiniert zu sein schien. Und keiner konnte vorhersehen, dass gerade dieser überaus fromme, introvertierte junge Mann, der so gar nicht im Rampenlicht der Öffentlichkeit stehen wollte, sondern sich abgesondert von allen Höflingen ganz der Musik hingab, jahrzehntelang als Kaiser auf dem Thron sitzen würde. Bei Hofe hatte er den Ruf eines seltsamen Einzelgängers, ein Sonderling ohne Freunde, vielfach belächelt wegen seiner Probleme mit der Damenwelt. Man erzählte sich in gut informierten Kreisen, dass er es tunlichst vermied, mit einem weiblichen Wesen in Kontakt zu treten, da er in jedem noch so harmlos aussehenden Mädchen eine raffinierte Verführerin erblickte, die ihn vom Weg der Tugend weglocken wollte. Einzig und allein bei seiner Stiefmutter Eleonora, zu der er ein besonders gutes Verhältnis hatte, machte er eine Ausnahme und richtete von Zeit zu Zeit ein paar Worte an sie.

Und ausgerechnet dieser junge Mann, der sich in keiner Weise um politische Probleme gekümmert hatte, der menschlich unzugänglich war, sollte nach dem Tod seines Vaters die Kaiserkrone über 40 Jahre tragen. Einen Ungeeigneteren fand man schwerlich in der großen Habsburger Familie! Als der Bruder starb und die Nachfolge auf ihn zukam, war Leopold 14 Jahre alt. Die psychische Situation war für den jungen Leopold alles andere als beneidenswert. Er, der sich bisher nur mit geistlichen Schriften und den Schönheiten der Musik beschäftigt hatte, stand plötzlich an der Spitze eines durch den jahrzehntelangen Krieg heruntergekommenen Reiches und sollte dieses regieren. Unbekannte Welten taten sich auf, er wurde mit Problemen konfrontiert, über deren Lösung er noch nie nachgedacht hatte und denen er sich vor allem nicht gewachsen fühlte. Ob er bei seiner Wahl zum zukünftigen Herrscher wirklich ahnte, was auf ihn zukommen würde, dass er seine Interessen zurückstellen und sich auf eine aufregende Zukunft einstellen musste? Sicherlich hatte er sich sein Leben anders vorgestellt!

Viele seiner Untertanen sahen in Leopold so etwas wie eine skurrile barocke Marionette, mit seinem weit vorstehenden Unterkiefer, seiner schmächtigen Gestalt mit den dürren Beinen und den kurzen fetten Fingern, die ständig mit seinen Locken spielten. Der neue Kaiser war ein hässlicher Mann!

Wäre er tatsächlich Geistlicher geworden und hätte er sich in dieser Position ganz seinen musikalischen Neigungen hingeben können, hätte niemand Anstoß an seinem Äußeren genommen. Aber als Kaiser, der repräsentieren musste und ständig im Licht der Öffentlichkeit stand, war das unglückliche Äußere eine ernst zu nehmende Hürde im Umgang mit seinen Mitmenschen. Vor allem auf seine drei Frauen musste der verunstaltete Mann einen niederschmetternden Eindruck gemacht haben. Denn als Kaiser hatte er, der schon als Kind sexuelle Enthaltsamkeit geschworen hatte, natürlich die Verpflichtung zu heiraten und Nachkommen in die Welt zu setzen. Und da auch damals schon die Devise galt: „Einem Kaiser gibt man keinen Korb", konnte er getrost auf Brautschau gehen, obwohl die katholischen Bräute eher rar waren. Aber immerhin gab es noch das erzkatholische Spanien, wo der spanische König Philipp IV. einige Töchter anzubieten hatte. Da auch der französische König Ludwig XIV. eine katholische Prinzessin als Gemahlin suchte, einigte man sich darauf, dass sich der Habsburger mit Philipps jüngerer Tochter Margarita Teresa verloben sollte, die allerdings noch in den Kinderschuhen steckte. Die Medaillons mit seinem Bildnis, die man an den spanischen Hof gesandt hatte, entsprachen nicht der Wahrheit, man hatte sie künstlerisch geschönt, da man das junge Mädchen nicht allzu sehr schockieren wollte. Die ältere Schwester heiratete den gut aussehenden Ludwig XIV., sodass Leopold durch diese spanische Hochzeit mit dem französischen König verwandt war. Was allerdings nicht zur Entspannung der Lage zwischen Bourbonen und Habsburgern führen sollte, im Gegenteil, einen jahrelangen Konflikt heraufbeschwor.

Leopold hatte – ob er wollte oder nicht – eine steile Karriere vor sich: Mit 14 Jahren war er von seinem kranken Vater zum Regenten über die habsburgischen Länder ernannt worden, mit 15 wurde er 1655 zum König von Ungarn und ein Jahr später zum König von Böhmen gekrönt und schließlich nach langem Hin und Her, für das der französische Kardinal Jules Mazarin verantwortlich zeichnete, unter tatkräftiger Beihilfe seines ungewöhnlich tüchtigen Onkels Erzherzog Leopold Wilhelm mit 18 Jahren zum römischen König gewählt. Wobei sich Leopold in einer demütigenden Wahlkapitulation verpflichten musste, nichts ohne Rücksprache mit den Kurfürsten zu unternehmen und seine spanischen Verwandten nicht gegen Ludwig XIV. zu unterstützen. Denn der französische König hatte längst schon sein wahres Gesicht gezeigt und bestärkt durch seinen dubiosen Berater Mazarin selbst mit den Türken Kontakt aufgenommen, damit er seinen „lieben Schwager" Leopold in die Zange nehmen konnte. Um den Habsburger als Kaiser des Heiligen Römischen Reiches zu provozieren, unternahm der Franzose immer wieder kleinere Raubzüge in die angrenzenden Nachbarprovinzen an Rhein und Main, wobei seine Soldaten wie die Vandalen wüteten.

Es war ein Glück für den versponnenen Kaiser, dass er sich auf tüchtige Heerführer wie den Prinzen Eugen und auf den Herzog von Marlborough verlassen konnte, die einerseits die Türken in Schach hielten und die andererseits auch im Westen Verbündete fanden, die die kaiserliche Politik unterstützten.

Nachdem in Spanien die Hochzeit „per procurationem" der kleinen Margarita Teresa mit tagelangen Festlichkeiten begangen worden war, machte sich die junge Braut auf den Weg nach Österreich. Inwieweit man sie über ihren Zukünftigen informiert hatte, ist nicht bekannt. Für das Mädchen war zunächst wichtig, unbeschadet die Seereise zu überstehen, denn eine Reise über das Mittelmeer war immer ein ungewisses Abenteuer. Um den ärgsten Gefahren zu entgehen, segelten die Schiffe deshalb die Küste entlang, wodurch sich die Fahrt um Wochen verlängerte.

Über die erste Begegnung der Brautleute schweigen die Chronisten, aber die junge Braut musste beim Anblick ihres zukünftigen Ehemannes beinah in Ohnmacht gefallen sein. Allerdings sah sie zunächst nur Äußerlichkeiten, denn hinter Leopolds unschöner Fassade verbarg sich ein gemütvoller Charakter und ein genialer Musiker, der seiner jungen Frau fast alles bot, was ihr Herz begehrte. Das Leben, das Margarita nur kurze Zeit an der Seite Leopolds führte, war angefüllt von vielfach beinah Unwirklichem, von Festen und Lustbarkeiten, von Show, Theater und Spektakel, obwohl der Kaiser weder ruhigen Zeiten entgegensah noch über ausreichend Geld verfügte. Ohne sich um die Kosten der Veranstaltungen zu kümmern, ließ Leopold im Rahmen der Hochzeitsfeierlichkeiten seine berühmten Rossballette um die Unsumme von 350.000 Gulden aufführen. Dieses Geld stellten ihm jüdische Kreditgeber zur Verfügung, die Leopold freilich schlecht für ihre Dienste belohnte, indem er nicht einen Finger rührte, um sie vor dem neidischen Pöbel zu schützen, der die Juden aus der Wiener Leopoldstadt mit brutaler Gewalt vertrieb.

Margarita Teresa erwies sich als verständnisvolle Gemahlin, sie schätzte die Kompositionen ihres Gemahls und lauschte seiner Musik, die ihn geradezu verzauberte und die aus dem verschlossenen Mann einen anderen Menschen machte. Weil der Kaiser streng auf die Einhaltung des bis zur Absurdität zelebrierten spanischen Hofzeremoniells achtete, welches nicht mal erlaubte, dass das kaiserliche Paar seine Mahlzeiten gemeinsam einnahm, waren es seltene gemeinsame Stunden, die Leopold mit Margarita Teresa verbrachte. Ein langes Leben war der jungen Frau an der Seite ihres Gemahls ohnedies nicht vergönnt. Nachdem sie in ihrer siebenjährigen Ehe vier Kindern das Leben geschenkt hatte – die Totgeburten nicht mitgerechnet –, zog sie sich mit ihren 22 Jahren, zum siebenten Mal schwanger, eine schwere Bronchitis zu, an der sie nach qualvollen 16 Tagen starb.

Obwohl alles darauf hindeutete, dass der Kaiser seine Frau wirklich geliebt hatte, wartete er nicht einmal das Trauerjahr ab, um sich wieder zu vermählen. Leopolds Wahl fiel auf Claudia Felicitas von Tirol, wodurch dieses Land fester an die Habsburger gebunden werden sollte.

Die Ehe, die in Graz geschlossen worden war, erwies sich als die glücklichste Leopolds, denn Claudia Felicitas war nicht nur hochmusikalisch, es zeichnete sie auch eine schöne Singstimme aus, daneben spielte sie virtuos einige Instrumente, sodass das Kaiserpaar in völliger Harmonie seinen Neigungen nachgehen konnte.

Dass dabei die Politik in den eigentlichen Ambitionen und im Denken Leopolds immer nur eine Nebenrolle spielte, lässt sich leicht beweisen. Da er sich viel zu wenig um die Belange des Heeres und die Situation in Ungarn kümmerte, hatte er einen Friedensvertrag in Vasvár mit den Türken geschlossen, der die Empörung der ungarischen Magnaten zur Folge hatte, denn er hatte sich auf Tributzahlungen an die Türken eingelassen, obwohl diese geschlagen worden waren. Vor allem der Palatin von Ungarn, Niklas Graf Zrinyi, und dessen Bruder empörten sich über diese abstrusen Abmachungen und taten lautstark kund, dass sie die Friedensvereinbarungen niemals anerkennen wollten. Es kam zur Rebellion, die aber dadurch scheiterte, dass sich die Revolutionäre uneins waren und jeder beabsichtigte, sein eigenes Süppchen zu kochen. Da sich der Aufstand gegen den Kaiser wie ein Lauffeuer ausbreitete, verhängte Leopold über die Rädelsführer die Reichsacht, setzte ein Kopfgeld aus und befolgte den Rat des Fürsten Lobkowitz, indem er ein Heer aufstellen ließ, für das aus allen Teilen des Reiches Männer angeworben wurden. Auf diese Weise gelang es, die Aufstände zu zerschlagen und die Anführer vor Gericht zu stellen. Obwohl es zunächst den Anschein gehabt hatte, dass Leopold eventuell Milde walten lassen würde, griff der Kaiser hart durch. Den Angeklagten wurde der Prozess gemacht, wo sie in allen Punkten schuldig gesprochen wurden. Anschließend wurden sie enthauptet.

Über Ungarn erfolgte ein gnadenloses Strafgericht, das viele kleine Adelige, denen man Beteiligung an den Aufständen in irgendeiner Form nachweisen konnte, um Vermögen und Besitz brachte. Außerdem gab sich der Erzbischof von Esztergom Szelepcsényi der Hoffnung hin, durch diese Strafmaßnahmen den Protestantismus in Ungarn endgültig mit Stumpf und Stiel ausrotten zu können. Der Kaiser stand dem Ganzen eigentlich lethargisch gegenüber, er verließ sich wie immer auf seine Ratgeber Lobkowitz, Horcher und Montecuccoli, die schalten und walten konnten, wie es ihnen gefiel. Immer mehr kamen in Leopold Zweifel auf, ob er in Ungarn richtig gehandelt hatte. In seiner Unsicherheit war es ihm nicht möglich, ein tragbares Konzept zu entwickeln, das alle zufriedenstellte, ebenso erwies sich die neue Zentralstelle, das „Gubernium", als unzulänglich. Auch eine endgültige Lösung des Protestantenproblems sollte von hier aus erfolgen, wobei Leopold nicht bedachte, dass er durch seine ambivalente Haltung den Protestanten gegenüber sich nur Feinde auf allen Linien zuzog. Denn überraschenderweise hatte er dem rein protestantischen Hannover die Kurwürde verliehen und dem religiös ebenso ausgerichteten Preußen die Königswürde, was natürlich bei den Katholiken böses Blut machte. Auch bei den Erziehern seiner Söhne schaute er nicht auf deren Glaubensausrichtung. Dabei spielte nicht religiös bedingte Toleranz eine Rolle bei seinen Entscheidungen, eher die Unfähigkeit, eine Sache von Anfang bis zum Ende durchzuziehen.

Auch in der Innenpolitik herrschte Chaos, denn der Kaiser vermochte es nicht, eine klare Linie vorzugeben, sodass am Wiener Hof schon bald der Spruch kursierte: „Rex noster est non oeconomus."

Wahrscheinlich wäre es unter der Regierung von Kaiser Leopold I. zu einer Katastrophe gekommen, hätte man in Europa nicht endlich die Türkengefahr ernst genommen. Konnte Raimund Graf Montecuccoli die Osmanen noch 1664 bei Mogersdorf abwehren, so verdichteten sich immer mehr die Gerüchte, dass die Türken zum großen Sturm auf den Westen mit voller Wucht ansetzen würden. Da sich auch der polnische König Jan Sobieski bedroht fühlte und man in Mitteleuropa die gefährliche Situation erkannte, verteidigte der Polenkönig im Verein mit Herzog Karl von Lothringen, dem Kurfürsten Max Emanuel II. von Bayern und einer beachtlichen Anzahl deutscher Fürsten vereint mit dem kaiserlichen Heer im September 1683 die Stadt Wien, das bedeutendste Bollwerk gegen die Türken. Nur der Kaiser fehlte bei den tagelangen Kämpfen, er war mit seiner Familie nach Passau geflohen, weil er den Standpunkt vertrat, dass ein lebender Kaiser mehr für seine Untertanen tun könne als ein toter. Als die Gefahr gebannt zu sein schien, verlegte er den Hof nach Linz, um anschließend, nach Wien zurückgekehrt, als „Türkenpoldl" gefeiert zu werden. In seiner Arroganz und vielleicht aus einem Neidgefühl heraus verweigerte er dem tapferen Polenkönig und dessen Sohn den Handschlag. Auch dem bayerischen Kurfürsten Max Emanuel erwies er keine Dankbarkeit. Der Bayer hätte sich die Königswürde erwartet.

Es musste für den schöngeistigen Kaiser ein schweres Los gewesen sein, zum richtigen Zeitpunkt am richtigen Ort die richtige Entscheidung zu treffen. Denn nach dem Türkensturm auf Wien und den sich noch Jahre hinziehenden Türkenkriegen in Ungarn und Kroatien waren es die Vorgänge im Westen, die sich besorgniserregend entwickelten. Der französische Schwager Ludwig XIV. ruhte nicht, ja er beanspruchte nach dem Tod des letzten spanischen Habsburgers Karl II. Spanien und die dazugehörenden Kolonien. Aus dieser Forderung heraus entwickelte sich ein lang andauernder Krieg, in den vor allem Leopolds Söhne Joseph und Karl involviert waren.

Auch auf dem Kaiserthron blieb Leopold der oft geistesabwesende Mensch, der er von Kindheit an gewesen war. Am liebsten umgab er sich mit Musikern, er selbst komponierte 79 kirchliche und 155 weltliche Stücke, unter ihnen allein 102 Tänze. Als Opern- und Theaterfreund ließ er vor allem italienische Opern aufführen, deren Melodien in ganz Wien geträllert wurden, sodass man diese Stadt mit Fug und Recht zu dieser Zeit als europäische Hauptstadt der Musik bezeichnen konnte.

Leider war seine dritte Gemahlin Eleonore Magdalene, die Tochter des Kurfürsten Philipp Wilhelm von Pfalz-Neuburg, völlig unmusikalisch und jeder Art von leichter Unterhaltung abgeneigt. Ja, sie demonstrierte geradezu ihre Langeweile, wenn der Gemahl mit seinen Musikstücken in der Öffentlichkeit auftrat, indem sie vor aller Augen eine Stickerei herauszog und sich damit intensiv beschäftigte. Sie hatte sich mit Händen und Füßen gewehrt, Leopold zu heiraten, und schon einmal seine Werbung vehement abgelehnt. Da die Brautwerber Leopolds nach dem überraschenden Tod von Claudia Felicitas wieder bei Eleonores Vater vorstellig wurden, gab es für sie keine Möglichkeit mehr, dieser Ehe, die in Passau geschlossen wurde, zu entgehen. Für Leopold I. ein wahres Glück, denn sie schenkte ihm drei Söhne und sieben Töchter, sodass die Nachfolge gesichert war.

Der Ausspruch des Kaisers „O Gott im Himmel, wie ich es hasse, Entscheidungen zu treffen" charakterisiert besonders gut das Desinteresse Leopolds an der Politik. Viel lieber beschäftigte er sich damit, berühmte Bildhauer oder Maler, Sänger oder Wissenschaftler nach Wien zu holen, um mit ihnen Gedankenaustausch zu pflegen. Und dennoch entwickelte sich unter seiner Regierung Österreich zur Großmacht in Europa. Der

„Türkenpoldl" hatte es geschafft, ohne besonderes Engagement die absolute Monarchie zu verankern.

Dass Kaiser Leopold bei seinen Zeitgenossen nicht unumstritten war, davon zeugen die beiden Giftattentate, die man auf ihn verübt hatte, einmal mit vergifteten Kerzen und das andere Mal servierte man ihm eine vergiftete Taubenpastete.

Als unnahbarer Barockfürst zelebrierte Leopold nicht nur sein Leben, auch sein Tod sollte ein großes Schauspiel werden. Da er schon über längere Zeit an „Brustwassersucht" litt und sich von Tag zu Tag schwächer fühlte, ließ er sein Hoforchester kommen, das ihn mit Sphärenmusik in die Ewigkeit hinüberbegleiten sollte, während er mit letzter Kraft noch die Worte hauchen konnte: „Consummatum est". Kaiser Leopold starb mit 65 Jahren am 5. Mai 1705.

*

Nach habsburgischer Tradition balsamierte man Leopolds Körper ein, sein Herz wurde dem Leichnam entnommen und in der Herzgruft in der Augustinerkirche beigesetzt, selbst die Eingeweide kamen in eine kupferne Urne, die ihren Platz im Stephansdom fand.

Die Tage nach dem Tod des Kaisers waren für alle Lebenden geradezu makaber, denn alle Räume der Hofburg waren schwarz ausgeschlagen, schwarze Kerzen spendeten ein eher schauriges Licht im Rittersaal, wo der Leichnam des Kaisers in spanischer Tracht aufgebahrt worden war. Prozessionen von Mönchen zogen mit ihren Miserere-Gesängen durch die Gemächer, unterbrochen von den Totengesängen der Sängerknaben und den Melodien in Moll, die die Musiker der Hofkapelle anstimmten. Man erwies nicht nur dem Kaiser, sondern auch einem genialen Musiker auf diese Weise die letzte Ehre. Er hatte sein Leben trotz aller Widerwärtigkeiten, denen er gezwungenermaßen ausgesetzt gewesen war, als große barocke Oper gelebt und war, als die letzten Töne verklungen waren, wie auf einer Bühne gestorben.

Joseph I.

Reformer und Schöngeist

Fortuna hatte ihr Füllhorn über den ältesten Sohn von Kaiser Leopold und seiner deutschen Gemahlin Eleonore Magdalene in jeder Hinsicht überreichlich ausgegossen, denn Joseph war im Gegensatz zu seinem hässlichen Vater ein ungewöhnlich attraktiver Mann, dessen Äußeres so gar nichts Habsburgisches an sich hatte, weder die weit vorstehende, entstellende Unterlippe noch die eher schläfrigen Augen oder die schmächtige Gestalt mit den zu dünnen Beinen. Sein ebenmäßiges Gesicht, in dem die strahlend blauen Augen überaus anziehend wirkten, wurde von rötlich-blondem Haar eingerahmt, das allerdings der Mode der Zeit entsprechend von einer Allonge-Perücke verdeckt wurde. Zu seinem ansprechenden Äußeren kamen exzellente geistige Fähigkeiten, die ihn prädestinierten, die größtenteils verstaubten traditionellen Riten, die sich im Laufe der Jahrhunderte eingeschlichen hatten, abzuschaffen und so den Staat von Grund auf umzukrempeln und zu modernisieren. Joseph brachte die besten Voraussetzungen für einen zukunftsorientierten Herrscher mit.

Sein Vater, Kaiser Leopold I., hatte mit seiner dritten Gemahlin Eleonore Magdalene eine Frau geheiratet, die sich zunächst mit Händen und Füßen gegen diese ihr aufgezwungene Ehe gewehrt hatte. Als sie einsah, dass sie keine Chance hatte, jener Heirat zu entgehen, machte sie das Beste aus ihrer Situation. Obwohl ihr Gemahl schon zahlreiche Töchter aus seinen früheren Ehen hatte, traf sie dennoch die Verpflichtung, einem Sohn das Leben zu schenken, um die Nachfolge zu sichern. Eleonore erwies sich als ungewöhnlich fruchtbar, denn sie gebar ihrem Ehemann zehn Kinder, drei Buben und sieben Mädchen. Von den 15 Kaiserkindern überlebten nur zwei Söhne und drei Töchter. Da Eleonore fürchtete, dass ihr ältester Sohn Joseph nicht die geeignete sorgsame Betreuung in der Kindskammer finden würde, gab sie Order, den Sohn in ihren Gemächern unterzubringen, wo er unter ihrer Obhut aufwachsen sollte. Diese allzu große Nähe von Mutter und Sohn und ihre konträren Ansichten vor allem auf dem Gebiet der Religion sollten in späteren Jahren zu einem regelrechten Familienkrieg führen, der bei der Königskrönung Josephs in Augsburg eskalierte. Joseph vertrat sowohl auf politischem als auch religiösem Gebiet völlig unterschiedliche Ansichten, ja er umgab sich fallweise sogar mit protestantischen Beratern, was seiner streng katholischen Mutter unerträglich war.

Kaiser Leopold hatte für seinen Sohn hervorragende Erzieher ausgewählt, Männer, die dem Prinzen durch ihre aufgeklärte Geisteshaltung zu einem wissbegierigen, weltoffenen Menschen formten. Otto Fürst von Salm, Franz Freiherr von Rummel, Baron Wagenfels, um nur einige zu nennen, genossen den Vorzug, Lehrer des zukünftigen Kaisers sein zu dürfen. Sie erkannten rasch den weiten Geist des Knaben, der sicherlich als Herrscher imstande sein würde, die alten verkrusteten Strukturen aufzubrechen. Daher war es für sie ein lohnendes Ziel, Joseph neue politische Wege aufzuzeigen.

Die Karriere des jungen Mannes war vorgegeben: Mit neun Jahren setzte man ihm die ungarische Königskrone auf und im Alter von 13 wurde er zum deutschen König gekrönt. Obgleich er noch jung war, hatte Joseph doch schon einiges hautnah erlebt. Als er fünf war, standen die Türken vor Wien und belagerten die Stadt, die Kaiserfamilie floh nach Passau, und es ist anzunehmen, dass Joseph zumindest vom Hörensagen erfahren hatte, in welch grauenvoller Weise die Türken im Land gewütet hatten. Und da sein Freund Prinz Eugen, den Joseph „Bruder" nannte, immer wieder ins Feld zog, um die Osmanen in Schach zu halten, erfuhr er aus erster Hand, wie prekär die Situation im Osten des Habsburger Reiches war. In den Ratsversammlungen, wohin ihn sein Vater, wenn sich die Gelegenheit bot, mitnahm, sprach man gern und oft über die Heldentaten des Savoyers, was dem temperamentvollen jungen Joseph ungewöhnlich imponierte.

Wenn Joseph auch völlig andere, moderne politische Ideen vertrat und auch sein Äußeres keineswegs darauf schließen ließ, dass er der Sohn von Kaiser Leopold war, so hatte er doch vom Vater sowohl die

Jagdleidenschaft als auch die Musikalität geerbt. Schon in ganz jungen Jahren bezauberte er seine Zuhörer durch sein hervorragendes Flötenspiel, wobei er alles daransetzte, dass auch die Hofkapelle vergrößert werden sollte, was ganz im Sinne seines Vaters war. Lediglich die Mutter konnte weder an den Kompositionen ihres Ehemannes noch dem gekonnten Flötenspiel ihres Sohnes Gefallen finden, in ihrer bigotten Art heuchelte sie nicht einmal Interesse, geschweige denn, dass sie sich dazu herabließ, Joseph zu loben. Das Verhältnis von Mutter und Sohn erstarrte von Jahr zu Jahr mehr.

Als echter Habsburger setzte Joseph die Tradition als begeisterter Jäger fort, wobei er in seiner Abenteuerlust Jagden in jenen Gebieten bevorzugte, die schwer zugänglich und gefährlich waren. Wobei er nicht nur in Gottes freier Natur sich seine Beute suchte, sondern vor allem in den Chambres séparées, wohin er sich mit den jeweils auserwählten Damen, die seinem Charme nicht widerstehen konnten, zurückzog. Seine Amouren begann er, sehr zum Leidwesen seiner ungewöhnlich moralischen Eltern, schon im zarten Alter von 15, in dem man ihm Liebesabenteuer mit drei verschiedenen Damen nachsagte. Daher war es kein Wunder, dass der vielgeliebte Mann auf eine Schar von „natürlichen Kindern" blicken konnte.

Da alle Ermahnungen zur Enthaltsamkeit Josephs Leidenschaftlichkeit nicht eindämmten, wussten sich die Eltern keinen anderen Rat, als sich nach einer geeigneten Ehefrau für ihren Sohn umzusehen, von der sie hofften, dass diese ihren Gatten zähmen würde. Dies war leichter geplant als getan. Einerseits wusste Kaiser Leopold, dass Joseph äußerst wählerisch war, sodass nur ein bildhübsches Mädchen infrage kam, und andererseits die ansehnlichen katholischen Prinzessinnen, die auch im Alter zu Joseph passten, im ganzen Reichsgebiet kaum zu finden waren. Schließlich zog man sogar Protestantinnen in Betracht, wobei man übereinkam, dass die auserwählte evangelische Prinzessin Amalie Wilhelmine von Braunschweig-Lüneburg ganz einfach konvertieren sollte, damit sie Joseph heiraten konnte. Was bei den Eltern der jungen Leute anscheinend für wenig Kopfzerbrechen sorgte, wobei man in der Welfenfamilie an dieser Heirat sehr interessiert war, bereitete dem jungen Mädchen schlaflose Nächte, da Amalie praktizierende Protestantin war und ihren Glauben nicht wie ein Hemd wechseln wollte. Aber schließlich siegten die Argumente ihres Vaters und die Aussicht, dereinst Kaiserin zu werden, über die Skrupel, die Amalie geplagt hatten.

Amalie Wilhelmine war einige Jahre älter als ihr schöner Bräutigam, was Joseph zunächst keineswegs irritierte. Er fand seine Braut entzückend und derart hinreißend, dass er sich Hals über Kopf in sie verliebte und sich mit ihr, kaum waren die letzten Töne der Brautmesse verklungen, in aller Eile ins Brautgemach zurückzog. Die Messe am Tag nach der Hochzeit musste für später angesetzt werden, weil es das junge Ehepaar vorzog, länger die traute Zweisamkeit zu genießen.

Allerdings währte die Faszination von Amalie nur vorübergehend, denn Joseph ließ sich nicht davon abhalten, sein abwechslungsreiches lustiges Leben weiterzuführen, was zu dieser Zeit keineswegs ungefährlich war. Bei einem seiner Liebesabenteuer steckte er sich mit der todbringenden Syphilis an, wobei er auch seine junge Frau mit der bedrohlichen Krankheit infizierte, sodass sie nach der Geburt eines Sohnes, der zum Leidwesen der Eltern nach einem dreiviertel Jahr starb, und zweier Töchter keine Kinder mehr bekommen konnte.

Amalie hatte an einen Hof geheiratet, wo die Kunst im Mittelpunkt des allgemeinen Interesses stand. Berühmte Musiker, Maler und Baumeister waren in Wien anzutreffen, an ihrer Spitze Johann Bernhard Fischer von Erlach, der zum direkten Freundeskreis des jungen Kaisers gehörte. So wie sein Vater Leopold konnte Joseph stundenlange Gespräche mit den Gelehrten seiner Zeit führen, ihre Ansichten diskutieren und vielfach auch übernehmen. Er erwies sich in seiner sanguinischen Art als glänzender Gesellschafter, der die Akademie der bildenden Künste ins Leben rief.

Als Joseph die Regierungsgeschäfte nach dem Tod seines Vaters übernahm, umgab er sich mit Männern, die sein vollstes Vertrauen hatten, wie Fürst Salm oder Prinz Eugen. Gerade diese Freundschaft mit dem Savoyer war seiner Mutter ein Dorn im Auge, denn der Prinz fand vor den Augen der Kaiserin keine Gnade. Dies ging so weit, dass sie berechtigte Forderungen des Savoyers einfach ignorierte, was zu Wutanfällen ihres aufbrausenden Sohnes führte.

In seinem Reformeifer schaffte Joseph zunächst einmal das spanische Hofzeremoniell ab, welches das private Leben bei Hofe bisher erstickt hatte. Die starre weiße spanische Halskrause erschien Joseph geradezu als ein Symbol für borniete Rückständigkeit und Kompromisslosigkeit. Der „Junge Hof" um Joseph und den Prinzen Eugen hatte sich noch zu Lebzeiten von Kaiser Leopold als beratendes Gremium gebildet und teilweise die Entscheidungen im Spanischen Erbfolgekrieg beeinflusst. Diesen Krieg hatte Joseph als Erbe seines Vaters übernommen, als er 1705 an die Macht kam, wobei es den Kaiserlichen gelungen war, die Franzosen und die mit ihnen verbündeten Bayern bei Höchstädt zu schlagen und Bayern zu besetzen, wobei die Usurpatoren mit grausamer Strenge gegen die bayerische Bevölkerung vorgingen – was man dort bis heute nicht vergessen hat.

Joseph I. war grundverschieden von seinem Vater, sodass es nahelag, auch eine ganz andere Politik betreiben zu wollen. Er hatte entsprechend Zeit gehabt, sich auf seine Regierungstätigkeit vorzubereiten. Soweit Joseph zumindest innenpolitisch seine Ideen umsetzen konnte, zeigten seine Taten moderne Ansätze. Er versuchte Ordnung in das zerrüttete Finanzwesen, um das sich sein Vater kaum gekümmert hatte, zu bringen, genauso wie er die Idee einer Bauernbefreiung auf den königlichen Gütern in Schlesien verfolgen wollte, die allerdings zum Scheitern verurteilt war. Intrigen und Hinterhältigkeiten, die den Wiener Hof beherrschten, der in verschiedene Lager gespalten war, machten ihm das Leben schwer. Wahrscheinlich waren die Widerstände, die nach dem Tode Kaiser Leopolds von seiner Witwe und ihrer Anhängerschaft dem Sohn entgegengebracht wurden, so stark, dass Joseph als Kaiser alle Kraft aufwenden musste, um diese Ressentiments zu durchbrechen. Durch Reformen der obersten Reichsgerichte in Wien und Wetzlar zeigte Joseph an, dass sich die Neuerungen, die er auf allen Gebieten durchsetzen wollte, nicht nur auf die österreichischen Stammlande beschränken sollten.

Obwohl er mit großem Elan an die schwierige Aufgabe des Regierens herangegangen war, missglückten einige Pläne, sodass Übelgesinnte dem jungen Kaiser mangelnde Führungseigenschaften vorwarfen, wobei sie die Probleme, die er von seinem Vater übernommen hatte, wissentlich übersahen. Der ununterbrochene Zwist mit Frankreich, der im Spanischen Erbfolgekrieg seinen Höhepunkt erreicht hatte, war immer noch am Schwelen, als Joseph die Regierung antrat. Dazu kam die ständige Bedrohung durch unzufriedene Ungarn, die nur durch die Heere des Prinzen Eugen in Schach gehalten werden konnten. Vielleicht hätte Joseph I. einen Ausgleich mit den Ungarn finden können, wenn er sich mehr mit dieser Angelegenheit beschäftigt hätte. Aber seine Ambitionen lagen im Süden. In Italien wollte er seinen Einflussbereich vergrößern, weshalb er gegen unbotmäßige Gegner des Reiches vorging, daneben beschlagnahmte er das frei gewordene Herzogtum Mantua und machte auch mit dem Papst, der den kaiserlichen Truppen den Durchzug durch sein Gebiet nicht genehmigen sollte, keine Ausnahme. Obwohl ihm Clemens XI. unmissverständlich mit dem Kirchenbann drohte, ließ sich Joseph nicht einschüchtern und kündigte an, dass er mit einem Heer von protestantischen Ketzern in Rom einmarschieren würde, sollte der Heilige Vater seine Einstellung ihm gegenüber nicht ändern. Da der Papst einsehen musste, dass der Kaiser nicht lange fackeln würde, gab er nach und ließ sich herbei, Josephs Bruder Karl als König von Spanien anzuerkennen, was er bisher verweigert hatte.

Die ersten Jahre von Josephs Regierung waren von einzelnen Erfolgen gekrönt, vor allem im Westen, wo sich Ludwig XIV. zu einem Friedensschluss bereit erklärte, der aber schließlich nicht zustande kam, da die Forderungen der Kaiserlichen für ihn unerfüllbar schienen.

Die Lage in Ungarn spitzte sich zu. Der ungarische Adel nahm Kontakt mit Frankreich auf, sodass für Joseph die Gefahr eines Zweifrontenkrieges im Raum stand. Auf dem Konföderations-Landtag zu Ónod im März 1707 wurde Joseph auf Geheiß von Franz II. Rákóczy die ungarische Königskrone abgesprochen und er als König von Ungarn abgesetzt. Erst nachdem die kaiserlichen Truppen den Ungarn eine vernichtende Niederlage zugefügt hatten, waren die Magyaren gezwungen, um Frieden zu bitten. Auf Veranlassung des Prinzen Eugen, der mit der Mentalität der Ungarn bestens vertraut war, erklärte sich Joseph bereit, Gnade vor Recht ergehen zu lassen, und gewährte den Aufständischen einen milden Frieden, dessen Inkrafttreten er allerdings nicht mehr erleben sollte.

Die Verdienste von Kaiser Joseph I. lagen sicherlich auf dem Gebiet der Innenpolitik, denn er schuf Institutionen, die für die damalige Zeit wegweisend werden sollten, wie die Wiener Stadtbank oder das Versatzamt, wo der verarmten Bevölkerung geholfen werden konnte. Sosehr Kaiser Joseph I. in seiner impulsiven Art seine Mitarbeiter schätzte und ihre Ratschläge gerne hörte, so modern seine Ideen auch heute noch anmuten, weigerte er sich doch, Nichtadelige, das heißt Bürgerliche, in den Kreis seiner Berater aufzunehmen. Die Zeit war dazu noch nicht reif, dieser Schritt in die Moderne wäre zu groß gewesen.

Joseph I. hätte viel bewirken können, wäre dem gebildeten Mann, der sechs Sprachen in Wort und Schrift beherrschte, wobei er mit seinem Vater immer in italienischer Sprache korrespondierte, mehr Zeit geblieben. Aber auch, wenn er nicht an den todbringenden Pocken gestorben wäre, hätte er über kurz oder lang aufgrund seiner Syphilis einem schrecklichen Ende entgegengesehen.

Als allgemein bekannt wurde, dass es zu einer Pockenepidemie in Wien kommen würde, sperrte sich der Kaiser für sechs Wochen in einem Raum ein und ließ keinen in seine Nähe. Aber alle Vorsichtsmaßnahmen halfen nichts. Am 12. April wurde er, nachdem er seine Isolationshaft verlassen hatte, plötzlich bei einer Tafel von Übelkeit überfallen. Die zugezogenen Ärzte erkannten das Schlimmste: Blatternpest. Am 17. April 1711 verschied der Kaiser, nachdem er sich geweigert hatte, Prinz Eugen ein letztes Mal zu empfangen, der auf dem Weg in die Niederlande war, weil er fürchtete, den „Bruder" anzustecken.

Der Kaiser, nach dem der Wiener Stadtteil „Josefstadt" benannt wurde, verbuchte in seiner sechsjährigen Regierungszeit bedeutende Gebietsgewinne. Die Spanischen Niederlande, Mailand, Neapel und Sardinien gingen an die Habsburger. Und sein Bruder Karl wurde König von Spanien.

*

Eine Geschichte, die in Wien die Runde machte, zeigte schon sehr bald die Willenskraft des jungen Joseph. Von den verschiedenen Lehrern liebte er Franz Freiherr von Rummel ganz besonders, woran sich verschiedene einflussreiche Personen massiv störten. Deshalb versuchte man mit allen Mitteln diesen Weltpriester aus der Umgebung des Kronprinzen zu entfernen. Da es aussichtslos gewesen wäre, mit legalen Methoden die Entlassung Rummels durchzusetzen, verfiel man auf eine List: Während der zehnjährige Knabe in einem der Schlosshöfe herumtollte, erschien plötzlich aus dem Nichts ein Geist, der mit hohler Grabesstimme den

Prinzen aufforderte, Rummel zu entlassen. Joseph stutze kurz, dann lief er auf das Gespenst zu und versetzte ihm einen starken Tritt, sodass es in den Burggraben stürzte. Damit war der Fall für Joseph ein für alle Mal erledigt.

Karl VI.

Österreichs Barockkaiser der Pragmatischen Sanktion

Wenn Karl auch eine gewisse Ähnlichkeit mit seinem Bruder Joseph hatte, so unterschieden sich die Söhne von Kaiser Leopold I. grundlegend – vor allem in ihrem Temperament. War Joseph ein Sonnyboy, ein lebensfroher Sanguiniker, der in seiner überschäumenden Art auch manchmal den Boden der Realität verlor, so wirkte Karl mit seinen hängenden Wangen und dem heruntergezogenen Mund beinah phlegmatisch schläfrig. Ließ sich sein Bruder in seinem Tatendrang kaum zügeln, so hätte man Karl ständig aufmuntern müssen, sich aufzuraffen, um Beschlüsse zu fassen oder Anordnungen zu treffen, was in der konfliktreichen Zeit, in die er hineingeboren war, dringend nötig gewesen wäre.

Als der Knabe am 1. Oktober 1685 in Wien in der Wiege lag, konnte Kaiser Leopold, der bis dahin nur einen Sohn und zahlreiche Töchter gezeugt hatte, aufatmen, die Erbfolge im Hause Habsburg schien gesichert. Wie wichtig dieser Sohn war, zeigte sich Jahrzehnte später, als Joseph, der die Nachfolge des Vaters angetreten hatte, 1711 plötzlich an den Pocken starb. Dieses Jahr wurde für Karl zum großen Wendepunkt in seinem Leben, er musste das Erbe seines Bruders antreten und das hieß für ihn, aus Spanien, wo er nach langem Hin und Her als Karl III. die Königskrone trug, nach Österreich zurückzukehren. Karl hatte sich den spanischen Thron erkämpfen müssen, denn nach dem Tod des letzten spanischen Habsburgers Karls II. waren die politischen Karten neu gemischt worden, da der König von Frankreich sofort auf den Plan getreten war und dubiose Erbansprüche auf das Land jenseits der Pyrenäen stellte.

Mit 18 Jahren war Karl mit einem riesigen Gefolge in Lissabon an Land gegangen, von wo aus er mit Unterstützung der Engländer und

Niederländer versuchte, Philipp von Anjou vom Thron zu verdrängen, den dieser mithilfe des französischen Königs bestiegen hatte. Jahrelange Kämpfe waren die Folge, in denen das Kriegsglück ständig wechselte.

Vor allem an Barcelona hatte Karl sein Herz verloren, vielleicht auch, weil er hier im Jahre 1708 seine Gemahlin Elisabeth Christine endlich in die Arme schließen konnte.

Damit diese Hochzeit zustande kommen konnte, mussten etliche Hindernisse überwunden werden, vor allem legte man der protestantischen Braut nahe, zu konvertieren, wollte sie in das erzkatholische Haus Habsburg einheiraten. Für die junge Frau war der Wechsel der Religion keineswegs einfach und mit großen Skrupeln verbunden, da sie von Kindesbeinen an den evangelischen Glauben intensiv praktiziert hatte. Aber einerseits hatte Elisabeth Christine von Braunschweig-Wolfenbüttel einen sehr beherrschenden Großvater, für den die Heirat ein Politikum darstellte und der der Enkelin vor Augen führte, dass ihr an der Seite Karls die spanische Königskrone winkte, und andererseits galt der Bräutigam als attraktiver junger Mann. So wie üblich wurde die Hochzeit, nachdem die Schwierigkeiten überwunden waren, per procurationem in Wien mit großem Pomp gefeiert, wobei der kaiserliche Bruder Joseph selbst den Bräutigam vertrat.

Karl hatte die Braut, über deren Schönheit man sich wahre Wunderdinge erzählte, bereits sehnsüchtig erwartet. Lady Montague, eine Engländerin, die schon die halbe Welt bereist hatte, lobte die junge Frau in den höchsten Tönen: „Ich hatte, der Etikette gemäß, bei der Kaiserin eine Privataudienz von einer halben Stunde … Die Kaiserin bezauberte mich völlig … Wenn sie lächelt, zeigt er (der Mund, Anm. d. Verf.) eine Schönheit und Anmut, dass man sie anbeten muss … aber ihre Gestalt! – man muss zum Poeten werden … Die Grazien begleiten sie … die Schönheit ihrer Hände und ihre Brüste ist unübertrefflich. Ehe ich sie sah, glaubte ich nicht, dass es so etwas Vollkommenes in der Natur gäbe …"

Auch am Wiener Kaiserhof war man sich darin einig, eine so schöne Habsburger Braut hatte es schon seit Jahrhunderten nicht mehr gegeben. Zu den äußeren Vorzügen Elisabeth Christines kam noch ein ungemein liebenswürdiges Wesen, eine geistreich charmante Art, der niemand widerstehen konnte. Sie schien einfach vollkommen zu sein!

An der Küste Spaniens ereignete sich ein Malheur, das keiner vorhergesehen hatte: Als die junge Braut in Barcelona nach der langen und anstrengenden Seereise an Land ging, wurde sie von einem riesigen Mückenschwarm überfallen und im Gesicht so zerstochen, dass man von ihrer berühmten weißen Haut kaum etwas entdecken konnte. Obwohl man alles versuchte, um die Spuren dieser Insektenattacke zu beseitigen, erinnerten noch nach Jahren kleine Narben an dieses Malheur.

Karl entwickelte sich im Laufe der Zeit zu einem echten Barockfürsten, der in der habsburgischen Tradition zutiefst verankert war, der die Neuerungen, die sein Bruder auf innerpolitischem Gebiet eingeführt hatte, mit einem Federstrich ablehnte. Dadurch wirkte er verglichen mit seinem reformfreudigen Bruder Joseph rückschrittlich, die herkömmlichen, verzopften Zeremonien liebte er besonders, das Gottesgnadentum des Herrschers sollte immer und überall respektiert werden. Jedwede kleinste persönliche Annäherung verbat er sich strikt, ja selbst seine Gemahlin, die „weiße Lisl", wie er sie wegen ihrer Porzellanhaut nannte und die er von Herzen liebte, sprach ihn stets mit „Eure Majestät" an.

Als Karl nach dem unerwarteten Tod seines Bruders Joseph nach Österreich zurückkehrte, legte er die politische Verantwortung in Spanien in die Hände seiner Gemahlin und setzte Elisabeth Christine als Statthalterin in Spanien ein, die ihrer Aufgabe hervorragend nachkam. Auch nach der Rückkehr der Kaiserin nach Wien zeichnete sich zum großen Leidwesen Karls jahrelang keine Schwangerschaft bei seiner Gattin ab, sodass er sich ernsthafte Sorgen machte, wie es um die Nachfolge bestellt sein würde. Um irgendeine Sicherheit in der Zukunft für das Haus Habsburg in die Wege zu leiten, erließ er im Jahre 1713 das Pactum Mutuae Successionis, eine Art Erbfolgeplan, in dem festgelegt wurde, dass die habsburgischen Besitzungen ungeteilt als Ganzes weitervererbt werden konnten.

Der Verlust des spanischen Thrones, um den jahrelang im Spanischen Erbfolgekrieg gekämpft worden war und der schließlich zugunsten Philipps von Anjou ausging, schmerzte Karl ein Leben lang. Er hatte, nachdem er bei seinem letzten Aufenthalt als Verlierer um Barcelona hervorgegangen war, für immer sein Lächeln verloren. Selbst seine engsten Freunde und Berater, hauptsächlich Spanier, vermochten nicht, diese immerwährende Trübsal zu vertreiben. Auch nicht seine drei Töchter, die sich nach dem Tod des kleinen Sohnes Leopold einstellten. Der Schmerz der Eltern war unbeschreiblich, als der Kleine nach ein paar

Monaten plötzlich starb. Auch eine Tochter wurde zu Grabe getragen, nur Maria Theresia, die im Jahre 1717 das Licht der Welt erblickt hatte, und ihre Schwester Maria Anna sollten das Erwachsenenalter erreichen.

Kaiser Karl war ein gebildeter Mensch, wie sein Vater und sein Bruder sprach er mehrere Sprachen, war musikalisch, komponierte und dirigierte das Hoforchester, das er sich die stolze Summe von 159.000 Gulden im Jahr kosten ließ. Weil auch sein weiteres Steckenpferd, die Jagd, viel Geld verschlang, die aufwendige prunkvolle Hofhaltung unvorstellbar teuer war, verwunderte es kaum, dass die Kassen des Kaisers meist gähnend leer waren. Dazu kam, dass Karl wenig Interesse für diese „Alltäglichkeiten" zeigte, er wollte weltweit Handel treiben und gründete aus diesem Grund die Ostindische Handelsgesellschaft, der allerdings wenig Erfolg beschieden war, da sie zum Zankapfel mit den Seemächten wurde, sodass Karl von diesem Vorhaben Abstand nehmen musste, wohingegen die Orientalische Handelskompanie in der Levante erfolgreiche Geschäfte machte.

Kaiser Karl setzte die Tradition des Erzhauses insofern fort, als er Künstler und Wissenschaftler nicht nur ins Land holte, sondern sie auch förderte. So konnten Johann Lucas von Hildebrandt, Vater und Sohn Fischer von Erlach, Raphael Donner und viele namhafte Künstler die Stadt Wien zu einem barocken Zentrum ausbauen, das Belvedere für den Prinzen Eugen entstand genauso wie die Karlskirche und es erfolgte ein Umbau der Hofburg. Die Musikstadt Wien wurde zur kulturellen Metropole Europas.

Wenngleich Karls ganzes Sinnen und Trachten letztlich von der Nachfolgefrage beherrscht wurde, so bewirkte er doch Entscheidendes auch für den „kleinen Mann" und die Handwerksbetriebe in seinen Ländern: Er hob den Zunftzwang auf. Die „Zunftbefreiten" waren jetzt in der Lage, eigene Fabriken zu gründen; Betriebe wie Webereien auf dem Schottenfeld entstanden genauso wie die Wiener Porzellanmanufaktur, der Grundstock für die spätere Industrialisierung war gelegt.

Die Jahre in Spanien hatten den Kaiser geprägt, er umgab sich in Wien am liebsten mit spanischem Gefolge, wobei Michael Graf Althan als absoluter Favorit des Kaisers im Spanischen Rat saß. Am Wiener Hof nahm man dem Herrscher die Bevorzugung der Spanier übel, vor allem als man erkannte, wie intrigant und unzuverlässig sich die „Ausländer" gebärdeten, mit welchem Hochmut sie auf das österreichische Gefolge des Kaisers herabsahen. Manchmal bemerkte auch der Kaiser die Spannungen in seinem Hofstaat, dann machte er sich den Spaß und sprach im Spanischen Rat nur Wienerisch, sodass die Spanier kein Wort verstanden.

Die bigotten Spanier waren es auch, die Karl dazu brachten, gegen die Protestanten vorzugehen, indem er 1726 das umstrittene Protestanten-Patent erließ, wodurch auch die Evangelischen in den Alpengebieten zur Auswanderung gezwungen wurden. Wie seine einst protestantische Gemahlin diese rigorosen Maßnahmen ihres Mannes aufnahm, ist nirgendwo vermerkt!

Die Kriege, die Karl VI. gezwungen war zu führen, trugen die Handschrift des genialen Feldherrn Prinz Eugen von Savoyen, mit dem der Kaiser allerdings nicht wie seine Vorgänger wirklich zurechtkam. Wahrscheinlich war Karl der Ruhm, der den savoyischen Prinzen umgab, suspekt, obwohl ihn Eugen als „seinen Herrn" bezeichnete. Die meisten Schlachten, die Prinz Eugen für das Haus Habsburg gewann, führten vorübergehend zu Landgewinn, der aber im Laufe der Jahrzehnte durch das wechselhafte Kriegsglück wieder verloren ging. Der Spanische Erbfolgekrieg, der im Frieden von Rastatt sein Ende fand, brachte dem Kaiser immerhin bedeutende Gebiete in Italien wie Mailand, Neapel, Sardinien und die südlichen Niederlande, alles Territorien, die ihre Besitzer immer wieder tauschten. Den größten Ruhm erwarb Prinz Eugen allerdings im Osten gegen die Türken, es war ihm endlich gelungen, Belgrad einzunehmen und den Frieden von Passarowitz zu diktieren, wodurch Österreich weite Gebiete im Osten bekam. Durch die Eroberungen des Prinzen hatte die Monarchie die größte Ausdehnung im Laufe der Geschichte erreicht.

Die Kriege gegen die Türken und die Auseinandersetzungen mit den Franzosen im Westen belasteten das Leben Karls, der sich wahrscheinlich wie sein Vater Leopold ein geruhsameres Leben vorgestellt hatte, in dem er seinem Hauptinteresse huldigen konnte, der Jagd. So wie alle Habsburger vor und nach ihm war er ein begeisterter Jäger, der sich mit dem späteren Thronfolger Franz Ferdinand hätte messen können, was die Zahl der erlegten Tiere betraf. Mit großem Gefolge ging der Kaiser auf die Pirsch, wobei sich sein zukünftiger Schwiegersohn Franz Stephan von Lothringen als besonders treuer Begleiter erwies, der als Jugendlicher an den Wiener Hof gekommen war. Als lustiger Jagdkumpan schätzte der Kaiser den jungen Mann sehr, sodass er schließlich nicht umhinkonnte, ihn auch als Schwiegersohn zu akzeptieren, da sich seine ältere Tochter Maria Theresia ausgerechnet den Lothringer in den Kopf gesetzt hatte. Ursprünglich hatte Karl andere Heiratspläne mit dieser Tochter gehabt, wenngleich er mit dem Rat des Prinzen Eugen nicht viel anfangen konnte. Auf Vorschlag des Savoyers sollte der Kaiser Maria Theresia mit Friedrich von Preußen vermählen, wobei der preußische Prinz dieser Eheverbindung nicht abgeneigt gewesen wäre. Aber Maria Theresia erwies sich in dieser Herzensangelegenheit nicht manipulierbar, sie wollte ihren „Mäusl" Franz Stephan und sonst keinen!

Je älter Kaiser Karl wurde, desto mehr bewegte ihn die Nachfolgefrage, wobei er erklärte, dass die habsburgischen Länder „indivisibiliter ac inseparabiliter" für ewige Zeiten sein sollten. Die Habsburger Monarchie sei als ein „Ganzes" anzusehen, wobei die weibliche Erbfolge gesetzlich geregelt wurde. An erster Stelle standen die Töchter von Kaiser Karl, Maria Theresia und Maria Anna. Sollten diese ohne Erben sterben, traten die Töchter von Kaiser Joseph I. an ihre Stelle, dann die Töchter von Kaiser Leopold. Diese gesetzliche Regelung ist als Pragmatische Sanktion in die Geschichte eingegangen und dauerhaft mit dem Namen von Kaiser Karl VI. verbunden.

Der Kaiser wusste auch, dass diese Regelung einer europäischen Bestätigung bedurfte. Was sich als schwieriger erwies, als er es sich vorgestellt hatte. Erst im Jahre 1722 ließen sich die Ungarn herbei, diese Vereinbarung zu akzeptieren. Karl musste in ganz Europa weitgehende Zugeständnisse machen, damit Spanien 1725 und England 1731 die Pragmatische Sanktion anerkannten. Prinz Eugen hatte mit seinem Ausspruch sicher recht, dass eine starke Armee besser gewesen wäre als tausend Unterschriften.

Zu den Problemen im Westen und Osten traten neue auf, als der polnische König August starb. Zwei Kandidaten bewarben sich um den vakanten Thron, der Kurprinz von Sachsen Friedrich August, der von Kaiser Karl und auch von Katharina von Russland unterstützt wurde, und der Favorit Ludwigs XIV., Stanislaus Leszczyński. Überraschenderweise ging die Krone an den Sachsen, während sich im Westen das politische Karussell drehte und Stanislaus Leszczyńki, der polnische Schwiegervater des französischen Königs Ludwig XV., das Herzogtum Lothringen erhielt, auf das eigentlich Franz Stephan, der Schwiegersohn des Kaisers, Anspruch gehabt hätte. Der Gemahl Maria Theresias sollte bei der Länderrochade nicht leer ausgehen, denn nach dem Aussterben der Medici entschädigte man ihn mit der Toskana. Im Präliminarfrieden von Wien kam es schließlich zu einem Ausgleich mit Frankreich 1735 – und der Anerkennung der Pragmatischen Sanktion durch die Vertreter des französischen Königs.

Karl verabsäumte es beinah sträflicherweise, Maria Theresia in die politischen Geschäfte einzuführen. Ihr Leben und ihr politisches Handeln wären sicherlich anders verlaufen, hätte sich der Vater tatsächlich damit abgefunden, dass ihm das Schicksal einen überlebenden Sohn verwehrte.

Mit Karl VI. erlosch der Mannesstamm der Habsburger und auch die jahrhundertelange Verankerung im spanischen Hofzeremoniell, das Karl sogar noch auf seinem Sterbebett am 20. Oktober 1740 beanspruchte. Mit ersterbender Stimme tadelte er den Geistlichen, der ihm die Letzte Ölung verabreichte. Man hatte nur zwei Kerzen angezündet, einem Kaiser aber gebührten vier!

*

Für den ungewöhnlich vitalen Kaiser war es beinah unverständlich, dass seine schöne Gemahlin nicht in der Lage war, ihm nach dem Tod des kleinen Leopold weitere Söhne zu schenken. Er kam auf die sonderbarsten Ideen, wie seine Gattin animiert werden könnte, möglichst oft mit ihm das Ehebett zu besteigen. Karl heuerte Maler an, die die Schlafgemächer des Kaiserpaares mit erotischen Szenen ausmalten, die auf Elisabeth Christine anregend wirken sollten. Dazu flößte er seiner Gemahlin möglichst viel Wein ein, was zur Folge hatte, dass die bis dahin makellose Figur der Kaiserin aus allen Fugen krachte und ihr schönes Gesicht aufgedunsen wirkte. Da der Alkohol die Kaiserin auch geistig veränderte, war es nicht verwunderlich, dass sich die Töchter mehr und mehr von der Mutter zurückzogen und Elisabeth Christine immer mehr vereinsamte. Sie zog es nämlich vor, sich nicht in Intrigen und private Streitigkeiten am Kaiserhof einzumischen, wo immerhin noch zwei Kaiserinnen – Amalie Wilhelmine, die Witwe von Kaiser Joseph I., und Eleonore Magdalene, die Schwiegermutter von Elisabeth Christine – kleine Machtkämpfe ausführten. Nach dem Tod von Kaiser Karl VI. überließ Maria Theresia der Mutter Schloss Hetzendorf als Witwensitz. Gicht, Rheuma und Atemnot plagten die alternde Frau, die mehr und mehr depressiv wurde. Drei Kinder und ihren Gemahl hatte sie zu Grabe getragen, bevor sie selbst im Dezember 1750 beigesetzt wurde.

Maria Theresia

Die Mutter Europas

Sie war nicht nur eine reiche Prinzessin und dadurch als Braut begehrenswert, sie galt auch als das schönste Mädchen ihrer Zeit. Selbst welterfahrene Diplomaten gerieten geradezu ins Schwärmen, so auch der preußische Gesandte in Wien, als er einen Bericht über die Vorzüge der jungen Maria Theresia nach Berlin schickte: „Sie hat ein rundes, volles Gesicht und eine freie Stirn. Die gut gezeichneten Augenbrauen sind, wie auch die Haare, blond, ohne ins Rötliche zu schimmern. Die Augen sind groß, lebhaft und zugleich voller Sanftmut, wozu ihre Farbe, die von einem hellen Blau ist, beiträgt … Man kann nicht leugnen, dass sie eine schöne Person ist."

Es war nicht das Äußere allein, wodurch das junge Mädchen anziehend wirkte, zu seinem ebenmäßigen Gesicht kam eine schlanke, wohlgeformte Gestalt, die aber im Laufe der Zeit durch die Geburt von 16 Kindern und aufgrund des gesegneten Appetits in die Breite ging. Kaiser Karl VI. und seine Gemahlin konnten mit Wohlgefallen auf ihre älteste Tochter blicken, die in Ermangelung eines Sohnes dereinst die Nachfolge des Vaters antreten sollte. Dies würde ihr in den österreichischen Ländern nicht schwerfallen, war sie doch schon von klein auf der Liebling der Wiener, die das leutselige, stets freundlich winkende charmante Mädchen ins Herz geschlossen hatten, dessen Verhalten so ganz und gar nicht zum spanischen Hofzeremoniell passte, das Maria Theresia auf Schritt und Tritt umgab.

So wie alle Kaisersprösslinge war ihre Jugend geprägt vom Erlernen der verschiedenen Sprachen der Monarchie, dazu kamen Musik und Tanz, dem die spätere Kaiserin begeistert huldigte. Noch als junge Ehefrau sah man sie halbe Nächte auf dem Tanzparkett, wenn sie mit ihrem

Gemahl Franz Stephan von Lothringen, ihrer großen Jugendliebe, einer Veranstaltung die Ehre ihrer Anwesenheit zukommen ließ.

Für Maria Theresia, die am 13. Mai 1717 als zweites Kind von Kaiser Karl das Licht der Welt erblickt hatte, war es nicht leicht gewesen, den lothringischen Prinzen, der schon viele Jahre am Wiener Hof eine Ausbildung zum echten Kavalier absolvierte und in den sie sich unsterblich verliebt hatte, als ihren Ehemann durchzusetzen. Der Vater hatte zunächst andere Pläne mit seiner schönen Tochter gehabt, selbst der Sohn des Preußenkönigs, der spätere Widersacher Maria Theresias, Friedrich, war als eventueller Bräutigam im Gespräch, aber das Reserl blieb bei seiner Weigerung, auch nur einen von den Heiratskandidaten in die engere Wahl zu ziehen. Sie wollte Franz Stephan und sonst keinen! Und da Kaiser Karl den jungen Prinzen als lustigen Jagdkumpan schätzte, gab er seinem Vaterherzen einen Stoß und willigte in diese nicht standesgemäße Heirat ein. Mit dem Lothringer hatte er zwar einen zunächst mittellosen Prinzen akzeptiert, der aber durch seine geniale Begabung für Geldangelegenheiten aus der ihm zugewiesenen Toskana ein finanziell bestens dastehendes Land machte, wobei er selbst reich wurde und so nicht nur einmal seiner Gemahlin aus einer Finanzkrise helfen konnte.

Maria Theresia war es vergönnt gewesen, eine sorgenfreie Jugend zu genießen, an der die Aja, die ihr zur Seite stand und die von der Prinzessin liebevoll „Fuchsin" genannt wurde, großen Anteil hatte. Es wäre allerdings für die Zukunft sinnvoll gewesen, hätte der Kaiser seine Tochter in die wichtigsten Staatsgeschäfte eingeweiht. Doch die Hoffnung auf einem Sohn verhinderte eine politisch sinnvolle Ausbildung Maria Theresias, sodass sie, als der Vater im Jahre 1740 überraschend starb, mit ihren 23 Jahren und wieder in anderen Umständen plötzlich im Brennpunkt des internationalen Geschehens stand. Eigentlich wäre ihre Situation zum Verzweifeln gewesen, hätte Maria Theresia nicht ihren Ehemann, ihren „Mäusl", als ruhenden Pol neben sich gehabt sowie fähige, dem Kaiserhaus ergebene Minister und Ratgeber, auf die sich die junge Frau blind verlassen konnte.

Denn kaum hatte sich in Europa der Tod des Kaisers herumgesprochen, als schon die ersten kriegerischen Töne zu vernehmen waren: Vergessen waren alle Versprechungen, die weibliche Erbfolge im Hause Habsburg zu akzeptieren, zerrissen alle Verträge, die dies bestätigt hatten. Die österreichischen Länder schienen ein Jagdgebiet für alle zu sein, die unter sich die Beute aufteilen wollten.

Maria Theresia hob den Fehdehandschuh auf, der ihr vonseiten Preußens und Bayerns vor die Füße geworfen worden war: Sie wollte um ihre Länder kämpfen, koste es, was es wolle. Selbst als die Bayern schon vor Linz standen und sich Kurfürst Karl Albrecht zum König von Böhmen krönen ließ, warf sie die Flinte nicht ins Korn, sondern eilte nach Pressburg, wo sie die ungarischen Magnaten um Hilfe anflehte. Die Rechnung, die die Erzherzogin angestellt hatte, ging auf. Die Ungarn waren von der in Bedrängnis geratenen schönen jungen Frau so hingerissen, dass sie sie nicht nur zur Königin von Ungarn krönten, sondern ihr auch versprachen, sie mit Geld und Soldaten zu unterstützen.

Damit hatten die Bayern nicht gerechnet, die nach wie vor die oberösterreichischen Gebiete besetzt hielten, vor allem nicht mit dem schnellen Eingreifen des Fürsten Khevenhüller, der die Feinde vertrieb, sie verfolgte und schließlich in München einzog. Maria Theresia, Erzherzogin von Österreich, Königin von Ungarn und Böhmen, hätte aufatmen können, hätte nicht im Norden ein viel gefährlicherer Feind gelauert, der junge Preußenkönig Friedrich II., der im selben Jahr wie sie, 1740, auf den Thron gelangt war, ein Machtmensch, unzugänglich und kompromisslos. Er hatte es sich in den Kopf gesetzt, der jungen österreichischen Herrscherin nicht nur Schlesien wegzunehmen, sondern ihr auch im Allgemeinen das Leben schwer zu machen, obwohl er seine Achtung vor der starken Frau nicht verbarg. So bezeichnete er seine Widersacherin als die „Frau mit dem Herzen eines Königs", ein unglaubliches Kompliment für einen Mann, der sich sonst wenig mit den Herzen der holden Weiblichkeit beschäftigte!

Maria Theresia war aufgrund der ständigen Provokationen Preußens in lange und blutige Kriege verwickelt, wie in die Schlesischen Kriege und den Siebenjährigen Krieg, wobei sie es nicht wahrhaben wollte, dass sie am Ende das reiche Kronland Schlesien bis auf ein Randgebiet für immer verlieren sollte. Dieser Verlust des „schlesischen Juwels" schmerzte die Kaiserin ganz besonders, denn durch die Abtretung dieses wirtschaftlich florierenden Landstrichs beiderseits der Oder wurde zudem noch der Anteil der deutsch sprechenden Bevölkerung in ihrem Reich drastisch verringert.

Die deutschen Reichsfürsten, die für die Kaiserwahl verantwortlich zeichneten, hatten sich in der für sie neuen Situation nicht entschließen können, eine Frau als offizielle Kaiserin des Heiligen Römischen Reiches zu wählen. Sie hoben den ungeeigneten bayerischen Kurfürsten Karl Albrecht auf den Kaiserthron, eine Jammergestalt wie aus dem Bilderbuch, der die Kaiserwahl nicht lange überleben sollte. Nach seinem Tod kamen die Kurfürsten darin überein, den Gemahl Maria Theresias zum Kaiser zu wählen. Beide, Franz Stephan und seine Gemahlin, traten im Jahre 1745 den Weg nach Frankfurt an, wo die Vorbereitungen für die Krönungszeremonie schon in vollem Gang waren. Für Frankfurt war wieder ein besonderes Fest, ja beinahe ein Spektakel angesagt, das kein Geringerer als der Dichterfürst Johann Wolfgang von Goethe beschrieb. Denn allein der zerschlissene Krönungsmantel und die mottenzerfressenen Schuhe ließen den zur Krönung Schreitenden wie ein Gespenst erscheinen, aber sicherlich nicht wie einen bald mit den Reichsinsignien gekrönten Kaiser. Maria Theresia, der man angeboten hatte, sie mit der Kaiserinnenkrone zu krönen, hatte diese Ehre abgelehnt und es vorgezogen, von einem Fenster in der Nähe des Römers die Zeremonien zu beobachten. Als ihr Gemahl aus der Kirche trat, sprang sie auf und rief, indem sie ihr Schnupftuch schwang, aus vollem Herzen: „Vivat! Vivat!" Alle, die dies hörten, brachen in lauten Jubel aus, vor allem als der frisch gekrönte Kaiser seiner Gattin mit erhobenen Händen lachend Reichsapfel und Zepter zeigte. Was für ein fröhliches Kaiserpaar!

Wenn auch Franz Stephan frisch gekrönter Kaiser war, so hatte er niemals die Absicht, seiner Gemahlin in politischer Hinsicht irgendwelche Vorschriften zu machen, ja sich nicht einmal in die politischen Abläufe einzumischen. Er blieb der Mann an ihrer Seite, aber im Hintergrund, der zur Stelle war, wenn er gebraucht wurde, worauf sich seine Gemahlin felsenfest verlassen konnte. So wie auf ihre treuen Berater, wie auf den Staatskanzler Kaunitz, die Heerführer Laudon und Daun sowie den Grafen Haugwitz, denen sie allerdings mit ihren Moralvorstellungen, die sie wegen der zahlreichen Affären ihres Mannes entwickelte, das Leben schwer machte. So wie viele Adelige ihrer Zeit war Kaunitz für seine freizügigen Amouren bekannt, die in den Augen der Kaiserin absolut verwerflich waren. Und da Kaunitz nicht nur ein gewisser Sinn von Humor nicht abzusprechen war, sondern er auch auf sein gutes Einvernehmen mit der Kaiserin vertraute, provozierte er Maria Theresia, indem er zur Audienz in einer Kutsche vorfuhr, in der sich deutlich sichtbar einige seiner „Favoritinnen" befanden. Als die Kaiserin begann, ihn aufs Schärfste wegen seiner Unmoral zu rügen, meinte er lakonisch: „Madame, ich bin hierhergekommen, um mit Ihnen über Ihre und nicht über meine Angelegenheiten zu sprechen."

Zunächst war die Kaiserin macht- und ratlos. Dann rächte sie sich auf ihre Art: Bei der nächsten Audienz, die sie Kaunitz gewährte, ließ sie trotz grimmiger Winterkälte alle Fenster weit öffnen, sodass der Staatskanzler, ein ängstlicher Hypochonder, fürchtete, sich in der Eisesluft den Tod zu holen. Maria Theresia war ein Leben lang eine Frischluftfanatikerin. Sie schlief jahraus, jahrein bei offenem Fenster und verrichtete ihre Morgen- und Abendtoilette mit kaltem Wasser. In diesem Sinne suchte sie auch ihre 16 Kinder zur Abhärtung zu erziehen, wobei sie streng auf Hygiene und Sauberkeit achtete und die Einhaltung ihrer Anordnungen bei jedem Kind einzeln streng kontrollierte.

Die Kaiserin, als die sie als Gemahlin des Kaisers bezeichnet wurde, war eine Frau, die keine Muße kannte, die von vier Uhr früh im Sommer und von sechs Uhr im Winter bis in die Nachtstunden ununterbrochen arbeitete. Denn außer den Kriegen, die sie gezwungen war zu führen, krempelte sie den ganzen Staat durch weitreichende Reformen in seinem Inneren um. Da sie am Anfang ihrer Regierungszeit kaum genügend Soldaten gehabt hatte, um die Feinde abzuwehren, war eines ihrer Hauptziele die Umgestaltung des Heeres. War bisher die Rekrutierung der Soldaten durch die Stände erfolgt, so traten jetzt staatliche Konskriptionen in Kraft, die strategische Ausbildung der Offiziere wurde vereinheitlicht, wobei die Theresianische Militärakademie in Wiener Neustadt sowie die Favorita in Wien das Rüstzeug liefern sollten. Auf diese Weise entstand ein modernes schlagkräftiges Heer, das vor allem gegen die Preußen einzelne Siege erfocht. Um die Truppen gut zu versorgen, wurden Fabriken gegründet, deren Waren ein besonderes Qualitätssiegel bekamen, sodass sie im ganzen Reich, in dem die Zwischenzolllinien (außer in Ungarn, Tirol und Triest) abgeschafft wurden, gefragt waren.

Ein ganz besonderes Anliegen der Kaiserin war eine Reform der Justiz, wobei das Strafrecht vereinheitlicht und die Gewaltentrennung durchgesetzt wurden. Später, als ihr Sohn Joseph schon auf dem Kaiserthron saß, verfügte Maria Theresia im Jahre 1776, dass die Folter abgeschafft werden sollte. Die Kaiserin setzte die Ideen der Aufklärung wenn auch nicht in allem, so doch in vielen Bereichen durch, sie nahm manches vorweg, was ihr Sohn Joseph als Kaiser weiterführte. Im Gegensatz zu ihrem ungeduldigen Sohn bewahrte sie die entsprechende Ausgeglichenheit, sie brach nichts übers Knie, sie konnte abwarten. Die Gesetze, die sie zum Wohle der Bevölkerung erließ, waren durchdacht und ausgereift, wie die allgemeine Schulpflicht, die das Bildungsniveau der einfachen Bevölkerung heben sollte. Um ihre Ideen in ihren Ländern durchsetzen zu können, kam es zum Aufbau einer grenzüberschreitenden Bürokratie, die für die Strukturierung in den jeweiligen Landesteilen verantwortlich zeichnete, wobei die Erbländer in einzelne Kreise eingeteilt wurden, die Kreisverwaltungen wurden von den Regierungen kontrolliert, über denen sich das „Directorium in publicis et cameralibus" befand. Dazu waren Katasterpläne notwendig, die von besonderen Experten erstellt wurden.

Man kann in der Nachschau mit Fug und Recht behaupten, dass die Länder, in denen Maria Theresia herrschte, durch sie den Weg in eine moderne Zeit fanden. Wenn die Kaiserin auch in der Außenpolitik wenig erfolgreich war, so gebührt ihr Respekt und Anerkennung für die innerpolitischen Maßnahmen, die unter ihrer 40-jährigen Regierung durchgeführt wurden. Maria Theresias ganze Liebe gehörte – außer ihrem Ehemann – dem Staat. Sie entwickelte sich im Laufe der Zeit zu einer echten Landesmutter, die nicht nur versuchte, den Staat umzukrempeln, sondern auch für Sitte und Moral einzutreten. Denn im Zuge der barocken Lebensfreude war Wien nicht nur zur Kulturstadt geworden, sondern auch zu einem Ort, wo das Laster blühte. Und weil der Ehegatte der Kaiserin auch kein Mann der Traurigkeit war und den schönen Damen aus den Adelskreisen nicht widerstehen konnte, zeigte Maria Theresia besonderes Interesse, dem lockeren Leben Einhalt zu gebieten. Sie setzte Keuschheitskommissionen ein, deren Mitglieder die willigen Damen aufspüren und anzeigen sollten. Dass die Kaiserin darin weder Maß noch Ziel kannte, berührte die Damen der Gesellschaft herzlich wenig, aber für so manche unverbesserliche Dirne war es ein schwerer Schicksalsschlag, wenn sie zur Strafe für ihr liederliches Treiben außer Landes gebracht werden sollte.

Allmählich war aus dem feschen, lustigen „Reserl", das selbst dem verbotenen Glücksspiel Pharao huldigte und an so manchem Abend viel Geld verspielte, eine beinah bigotte Herrscherin geworden. Sie besuchte mehrmals täglich die Messe, versäumte keine Andacht und führte, solange sie noch gut bei Fuß war, die Prozessionen an. Auch ihre Kinder wurden streng in diesem Glauben erzogen, wobei ihnen des Guten zu viel zugemutet wurde, denn anders ist das Vorgehen ihres Sohnes Joseph, als er endlich Alleinherrscher war, gegen die Jesuiten und die „betenden" Orden nicht zu verstehen.

Maria Theresia galt als die Mutter der Monarchie, aber war sie auch eine gute Mutter für ihre zahlreichen Kinder? Bei dieser Frage scheiden sich die Geister, denn nur einer einzigen Tochter, ihrem Liebling Marie Christine, gestattete sie, den Mann ihres Herzens zu heiraten. Alle anderen Kinder opferte sie der Staatsräson! Wobei es zunächst wie ein glücklicher Zufall aussah, dass sich Joseph in die von der Mutter ausgesuchte Isabella von Parma tatsächlich verliebte. Als allerdings die junge Frau nach nur kurzer Ehe an den Pocken starb, ging die Mutter für ihn wieder auf Brautschau und zwang Joseph beinah, die bayerische Maria Josepha gegen seinen Willen zu heiraten. Eine Katastrophe für beide!

Ihre 16 Kinder sah die Kaiserin als politisches Kapital. Durch die entsprechenden Heiraten versprach sie sich eine Beruhigung der politischen Szene in Europa. Selbst mit dem „Urfeind" Frankreich sollte endlich auf familiärer Basis ein dauerhafter Frieden entstehen, wobei Maria Theresia die tragische Entwicklung in Frankreich nicht vorhersehen konnte.

Als ihr geliebter „Alter" Franz Stephan von Lothringen unmittelbar nach der Hochzeit seines Sohnes Leopold 1765 in Innsbruck nach einem Schlaganfall starb, war Maria Theresias Leben in der Öffentlichkeit beinah ausgelöscht. Sie legte die Trauerkleidung nie mehr ab, dabei war sie erst 48 Jahre alt. Obwohl ihr Sohn Joseph als Nachfolger seines Vaters zum Kaiser gekrönt wurde, hatte er zu Lebzeiten der starken Mutter wenig Einfluss auf die politische Entwicklung. Die letzten Jahre der Kaiserin waren für sie beschwerlich. Ihre große Körperfülle führte dazu, dass sie sich kaum bewegte und dadurch immer noch plumper wurde. Da sie keine Stiegen mehr steigen konnte und daher nicht in der Lage war, von einem Stockwerk der Hofburg in ein anderes zu gelangen, war man auf die Idee gekommen, ein Sofa so herzurichten, dass man die darauf sitzende Kaiserin wie in einem Aufzug rauf und runter lassen konnte. Einmal riss das Seil, als sie aus der Kapuzinergruft, wo ihr Gemahl beigesetzt worden war, wieder heraufgezogen werden sollte. Sie plumpste zurück in die Gruft und meinte, dass es Zeit wäre, zu ihrem Franzl für immer zu kommen.

Maria Theresia hat die Ära, in der sie lebte, wie keine andere Frau aus dem Hause Habsburg geprägt. Auf ihren Reformen konnte ihr Sohn Joseph aufbauen, sie hatte den Weg in eine moderne Zeit bereitet.

Am 29. November 1780 läuteten die Sterbeglocken und verkündeten der betrübten Wiener Bevölkerung den Tod der großen Frau.

*

Im Laufe der Zeit war aus dem entzückenden jungen Mädchen nicht nur aufgrund der vielen Geburten eine füllige Matrone geworden. Als begeisterte Esserin war sie nämlich nicht imstande, den Leckerbissen, die ihr tagtäglich serviert wurden, zu widerstehen. Ihr Leibarzt Gerard van Swieten sah mit Besorgnis den körperlichen Verfall seiner erhabenen Patientin. Da seine Ermahnungen, nicht so viel zu essen, auf taube Ohren stießen, verfiel er, als er zur kaiserlichen Tafel geladen wurde, auf eine List:

Er ließ sich einen Kübel bringen, den er neben sich stellte. Bei jedem Bissen, den die Kaiserin zum Munde führte, warf er von der gleichen Speise ein Stück in das Behältnis. Eine Zeit lang schaute Maria Theresia dem seltsamen Tun ihres Arztes erstaunt zu, dann fragte sie, was das alles zu bedeuten hätte, worauf van Swieten ihr den Inhalt des Kübels zeigte und meinte, dass es nun so im Magen Ihrer Majestät aussähe. Wenn überhaupt, brachte diese Aktion höchstens vorübergehenden Erfolg, denn die Kaiserin nahm weiterhin beständig zu.

Joseph II.

Der unverstandene Volkskaiser

Kaiser Joseph II., der noch zu Lebzeiten seiner mächtigen Mutter auf den Thron gehoben worden war, konnte mit seinen aufklärerischen Reformplänen, die er überhastet in die Tat umzusetzen suchte, nur scheitern, denn die Zeit war noch nicht reif. Joseph II. war 100 Jahre zu früh geboren! Wenn er auch später als Volkskaiser in die Geschichte Eingang finden sollte, so stieß er während seiner Alleinregierung mit seinen modernen Maßnahmen auf völliges Unverständnis ausgerechnet beim einfachen Volk, für das er eintrat. Sein Ziel war von Anfang an gewesen, zum Wohle seiner Untertanen zu regieren und das Los des kleinen Mannes in jeder Hinsicht zu verbessern. Aber selten verkannte man die guten Absichten eines Monarchen in so einem Ausmaß. Vielleicht stand ihm sein unberechenbares Wesen, sein undurchsichtiger Charakter im Weg, was ihn die Sympathien breiter Schichten des Volkes kostete. Beißende Ironie verbunden mit unerträglichem Zynismus zeichneten ihn aus und so mancher, der dem Kaiser offen entgegenkam, wurde durch diese negativen Eigenschaften abgestoßen.

Als Joseph am 13. März 1741 in der kaiserlichen Wiege lag, war die Freude über die glückliche Geburt eines Prinzen in Wien grenzenlos. Und plötzlich stieg auch der Vater des Knaben, Franz Stephan von Lothringen, dem man in Wien bisher wenig Sympathien entgegengebracht hatte, in der Gunst der Wiener. Endlich würde es wieder einen männlichen Habsburger auf dem Thron geben, wenn auch einen mit lothringischem Blut in den Adern. Der Kronprinz wurde nicht in der gemeinsamen Kindskammer mit seinen kleinen Schwestern erzogen, als Thronfolger sollte ihm eine besonders sorgfältige Ausbildung zuteilwerden, dies war der ausdrückliche Wunsch der Mutter. Die Erzieher hatten allerdings ihre liebe Not mit dem halsstarrigen Prinzen, der sich weigerte, mehr als das Allernotwendigste zu lernen. „I mag net" und „I wül net" waren seine häufigsten Antworten auf die Vorschläge seiner Lehrer, die er durch sein stures Wesen fast zur Verzweiflung brachte. Die Mutter ließ nicht locker und verlangte viel von ihm, was zu heftigen Protesten des jungen Mannes führte. Maria Theresia forderte aber so wie bei ihren anderen Kindern absoluten Gehorsam und hervorragendes Benehmen. Daher kannte sie auch bei ihrem Ältesten kein Pardon, sie akzeptierte in keiner Weise sein störrisches Verhalten und bestrafte seinen Ungehorsam streng, wobei es vorkam, dass Joseph sogar im Hausarrest eingesperrt war. Vielleicht waren die Methoden der Mutter zu drastisch und ungeeignet für dieses schwierige Kind, aber auch später, als Joseph längst erwachsen war, kam es immer wieder zu heftigen Auseinandersetzungen zwischen Mutter und Sohn, die dahingehend eskalierten, dass Joseph nicht nur einmal mit seinem Rücktritt als Mitregent drohte.

Als Joseph 17 Jahre alt war, überstand er die Blattern – ein kleines Wunder, bedenkt man, dass seine beiden Ehefrauen an dieser Krankheit sterben sollten. Jene tödliche Bedrohung musste ein gewaltiger Schock für den jungen Mann gewesen sein, denn Josephs Wesen veränderte sich beinahe schlagartig. Plötzlich begann er sich für all das zu interessieren, was er vorher kategorisch abgelehnt hatte. Hochintelligent wie er war, erkannte er endlich, wie wichtig gerade für einen Herrscher Kenntnisse in den humanistischen Wissenschaften waren. Daneben ließ er sich in zahlreiche Neuerungen auf technischem Gebiet einweihen, vor allem in die Geheimnisse der Kriegswissenschaften, denn er hatte hautnah die Niederlagen der österreichischen Heere gegen die preußischen miterlebt. So etwas sollte nie mehr passieren!

So wie viele seiner Vorfahren war Joseph II. musikalisch, weshalb die Mutter bedeutende Klavier- und Cellolehrer engagierte, seltsamerweise aber nicht den jungen Mozart, der aus unerforschlichen Gründen am Habsburger Hof keine Freunde fand. Bei den Treffen mit ausländischen Diplomaten parlierte der Thronfolger in den jeweiligen Fremdsprachen, was die Gesprächspartner schätzten, denn er beherrschte sowohl Französisch als auch Italienisch, Tschechisch und Ungarisch. Empfing er Vertreter des Hochadels in Wien, bevorzugte er den heimischen Dialekt. Bei dem undurchsichtigen Wesen Josephs war es vielfach für seine Gäste schwierig, den richtigen Ton und die passende Sprache zu wählen, denn es konnte vorkommen, dass er Besucher barsch zurechtwies, wenn sie nicht Deutsch sprachen. Joseph war zeit seines Lebens ein äußerst schwieriger Mensch, der nur in der kurzen Zeit seiner Ehe mit Isabella von Parma, die die Mutter eingefädelt hatte, seine Eiseskälte verlor. Er liebte seine schöne Gemahlin abgöttisch, die allerdings seine Liebe eher als Belastung empfand. In ihren Briefen an ihre Schwägerin Marie Christine beklagt sie ihre eheliche Situation, die ihr keinen Freiraum ließ und sie in eine wahre Todessehnsucht trieb. Nachdem sie Joseph eine Tochter geboren hatte, starb sie nach der Geburt eines zweiten Mädchens an den Pocken. Eine Katastrophe für den jungen Ehemann!

Aber das Leben ging weiter und Maria Theresia sah sich nach einer weiteren Braut für ihren ältesten Sohn in den infrage kommenden Familien um. Die Vorschläge, die sie Joseph unterbreitete, waren für den jungen Witwer inakzeptabel, in beleidigender Weise distanzierte er sich von einer Braut aus Sachsen, um sich schließlich für die bayerische Prinzessin Maria Josepha zu entscheiden. Die Ehe erwies sich von Anfang an als Fehlgriff, da Joseph sich weigerte, mit seiner Gemahlin zusammenzuleben. Er ließ eine Mauer zwischen ihren Gemächern errichten, damit er vom Anblick Maria Josephas verschont blieb. Selbst als die arme Frau von den Pocken befallen wurde, kümmerte sich Joseph herzlich wenig um sie, er besuchte lediglich seine Mutter, die ebenfalls an den Blattern erkrankt war und die viel zu spät eingesehen hatte, was sie mit dieser dem Sohn aufgezwungenen Ehe angerichtet hatte.

Nach dem Tode Maria Josephas lehnte es Joseph kategorisch ab, sich noch einmal zu binden. Als sinnlicher Mensch besuchte er die diversen Etablissements, wo er bei den willigen Damen nicht unbedingt gern gesehen war, da er als zynischer Geizhals galt.

Joseph war noch zu Lebzeiten seines Vaters, des Kaisers, zum römischen König in Frankfurt gekrönt worden und im September 1765 ernannte ihn seine Mutter zum Mitregenten, eigentlich ohne Portefeuille. Denn nach wie vor ließ es sich Maria Theresia nicht nehmen, die Geschicke ihrer Länder in allen Punkten zu bestimmen, obwohl sie nach dem plötzlichen Tod ihres Mannes in einer Art Schockstarre beschlossen hatte, sich in ein Kloster zurückziehen zu wollen. Schon bald revidierte sie diesen Entschluss, wobei sie dem Sohn die Kompetenzen für Hofangelegenheiten und die Außenpolitik übertrug, allerdings mit der Auflage, dass er sich in militärischen Dingen mit dem Staatskanzler Kaunitz absprechen sollte, dem ihr ganzes Vertrauen gehörte. Da Joseph öfter selbstherrliche Entscheidungen traf, kam es nicht nur einmal zu Zerwürfnissen mit der dominanten Mutter, eine für beide höchst unerquickliche Situation.

Besorgt äußerte sich Maria Theresia über ihren impulsiven Sohn, der bei Hofe alles umkrempeln wollte, angefangen von der, wie er meinte, sinnlosen Etikette bis hin zu den täglichen Messen und Andachten, unter denen er als Kind schon gelitten hatte. Viele Neuerungen, die Joseph ins Auge fasste, erregten den Unwillen der Kaiserin, vor allem, weil der Sohn durch die Unbeherrschtheit, die er an den Tag legte, nicht in der Lage war, seine Pläne in moderater Weise vorzutragen. Joseph litt unter der Mutter so wie sie, die mit seiner Unrast und seiner Ruppigkeit nichts anzufangen wusste.

Im Jahre 1766, ein Jahr nach dem Tod des kaiserlichen Vaters, schrieb Maria Theresia an ihren Sohn mahnende Worte: „Glaubst Du, dass Du mit Deiner Art, mit Menschen umzugehen, Dir treue Diener erhalten wirst? ... Du redest schroff und verletzend, und das nicht im ersten Zorn, sondern nach reiflicher Überlegung, und greifst mit Deiner Ironie und Deinen Vorwürfen den Menschen ans Herz, die Du doch für die besten hältst und die Du Dir erhalten willst ... Ich fürchte, Du wirst niemals Freunde haben, denn nicht der Kaiser und der Mitregent redet aus Deinen beißenden, höhnenden und hässlichen Worten, sondern Josef selbst ... Ich will Dir in allen Deinen Talenten nur noch einen Vergleich sagen: Du bist eine Geisteskokette und läufst urteilslos hinterher, wo Du was von Geist und Witz erwischen zu können glaubst ..."

Als ein ganz besonders wunder Punkt zwischen Mutter und Sohn erwies sich Josephs Bewunderung für den Erzfeind Maria Theresias, für König Friedrich von Preußen. Allein schon die erste Begegnung der beiden Männer 1769 im schlesischen Neiße ließ die geistige Übereinstimmung erkennen. Der im Allgemeinen zurückhaltende, keineswegs herzliche Preußenkönig drückte seine Freude über den Besuch Josephs beinah überschwänglich aus, nachdem er den Kaiser umarmt hatte: „Dies ist der glücklichste Tag meines Lebens", worauf Joseph antwortete: „Nun sind meine Wünsche erfüllt!"

Für Maria Theresia mehr als ein Affront! Joseph, ihr eigener Sohn, bezeichnete Friedrich, der ihr unzählige schlaflose Nächte bereitet hatte, als seinen Meister! Aber die karge, schroffe Art, für die der Preußenkönig bekannt war, lag so ganz auf Josephs Linie. Außerdem war für ihn die Annäherung an Preußen von großer politischer Bedeutung, denn bei der Teilung Polens, die nach dem Ableben von König August III. von Polen zustande kam, zeigte es sich, dass nicht nur Russland und Preußen weite Gebiete dazugewannen, sondern auch Österreich zu den Nutznießern zählte.

Während die Mutter noch 15 Jahre nach dem Tod ihres Mannes regierte und Joseph in seiner Handlungsfreiheit eingeschränkt war, unternahm er weite Reisen durch halb Europa, meist sogar inkognito. Auf diese Weise verschaffte er sich ein genaues Bild von den Problemen seiner Untertanen, in die er als Kaiser kaum Einblick bekommen hätte. Wo immer er hinkam, übernachtete er in einfachen Unterkünften, gab sich mit derben Speisen zufrieden, verzichtete auf eine Dienerschar, sodass niemand auf die Idee kam, den Kaiser vor sich zu haben. Ein neugieriger Wirt beobachtete einmal den Gast beim Rasieren und fragte ihn, ob er den Kaiser kenne, worauf ihm Joseph lakonisch antwortete: „Ich rasiere ihn bisweilen."

Als er an den französischen Hof nach Paris reiste, wo seine jüngste Schwester Marie Antoinette an der Seite ihres Gemahls ein Luxusleben führte, ermahnte er sie eindringlich, sich auf ihre wahre Bestimmung als Königin zu besinnen und sich ernsthaft um das Volk zu kümmern. Wie immer nahm sich Joseph kein Blatt vor den Mund und erklärte der Schwester, wie er in Wien die kaiserlichen Gärten dem Volk zur Verfügung stellte, dass er sowohl die Leibeigenschaft der Bauern als auch endgültig die Folter abschaffen und die Macht der katholischen Kirche einschränken wollte. Hätte die Königin dem Volk das geforderte Brot gegeben, so wie es der kaiserliche Bruder vorgeschlagen hatte, hätte sie ihren Kopf sicherlich gerettet.

Es war wie ein befreites Aufatmen für Joseph, als er im Jahre 1780 nach dem Tod der Mutter die Alleinregierung übernehmen konnte. Endlich durfte er seine wichtigsten Ziele in die Tat umsetzen: 1781/82 erließ er

Toleranzpatente, wodurch auch den anderen Religionen in Österreich wie dem Protestantismus, dem Judentum und den Griechisch-Orthodoxen freie Religionsausübung gestattet wurde. Gleichzeitig ließ der Kaiser die „betenden" Orden aufheben und akzeptierte nur noch jene klösterlichen Einrichtungen, in denen Kranke gepflegt oder junge Menschen unterrichtet wurden. Diese Säkularisierung erzeugte viel böses Blut, denn im Zuge der Schließung der Klöster wurde auch viel wertvolles Kulturgut zerstört, wie immer bei derlei Gelegenheiten. Auf diese Weise machte sich der Kaiser natürlich bei der katholischen Geistlichkeit keineswegs Freunde, noch dazu, wo er daran ging, die Messen einzuschränken und Feiertage abzuschaffen.

Es war eine Reformkirche, die Joseph anstrebte, die allerdings durch die Einschränkungen, die mit ihr verbunden waren, keineswegs auf die Akzeptanz des Papstes zählen konnte. Daher kam es am 22. März 1782 zu einer ungewöhnlichen Begegnung: Papst Pius VI. traf mit kleinem Gefolge in Wien ein, um mit dem Kaiser die anstehenden Probleme zu diskutieren. Hätte der Heilige Vater sich besser über den Charakter Josephs informiert, so wäre ihm schnell bewusst geworden, dass er sich diese Reise hätte sparen können. Es sollte ihm nicht gelingen, Joseph, der seinem hohen Gast alle Ehren erweisen und ihn in eigens renovierten Räumen in der Hofburg unterbringen würde, zur Rücknahme seiner Reformen zu bewegen.

Es war viel, was Joseph gleichsam im Laufschritt erledigen wollte, wobei so manches, was die Wiener liebten, abgeschafft oder verboten werden sollte, wie das berühmt-berüchtigte Glücksspiel Pharao, genauso wie die nächtelangen Bälle, die die Menschen nach Josephs Ansicht zur Unmoral verführten, ja selbst die lustigen Schlittenfahrten sollten in Hinkunft unterbleiben. Als Asket war Joseph weder Spieler noch Tänzer, aber ebenso wenig ein guter Gesellschafter.

Das Leben in der Monarchie, vor allem in Wien, sollte einfach und klar durchschaubar sein, ohne Firlefanz und in allen Bereichen natürlich. Aus diesem Grund untersagte er den Damen sogar die Schnürbrust, ein absolutes Modeaccessoire, und verbot bei strengen Strafen die Schminke, ein besonderer Schlag für die modebewussten Damen aller Gesellschaftsschichten. Aber der Kaiser fühlte sich für jeden Einzelnen seiner Untertanen und deren Wohl und Weh verantwortlich, weshalb seine

Ärzte Erklärungen abgaben, demzufolge das Bleiweiß in der Schminke lebensbedrohlich sein konnte. Auch die rote Farbe fiel der Zensur zum Opfer, denn Joseph ließ die Creme mit so hohen Schutzzöllen belegen, dass die Mädchen und Frauen lieber auf die natürliche Gesichtsfarbe zurückgriffen.

„Nichts durch das Volk, alles für das Volk", lautete Josephs Devise, wobei er nicht bedachte, dass er, bei aller Volkstümlichkeit, niemals wirklich in die Seelen seiner Untertanen schauen konnte. Selbst wenn er auf so manchen Bildern hinter einem Pflug abgebildet wurde, den „Zehent" abschaffte und eine gleichmäßige Grundsteuer durch das Februarpatent in allen Ländern einführte, die allgemeine Unzufriedenheit, vor allem in Ungarn, konnte er nicht mildern.

Eine Großtat Josephs war sicherlich die Gründung des Wiener Allgemeinen Krankenhauses und die Errichtung eines eigenen Gebäudes für geistig Behinderte, die man bisher auf übelste Weise verspottet und gequält hatte, des sogenannten Narrenturms.

Alles, was sich Joseph als Erfolg auf seine Fahnen schreiben konnte, hatte er stets in großer Eile durchführen lassen. Es schien, als hätte er geahnt, dass ihm kein langes Leben vergönnt war.

Obwohl die Verdienste Josephs II. vor allem auf innerpolitischem Gebiet anzusiedeln sind, kam es unter seiner Regierung auch zu außenpolitischen Erfolgen, wie zum Erwerb der Bukowina, Galiziens und des Innviertels. Daneben versuchte er die Österreichischen Niederlande gegen Bayern zu tauschen, was aber am Einspruch Frankreichs scheiterte.

Über das nüchterne Liebesleben Josephs II. kursierten schon zu Lebzeiten des Kaisers die wildesten Gerüchte. Denn so wie er in seinem Lebensstil spartanisch war, so fantasielos waren auch seine diversen Abenteuer, die immer eine gewisse despektierliche Haltung den Frauen gegenüber erkennen ließen. Joseph II. war weder ein liebenswürdiger noch ein charmanter Mann, der sich nach dem Tod seiner ersten Gemahlin noch einmal hätte verlieben können.

Aus der Ehe mit Isabella stammten zwei Töchter, die im Kindesalter starben. In Ermangelung eines Sohnes ließ Kaiser Joseph seinen ältesten Neffen Franz aus Florenz kommen, den er zum Kaiser erziehen wollte. Der Knabe war schüchtern und eher menschenscheu, was sein aufbrausender Onkel kaum verstehen konnte. Auch die Braut für den Neffen suchte er höchstpersönlich schon lange vor der Hochzeit aus: Elisabeth Wilhelmine von Württemberg, die mit 15 Jahren nach Wien geschickt worden war, ein eher unscheinbares, aber äußerst liebenswürdiges Mädchen, um sich hier auf die Ehe mit dem zukünftigen Kaiser vorzubereiten. Die Hochzeit, die am 6. Januar 1788 in der Augustinerkirche stattfand, übertraf alles bisher Dagewesene. Niemand hätte dem als beinah geizig geltenden Kaiser so ein Fest zugetraut, das nach seiner eigenen Hochzeit mit Isabella von Parma sicherlich das festlichste Ereignis seines Lebens war.

Sehr viel Zeit blieb Joseph II. nicht mehr. Kurz nach der Hochzeit im März zog er mit dem jungen Ehemann an der Seite wieder einmal gegen die Türken ins Feld – es sollten die letzten Kämpfe mit ihnen sein –, als er, von Ruhr und Hustenanfällen geschwächt, wie ein Schatten seiner selbst zurückkehrte. Jahrelang hatte er seinem Körper viel zu viel zugemutet und nicht auf den Rat seiner Leibärzte gehört. Krank zu sein bedeutete für ihn Schwäche, und die akzeptierte er nicht!

Als Kaiser Joseph II. am 20. Februar 1790 starb, hatte er einige Tage vor seinem Tod den Menschen in seiner Umgebung, denen er vertraut hatte, großzügigste Geldgeschenke gemacht, indem er ihnen über eine halbe Million Gulden zukommen ließ. Mit den Worten „In Deine Hände, o Herr, empfehle ich meine Seele" verschied der Kaiser.

*

Als Knabe erlebte Johann Wolfgang von Goethe das festliche Ereignis der Kaiserkrönung Josephs in Frankfurt. In seinem Werk „Dichtung und Wahrheit" findet sich ein anschaulicher Bericht über diese Zeremonie: „Vater und Sohn waren wie Menächmen (Zwillinge, Anm. d. Verf.) überein gekleidet. Des Kaisers Hausornat von purpurner Seide. Mit Perlen und Steinen reich geziert, sowie Krone, Zepter und Reichsapfel fielen wohl in die Augen: denn alles war neu daran und die Nachahmung geschmackvoll. So bewegte er sich auch in seinem Anzuge ganz bequem, und sein treuherziges Gesicht gab zugleich den Kaiser und Vater zu erkennen. Der junge König hingegen schleppte sich in den ungeheuren Gewandstücken mit den Kleinodien Karls des Großen wie in einer Verkleidung einher, sodass er selbst von Zeit zu Zeit seinen Vater ansehend sich eines Lächelns nicht enthalten konnte. Die Krone, welche man sehr hatte füttern müssen, stand wie ein übergreifendes Dach vom Kopf ab. Die Dalmatica, die Stola, so gut sie auch angepasst und auch eingenäht worden, gewährte doch keineswegs ein vorteilhaftes Aussehen. Zepter und Reichsapfel setzten in Verwunderung; aber man konnte nicht leugnen, dass man lieber eine mächtige, dem Anzuge gewachsene Gestalt, um der günstigen Wirkung willen, damit bekleidet und ausgeschmückt gesehen hätte."

Leopold II.

Er regierte das Reich nur zwei Jahre lang

Als Leopold nach nur zweijähriger Regierungszeit in Wien die Augen für immer schloss, trug man einen Herrscher zu Grabe, der zu den fähigsten im Hause Habsburg zählte. War schon sein kaiserlicher Bruder Joseph II. mit seinen Ideen, die er in die Tat umzusetzen versuchte, ein moderner Reformer gewesen, so erreichte Leopold, der als Großherzog die Toskana regiert hatte, bevor er in Wien den Habsburger Thron bestieg, in seiner moderaten, ausgleichenden Art wesentlich mehr als sein ungestümer Bruder. Er machte das italienische Großherzogtum zu einem der fortschrittlichsten Staaten Europas und revidierte in Wien Anordnungen Kaiser Josephs II., von denen er überzeugt war, dass sie keineswegs vom Volk verstanden wurden.

Seine Ankunft in der Toskana, über die der erst 18-Jährige herrschen sollte, war keineswegs spektakulär, denn Leopold konnte sich nur mit Mühe auf den Beinen halten, als er am 13. September 1765 mit seiner Gemahlin der Kutsche entstieg, um die Huldigungen der Bevölkerung entgegenzunehmen. Die Anstrengungen der letzten Wochen waren zu viel für den ohnehin nicht vor Gesundheit strotzenden jungen Mann. Denn obwohl Leopold keineswegs bei Kräften war, hatten die Eltern seine Hochzeit mit der reizenden Maria Ludovica, der Tochter des spanischen Königs Karl III., in Innsbruck arrangiert, was die Wiener zutiefst bedauerten, da die Hochzeit eines Erzherzogs immer ein besonderes Spektakel war. Aber der Tod der schönen Isabella von Parma, der Gemahlin Josephs II., lag noch nicht so weit zurück, sodass man fürchten musste, die Erinnerungen an diese geheimnisvolle Frau würden noch zu belastend für die Kaiserfamilie und natürlich vor allem für den jungen Witwer sein.

Der Erzherzog hatte als dritter Sohn Maria Theresias und ihres Gemahls Franz Stephan von Lothringen das Licht der Welt erblickt. Seine Geburt am 5. Mai 1747 hatte sich endlos hingezogen, sodass die Ärzte, aber vor allem die geplagte Mutter dem Himmel dankte, als um Viertel nach zehn Petrus Leopoldus Josephus Johannes Antonius Joachim Pius Gotthardus den ersten Schrei von sich gab. Man hatte der russischen Zarin zu Ehren dem Kind den Namen Petrus gegeben, denn gute diplomatische Beziehungen zu Russland waren für Maria Theresia von großer Bedeutung. Auch war die Erinnerung an den weitblickenden Zaren Peter den Großen immer noch allgegenwärtig. Dass dieser Sohn tatsächlich in seinem Regierungskonzept in der Toskana und wegen seiner Reformfreudigkeit große Ähnlichkeiten mit seinem Namensvetter haben würde, konnte damals niemand ahnen.

Leopold war niemals der Liebling Maria Theresias gewesen, obwohl er viele positive Charaktereigenschaften von ihr geerbt hatte. Aber es war sicherlich schwierig, mit einer so dominanten Mutter auszukommen, die jedem einzelnen ihrer Kinder genau vorschrieb, was sie tun und zu lassen hatten. Hinsichtlich ihres Werdegangs scherte sie sich um kleinste Details und ließ sich von den jeweiligen Ajos und Ajas, die nach den Vorschriften der strengen Mutter die Kaiserkinder erzogen, genau über das Verhalten und die Lernfortschritte ihrer Zöglinge Bericht erstatten.

Die Jugendzeit Leopolds gestaltete sich insofern schwierig, als Maria Theresia von vielen schlechten Eigenschaften ihres Sohnes überzeugt war. Dazu kam, dass der zurückhaltende Knabe bei jeder nur möglichen Gelegenheit von seinem zum Zynismus neigenden Bruder gehänselt wurde, wobei Joseph gnadenlos die Schwächen des Jüngeren herausstellte. Vielleicht war dies der Grund, warum Leopold Nägel biss, unvermutet wild um sich spuckte, sich in vulgärstem Ton mit ordinären Worten auszudrücken versuchte, die man keineswegs aus dem Munde eines Kaisersohns erwartete.

Am meisten bemängelte die unnachsichtige Mutter die fehlende Aufrichtigkeit Leopolds. Sie bezeichnete ihn als tückisch und listig und befahl seinen Erziehern, diesen Charaktermangel unter allen Umständen auszumerzen. Dabei verwechselte sie vielleicht Schüchternheit und Zurückhaltung mit List und Tücke. Denn Leopold äußerte sich in einem Brief einmal dahingehend, dass er sich bemüht hätte, viel offener zu sein, dies aber zu seinem Nachteil ausgelegt wurde und er daher wieder sein verschlossenes Gesicht aufsetzen wollte.

Auch Leopold gelang es lange Zeit nicht, sich aus dem Dunstkreis der Mutter zu befreien, Maria Theresia schien immer und überall präsent zu sein. So wie bei allen anderen Kindern kümmerte sie sich peinlichst genau um den Werdegang Leopolds, der in der Familie und auch bei den Wienern immer nur der „Poldl" war. Dabei fiel es ihr wahrscheinlich nicht auf, dass innerhalb der zahlreichen Geschwister nicht nur eitel Freude und Wonne herrschten. Die Kaiserin bevorzugte ganz offensichtlich ihre Lieblingstochter Marie Christine, die am 13. Mai 1742, am Geburtstag der Mutter, das Licht der Welt erblickt hatte, sodass es ständig zu Eifersüchteleien und kleinen Bösartigkeiten zwischen den Brüdern und Schwestern kam. Vor allem der spätere Kaiser Joseph konnte die Hintansetzung gegenüber der Schwester in keiner Weise vertragen, scharfzüngig wie er war, verbreitete er in beleidigender ironischer Form die seltsamsten Gerüchte und brachte so die Geschwisterschar durcheinander. Dabei wusste eigentlich niemand so recht, wie er sich verhalten sollte, obwohl jeden Abend die Familie in scheinbar trauter Weise vereint war, denn sowohl Maria Theresia als auch ihr Gemahl legten größten Wert darauf, dass die Kinder mit ihnen spielten und fröhlich waren, wobei ständig neue Abwechslungen geboten wurden.

Das Familienleben wäre perfekt gewesen, hätte Maria Theresia nicht schon frühzeitig ihre Heiratspläne für die Söhne und Töchter aus rein politischen Gründen ausgearbeitet, wobei Zuneigung, Sympathie oder gar Liebe für sie keine Rolle spielten. Ihre Kinder waren gleichsam Schachbrettfiguren im Spiel um die Kräfteverhältnisse in Europa, die man strategisch bestens einsetzen konnte.

Leopold hatte Glück mit seiner Gemahlin, denn Maria Ludovica war nicht nur ein sehr hübsches Mädchen mit ihren strahlend blauen Augen und dem hellen blonden Haar, sie schenkte ihm auch 16 Kinder und erwies sich als verständnisvolle Partnerin, die die keineswegs seltenen Fehltritte ihres Mannes großzügig verzieh.

Als Leopold seine Braut in seinem bejammernswerten Zustand in Bozen kennenlernte, hatte er gerade mit Müh und Not die Sterbesakramente abgelehnt, die ihm im Auftrag seiner um sein Seelenheil besorgten Mutter ein Priester überreichen wollte, da er längere Zeit schon von heftigsten Fieberschüben geschüttelt wurde. Seine Durchfallerkrankung schwächte ihn so sehr, dass er kaum das Jawort vor dem Altar sprechen konnte und sofort nach der Trauung in seine Gemächer gebracht werden musste. Auch als sein kaiserlicher Vater 1765 ganz plötzlich noch in Innsbruck an einem Herzschlag starb, war er nicht in der Lage, an den Trauerfeierlichkeiten teilzunehmen.

Obwohl Franz Stephan sicherlich kaum an einen so frühen Tod gedacht hatte, hatte er für den Sohn, kurz bevor er starb, wichtige Anweisungen, welche die Politik in der Toskana betrafen, aufgeschrieben, die dieser vier Mal im Jahr lesen und berücksichtigen sollte. Sie enthielten neben allen möglichen Instruktionen auch ein „Memento mori", was man von dem lebensfrohen Kaiser niemals erwartet hätte.

Durch den Tod des Vaters war Leopold von einem Tag auf den anderen Großherzog in der Toskana geworden. Da Maria Theresia viele Schwierigkeiten auf den Sohn zukommen sah, verfasste sie für Leopold eine in französischer Sprache abgefasste Generalinstruktion, in der sie ihm alle Regierungsgeschäfte erläuterte. Neben wichtigen Informationen enthielten die Zeilen der Kaiserin auch beinah nebensächliche Details, die sie von ihrem Sohn verlangte. So forderte sie, dass Leopold Order geben solle, wonach unzüchtige Bilder, auf denen spärlich bekleidete oder nackte Personen abgebildet waren, aus den Galerien entfernt werden sollten. Neben ihrer bigotten Religiosität entwickelte Maria Theresia im Laufe ihres späteren Lebens eine geradezu prüde Hysterie, was Sitte und Moral anbelangte.

Mit Feuereifer stürzte sich der junge Großherzog in seine riesige Aufgabe, wobei hervorragende Berater wie Graf Franz Xaver Orsini-Rosenberg, Graf Johannes Goëss und natürlich sein alter Lehrer Graf Anton Thurn, den er als Bruder seines Vize-Ajos ganz besonders schätzte, ihm zur Seite standen. Da er frischen Wind in die verstaubte Politik bringen wollte, entließ er in allen Ehren verdiente Mitarbeiter, die während der Abwesenheit seines kaiserlichen Vaters die Verwaltung in der Toskana in Händen gehabt hatten. Diesen Schritt erwartete die florentinische Bevölkerung aber auch von ihm, denn die letzten Jahre waren von einem wirtschaftlichen Niedergang geprägt gewesen. Der neue Herrscher konnte die Situation nur verbessern.

Mit jugendlichem Elan machte sich Leopold an das gewaltige Werk, bereiste wochenlang die Toskana, nicht nur, um Land und Leute, sondern vor allem auch die Missstände kennenzulernen. An Ort und Stelle ließ er weitreichende Pläne ausarbeiten, die zur Besserstellung der Gebiete beitragen sollten. Um deren Verwirklichung kümmerte er sich höchstpersönlich.

Dass ausgerechnet sein Bruder Joseph ihm große finanzielle Probleme bereiten würde, damit hatte Leopold nicht gerechnet. Denn kaum hatte er sich in der Toskana etabliert, als Joseph mit Geldforderungen an ihn herantrat. Er ließ sich nicht davon abbringen, zwei Millionen Gulden einzufordern, die seinerzeit aus dem kaiserlichen Budget in der Toskana investiert worden waren, obwohl er wusste, dass der Bruder keineswegs finanziell auf Rosen gebettet war.

Das Verhältnis der beiden Brüder zueinander war ein Leben lang ambivalent. Einerseits verstand es Joseph meisterlich, den Bruder zu brüskieren, andererseits wandte er sich oft in besonderen psychischen Krisen an Leopold um Hilfe, wobei Joseph bei dem gutmütigen Bruder stets ein offenes Ohr fand. Erst später zog sich Leopold mehr und mehr zurück, als er erkannte, wie unausgeglichen Joseph in all seinen Handlungen war.

Eines aber hatten beide Brüder gemeinsam: Sie wollten in ihren Herrschaftsgebieten Reformen zum Wohle ihrer Völker durchführen und den Staat modernisieren: Joseph – ungeduldig wie er war – gleichsam von einem Tag auf den anderen, während Leopold in seiner bedächtigen Art nichts überstürzen wollte. Erreichte der Kaiser vielfach das Gegenteil von dem, was er sich vorgestellt hatte, so gelang es Leopold, zukunftsorientierte Neuerungen mit dem richtigen Maß durchzusetzen. Beide Brüder führten eine Kirchenreform durch, deren teilweise rigorose Maßnahmen von der Bevölkerung keineswegs begeistert akzeptiert wurden, wobei Leopold bei der Schließung zahlreicher Klöster wesentlich moderater als Joseph II. vorging. Ein besonderes Anliegen war für ihn, die Gerichtsbarkeit der Geistlichkeit einzuschränken und teilweise gänzlich abzuschaffen, denn er sah nicht ein, dass es immer noch Inquisitionsgerichte geben sollte, die Urteile wie im Mittelalter fällten, wonach die Delinquenten der Folter unterzogen wurden. Auch die allgemeine Gerichtsbarkeit nahm Leopold unter die Lupe, 1786 erschien ein neues Strafgesetzbuch, das der Großherzog in Auftrag gegeben hatte, in dem die Gedanken der Aufklärung klar erkennbar waren.

Leopold hatte schon als junger Herrscher erkannt, dass die Toskana nur dann zu bescheidenem Wohlstand kommen konnte, wenn er das System der Landwirtschaft von Grund auf reformierte. Durch die Trockenlegung der Maremma, einem Sumpfgebiet, war es gelungen, Land, das noch keinen Besitzer hatte, an arbeitswillige Leute zu vergeben. Daneben verbot er das „Bauernlegen", wodurch einst freie Bauern in die Leibeigenschaft der Grundherren getrieben wurden, wenn sie nach Missernten den vorgeschriebenen Zehent nicht zahlen konnten. Eine einheitliche Grundsteuer wurde auf Basis von Katastern eingeführt, während Leopold die Salz-, Wein- und Mehlsteuer, die gerade die Armen schwer traf, abschaffte.

Nach und nach entwickelte sich die Toskana durch das Wirken des habsburgischen Großherzogs zu einem modernen Musterstaat und Leopold selbst wurde zum Idol der toskanischen Bevölkerung, die ihn liebevoll „Pietro Leopoldo" nannte. Er war zweifellos, noch mehr als sein Bruder Joseph, ein genialer Herrscher, ein Wegbereiter der Zukunft.

Leopold arbeitete von früh bis spät, so, als wüsste er, dass nicht nur seine Tage in der Toskana gezählt waren. Dabei machten sich immer wieder gesundheitliche Probleme bemerkbar. Vor allem die Augen bereiteten ihm Sorgen, worüber er in einem Brief an den Bruder schrieb:

„Was Deine Augen betrifft, so bin ich recht böse darüber zu erfahren, dass Du darunter leidest, umso mehr, als ich aus Erfahrung weiß, wie schmerzhaft und unangenehm das ist. Ich leide furchtbar darunter, besonders jetzt, wo die Nächte lang sind und man sehr viel bei Kerzenlicht arbeiten muss. Ich wage Dir zu raten, nichts dagegen zu nehmen, aber sie am Morgen und am Abend mit frischem Wasser zu benetzen.

Was auch sehr viel Erleichterung bringt ist, am Abend mit einer einzigen Öllampe im Zimmer zu arbeiten, man leidet darunter weniger als unter dem Wachslicht. Ich habe einen Schirm vor der Lampe und einen anderen über den Augen, beide aus grüner Seide. Man muss auch die offenen Kamine meiden."

Zu den Hauptzielen des Großherzogs gehörte es auch, Bildung auf allen Lebensgebieten der breiten Bevölkerung zukommen zu lassen. Er setzte sich mit berühmten Wissenschaftlern in Verbindung, die sich voll des Lobes über die bildungspolitischen Maßnahmen, die Leopold setzte, äußerten, wie der berühmte Braunschweiger Professor Eberhard Zimmermann: „Auch hat sich die Toskana nicht nur von jeher aus allen Ländern Italiens in den Wissenschaften ausgezeichnet, sondern es sind auch seine heutigen Einrichtungen in Rücksicht der Universitäten gegen die übrigen italienischen Staaten die vorzüglichsten ... Durch die verehrungswürdigste, unablässig thätige Weisheit seines heutigen Regenten ..."

Leopold wälzte im Jahre 1790 noch viele Reformpläne für die Toskana, als ihn ein Brief Josephs erreichte, in dem er dem Bruder von seiner schweren Krankheit berichtete. Leopold machte sich noch kein richtiges Bild vom Ernst der Lage, denn er hatte sein lebenslanges Misstrauen dem Bruder gegenüber immer noch nicht abgelegt. Daher traf ihn die Nachricht vom Tode des Bruders wie ein Keulenschlag. Er hatte den Kaiserthron nie angestrebt, mit seiner Maria Ludovica, der großen Kinderschar und seiner Lieblingsmätresse Livia Raimondi führte er ein zufriedenes Leben in Florenz, das jetzt mit einem Schlag der Vergangenheit angehörte.

In Wien angekommen, musste er vom ersten Tag anerkennen, wie anders hier alles lief, welche Tücken das Wiener Parkett im Verborgenen für ihn bereithielt.

Ohne großes Zeremoniell übernahm Leopold die Herrschaft, wobei zunächst alles familiär in selbstständigen Bahnen verlief. Aber der Schein war trügerisch. Denn Leopold bemerkte instinktiv, dass die Reformen, die sein Bruder einführen wollte oder eingeführt hatte, in vielem modern, zu übereilt und manchmal auch zu drastisch waren. Daher hob er einzelne Beschlüsse auf, sodass schließlich nur das Toleranzpatent und eine Verbesserung der Lage der Bauern übrig blieben.

Tausend Dinge stürzten auf Leopold ein, der nach seiner Wahl zum Kaiser am 9. Oktober 1790 in Frankfurt gekrönt worden war. Denn plötzlich konnte er sich nicht nur mit der Innenpolitik befassen, jetzt musste er sich über außenpolitische Dinge den Kopf zerbrechen. Es drohte Krieg mit den streitbaren Preußen, ebenso machten sich die Türken im Osten lautstark bemerkbar. Leopold, dem Mann des Ausgleichs, gelang es, sowohl einen Waffengang mit den Preußen zu verhindern als auch eine Lösung mit dem Osmanischen Reich herbeizuführen.

In der kurzen Zeit seiner Regierung als Kaiser hatte Leopold die Hände voll zu tun, um überall, wo es brenzlig wurde, die Situation halbwegs zu beruhigen. Dazu kam, dass sich die Lage seiner Schwester Marie Antoinette von Tag zu Tag verschlechterte, sodass sich Leopold, wollte er die Schwester vor dem Schafott retten, gezwungen sah, mit Preußen am 7. Februar 1792 eine Defensivallianz zu schließen. Es war Leopolds letzte politische Handlung.

Der Kaiser war stark verkühlt aus Böhmen nach Wien zurückgekehrt, Bauchschmerzen quälten ihn und ein Kälteschauer jagte den anderen. So wie es üblich war, verordneten die zugezogenen Ärzte Aderlass und Klistiere. Dies schwächte Leopold so sehr, dass er wahrscheinlich, als er sich übergeben musste, an Erbrochenem erstickte. Der geniale Kaiser starb in den Armen seiner Gemahlin Maria Ludovica am 1. März 1792.

Sein Tod war völlig überraschend gekommen und für alle so erschütternd, dass es nicht mehr möglich war, ihm die Sterbesakramente, die er schon als junger Mann abgelehnt hatte, zu überreichen. Kaum war er in der Kapuzinergruft beigesetzt, als schon alle möglichen Gerüchte in Wien kursierten, dass er eventuell mit einer Limonade vergiftet worden wäre.

Seine Gemahlin, die auch akzeptiert hatte, dass Leopolds Mätresse Livia Raimondi, die einen Sohn von Leopold hatte, mit ihr gemeinsam nach Wien übersiedelt war, folgte dem über alles geliebten Gemahl nur zwei Monate später in die Gruft.

*

Leopold war ein begeisterter Anhänger des Pädagogen Pestalozzi und propagierte nach dessen Anregungen folgende Erziehungsprinzipien, indem er schrieb: „Man muss, indem man den Charakter der Kinder von Grund auf studiert, damit beginnen, dass man ihn nach ihren Neigungen zu bilden versucht, aber vor allem ist es notwendig, das Vertrauen der Kinder zu gewinnen, sie aufrichtig und offen zu machen und ihnen Abscheu vor jeder Lüge und Doppelzüngigkeit, Hinterlist, Klatscherei etc. einzuflößen ... Man muss ihnen die einzige Leidenschaft, die sie haben müssen, beibringen, nämlich die der Humanität, des Mitleids und des Verlangens, ihr Volk glücklich zu machen. Man muss ihr Gefühl zugunsten der Armen wecken ... Heutzutage, wenn unsereins ein Land erbt, ist das nicht mehr ein wohlerworbenes Eigentum, das ihm zufällt wie früher, sondern ein Amt, eine schwere Last; man muss sich den Kopf zerbrechen, wie man den neuen Untertanen möglichst zu gefallen regiere!"

Franz II. (I.)

Der „gute" Kaiser

Wer war der Mann, der zur gleichen Zeit über Jahre hinweg zwei Kaiserkronen trug, obwohl es besser gewesen wäre, hätte er nie einen Thron bestiegen? Zwei seiner Brüder, Erzherzog Carl oder Erzherzog Johann, wären sicherlich geeigneter gewesen als ausgerechnet Franz, der erstgeborene Sohn von Kaiser Leopold.

Sein Onkel Kaiser Joseph II. machte keinen Hehl daraus, dass er Franz keineswegs als idealen Nachfolger seines Vaters betrachtete. Wenig schmeichelhaft beschrieb er den Neffen: „Franz ist von Charakter eher langsam, heuchlerisch und gleichgültig, offenbart deshalb auch wenige entscheidende Leidenschaften. Dessen ungeachtet scheint er Energie und System im Charakter zu haben, er weiß für sein Alter theoretisch und praktisch sehr viel, aber alles ist Maschine, Diktandoschreiben, keine eigenen Gedanken."

Selten wurde die Geburt eines Thronfolgers so euphorisch gefeiert wie die des ältesten Sohnes von Kaiser Leopold. Die begeisterte Großmutter Maria Theresia platzte mitten in die Vorstellung im Wiener Hoftheater hinein und rief über die Logenbrüstung: „Kinder, Kinder, der Poldl hat an Buam!"

Dieser Enkel der dynamischen Kaiserin hatte so gar nichts von seiner temperamentvollen Großmutter geerbt, er geriet auch nicht nach seinem genialen Vater und seinem weit der Zeit vorauseilenden Onkel. In seiner phlegmatischen Art schätzte er Ruhe und Gemütlichkeit und verabsäumte dadurch, sich intensiv mit politischen Aufgaben zu beschäftigen. Für diese Angelegenheiten hatte er seine geistigen Handlanger, allen voran den Fürsten Metternich, der im Staat schalten und walten konnte, wie es ihm beliebte.

Der spätere Kaiser Franz wurde am 12. Februar 1768 in Florenz geboren, wo er auf Veranlassung des Vaters eine unbeschwerte Jugend verbringen konnte, denn der Großherzog der Toskana kümmerte sich selbst um die Erziehung seiner zahlreichen Sprösslinge. Leopold achtete darauf, dass die Kinder frei von Zwang und möglichst naturnah aufwuchsen, sie sollten nicht Prinzen und Prinzessinnen werden, sondern Menschen. Erst als Franz auf Geheiß Josephs II. nach Wien kam, um an der Seite des Onkels „das Kaiserhandwerk" zu erlernen, änderte sich die Lebensweise für den 16-Jährigen. Auf einmal hieß es für den jungen Mann, sich mit ernst zu nehmenden Aufgaben zu beschäftigen, wobei er oftmals harsche Kritik seines kaiserlichen Lehrmeisters einstecken musste. Denn Franz war nicht in der Lage, den oft abstrakten Gedankenflug Josephs nachzuvollziehen, geschweige denn, ihn weiterzuführen. Wenn auch der Onkel ab und zu die Bemerkung fallen ließ, dass er den Fleiß und die Ausdauer seines Neffen lobenswert finde, so machte er gleichzeitig die Anmerkung, dass man den langsamen Franz eigentlich mit einem Stock antreiben müsste.

Es war sicherlich kein leichtes Leben am Wiener Kaiserhof, das der junge Mann führte, vor allem, da ihn der Onkel auch auf einen Feldzug gegen die Türken mitnahm, was Franz zwar interessierte, aber doch auch in Unruhe versetzte. Da er natürlich nicht in die Kämpfe verwickelt war, wollte er dennoch etwas Positives leisten, weshalb er detaillierte Aufzeichnungen von Land und Leuten machte, von ihrer Lebensweise, ihren sozialen und bildungsmäßigen Problemen. Wenn er auch viele Dinge nur langsam auffasste, so erinnerte er sich aufgrund seines guten Gedächtnisses noch lange an einzelne Details.

An der Seite seines gut aussehenden Onkels und seines attraktiven Vaters hatte es der schüchterne junge Mann schwer, beim Volk einen positiven Eindruck zu hinterlassen. In seinem Äußeren glich er eher seinen vor Jahrhunderten lebenden Vorfahren, mit seinem langen Gesicht mit den schläfrigen Augen strahlte er alles andere als Dynamik aus. Von ihm waren keine weitreichenden Neuerungen zu erwarten, dessen konnte man sicher sein.

Der junge Erzherzog hatte noch nicht seine „Jahre als Kaiserlehrling" hinter sich, als zuerst sein Onkel Joseph und zwei Jahre später sein Vater Leopold starben. Am 1. März 1792 übernahm Franz die Regierung in

Österreich, wobei es nicht lange dauerte, bis er auch zum Kaiser des Heiligen Römischen Reiches gewählt wurde. Man hatte wieder einmal einen schwachen Herrscher zum Kaiser erkoren, der keinem der Reichsfürsten irgendetwas vorzuschreiben vermochte. Obwohl er sich in Frankfurt offiziell krönen ließ, untersagte er alle Lustbarkeiten, die bei derlei Anlässen üblich waren, und gab Order, das gesparte Geld an die Armen zu verteilen – eine Geste, die ihm vielleicht schon damals den Beinamen „der Gute" eintrug.

Kaiser Franz II. war kaum in der Lage, sich intensiv mit seiner neuen Aufgabe vertraut zu machen, denn schon nach wenigen Wochen erklärten ihm die Franzosen den Krieg, da sie ihm, dem Neffen der verhassten „Österreicherin Marie Antoinette", ständige innere Einmischung in die französische Politik vorwarfen. Die Revolutionsheere überschritten den Rhein, sodass Franz dringend Verbündete suchte und zunächst auch fand. Der junge Kaiser hatte Glück, denn sein Bruder Erzherzog Carl war ein genialer Stratege, der die Franzosen 1793 bei Neerwinden zu schlagen vermochte. Dieser Sieg war dringend notwendig, weil Preußen aus der Koalition gegen die Franzosen ausscherte und mit dem Feind einen Separatfrieden schloss.

Kaiser Franz hatte die Herrschaft in schlechten Zeiten angetreten und fand die politische Situation in Europa durch die große Revolution in Frankreich völlig verändert vor. Der junge Napoleon Bonaparte war wie ein Sturmwind aus Korsika in Frankreich eingefallen und hatte alles von unten nach oben gekehrt. Österreich befand sich in großer Gefahr, der Franz letztlich nicht gewachsen war. Obwohl er mit den verschiedenen Staaten Bündnisse einging, konnte er nicht verhindern, dass Napoleon siegreich nicht nur halb Europa für Frankreich einnahm, sondern auch in Wien einzog. Der Kaiser hatte vielfach aufs falsche Pferd gesetzt und nicht nur seinen siegreichen Bruder Carl verheizt, sondern ebenso seinen genialen Bruder Erzherzog Johann. Wahrscheinlich war Franz in seiner stockkonservativen Art ganz einfach nicht in der Lage, den großen Überblick in diesem Ringen zu haben. Für ihn schien es wichtiger zu sein, sich am 11. August 1804 den erblichen österreichischen Kaisertitel zuzulegen, als sich mit den Strategien zu beschäftigen, die zum Ende der ununterbrochenen Kriege geführt hätten, wobei keiner der europäischen Herrscher in der Lage war, den Siegeszug Napoleons aufzuhalten.

Obwohl Erzherzog Carl bei Aspern in der Nähe von Wien einen fulminanten Sieg über das gut gerüstete französische Heer erstritt, erwies sich dies nur als ein Pyrrhussieg, denn der Bruder des Kaisers verabsäumte es, die Niederlage der Franzosen entsprechend auszunützen. Im Frieden von Schönbrunn im Jahre 1809 verlor Österreich weite Gebiete im Westen, gleichzeitig trat Erzherzog Carl als Oberbefehlshaber tief gekränkt zurück. Der Konflikt zwischen den beiden Brüdern, die charakterlich grundverschieden waren, hatte einen Höhepunkt erreicht. Auch seinen jüngeren Bruder Erzherzog Johann verkannte der engstirnige Kaiser vollkommen und warf ihm Prügel in den Weg, wo er nur konnte. Johann war noch ein halbes Kind, als er auf Veranlassung des kaiserlichen Bruders wie ein gemeiner Soldat ausgebildet und teilweise auch schikaniert wurde. Als 20-Jähriger betraute der Kaiser Johann mit dem Kommando gegen das französische Heer, wobei er auf den Walserfeldern bei Salzburg eine vernichtende Niederlage einstecken musste. Besonders rigoros zeigte sich Kaiser Franz Johann gegenüber, als dieser mit der Bitte herantrat, die Postmeisterstochter Anna Plochl ehelichen zu dürfen. Es dauerte Jahre, bis der Erzherzog endlich die Erlaubnis zur Eheschließung bekam. Wahrscheinlich erkannte Franz intuitiv, dass die beiden Brüder Carl und Johann wesentlich fähiger waren als er.

1806 hatten sich die Könige von Württemberg, Bayern und einigen anderen deutschen Kleinstaaten zum Rheinbund zusammengeschlossen, sodass von dem einstigen Heiligen Römischen Reich deutscher Nation wenig übriggeblieben war. Auch der Druck, den Napoleon auf Kaiser Franz ausübte, führte dazu, dass Franz am 6. August 1806 die deutsche Kaiserkrone niederlegte und erklärte, dass das Band, welches ihn an den Staatskörper des Reiches gebunden hatte, durchtrennt wäre. Nun besaß er nur noch eine Kaiserkrone!

Für das neue Kaisertum waren Umstrukturierungen in der Regierung unausweichlich. Neue Männer wie Graf Stadion kamen und versuchten, frischen Wind in die verkrusteten Strukturen zu bringen. Aber gegen einen Metternich, der nach wie vor größten Einfluss auf den willensschwachen Regenten ausübte, waren alle Neuerungsversuche vergeblich. Der Fürst brachte es sogar zustande, dass Kaiser Franz seine älteste Tochter opferte, weil Metternich der Ansicht war, dass nur persönliche Verwandtschaft zum Frieden mit Napoleon führen konnte. Maria Louise wurde dazu ausersehen, Napoleon zu heirateten, wogegen sie sich heftig wehrte. Nicht nur sie empörte sich gegen diese Heirat, vor allem ihre Großmutter in Neapel, Maria Carolina, die vor den Truppen Napoleons geflohen war, bezeichnete sich ab der Eheschließung Marie Louises voller Zorn als des „Teufels Großmutter".

Auch für die dritte Gemahlin des Kaisers, Maria Ludovika, war es ein wahrer Schock, dass diese Heirat zustande kam, denn die überaus sensible Kaiserin sah in Napoleon den Inbegriff des Bösen. Schon bald nach ihrer Hochzeit versuchte sie daher ihren kaiserlichen Gemahl gegen den Korsen aufzuwiegeln. Dabei stellte sich bald heraus, dass ihr Einfluss auf den Kaiser eher gering war. So konnte sie nicht verhindern, dass sie, die abgrundtiefe Hasserin Napoleons, ausgerechnet als Tischdame des korsischen Emporkömmlings zu fungieren hatte.

Kaiser Franz hatte nicht sehr viel Glück mit seinen Ehefrauen. Seine erste Gemahlin Elisabeth Wilhelmine starb bei der Geburt des ersten Kindes, die zweite, Maria Theresia von Neapel-Sizilien, eine Cousine des Kaisers, schenkte ihm zwölf Kinder, von denen einige wegen der nahen Verwandtschaft schwer geschädigt waren. Sie starb an einer Lungenentzündung 1807. Obwohl Franz sie sehr geliebt hatte, sah er sich schon bald nach einer weiteren Gemahlin um. Er konnte und wollte nicht allein sein. Als er die um 20 Jahre jüngere Maria Ludovika ehelichte, ahnte er nicht, dass die sylphidenhafte junge Frau keinesfalls die Richtige für ihn war. Was er suchte, waren nicht esoterische Diskussionen, seine Gemahlin sollte seine sinnlichen Gelüste stillen. In dieser Hinsicht war Maria Ludovika genau die falsche Partnerin, die völlig andere Ambitionen als Franz an den Tag legte, sodass der eher einfach denkende biedere Kaiser seine Gemahlin in keiner Weise zu verstehen vermochte. Deshalb engagierte man für seine körperlichen Bedürfnisse willige Damen, die ihrer Aufgabe, den Kaiser in jeder Weise zu unterhalten, gerne nachkamen. Und da die Ärzte bei Maria Ludovika schon sehr bald gefährliche Anzeichen von Schwindsucht feststellten, war es der jungen Kaiserin nur recht, dass ihr Gemahl sie möglichst wenig strapazierte. Sie hatte genügend andere Aufgaben. Auf dem Wiener Kongress, wo nach dem Sieg über Napoleon in der Völkerschlacht bei Leipzig und schließlich der endgültigen Niederlage des Korsen bei Waterloo die Neuordnung Europas besprochen wurde und der zu einem unterhaltsamen, monatelangen gesellschaftlichen Ereignis geführt hatte, trat die junge schöne Kaiserin als perfekte Gastgeberin auf, bevor sie an Erschöpfung in Italien starb.

Kaiser Franz hielt nicht einmal das Trauerjahr ein. In Bayern wartete bereits eine neue Braut auf ihn, die in ihren jungen Jahren schon ein seltsames Schicksal erlebt hatte. Denn Caroline Auguste, die Schwester des späteren bayerischen Königs Ludwig I., war mit dem Kronprinzen von Württemberg verheiratet worden, der sich mit Händen und Füßen gegen diese Ehe gesträubt hatte. Doch das Machtwort des Vaters galt. Als Folge dieses Zwangs vollzog der junge Mann die Ehe nicht und schickte die bayerische Prinzessin als Jungfrau nach Hause. Der Papst, der in die Geschichte eingeweiht worden war, machte keine Schwierigkeiten, die Ehe zu annullieren. Der mehr als doppelt so alte Kaiser von Österreich war daher als Brautwerber in Bayern hochwillkommen!

Im Gegensatz zu den meisten Habsburger Kaisern war Franz ein echter Banause, was Kunst und Kultur betraf, wodurch den Künstlern und Dichtern seiner Zeit nicht die entsprechende Wertschätzung entgegengebracht wurde. Ja, im Gegenteil! Geniale Bühnenautoren wie Johann Nepomuk Nestroy oder Ferdinand Raimund waren nicht dagegen gefeit, ins Gefängnis gesteckt zu werden. Nestroy revanchierte sich für seine Verhaftungen immer wieder, indem er den Personen in seinen Stücken Sätze in den Mund legte, die jeder Wiener, der sich gegen das Metternichsche Spitzelsystem und die Zensur auflehnte, verstand.

Denn Clemens Fürst Metternich, der „beau Clement", wie er in Hofkreisen genannt wurde, war der heimliche Regent nicht nur in der neuen österreich-ungarischen Monarchie, er bestimmte auf dem Wiener Kongress weitgehend die Geschicke Europas. Er war dazu in der Lage, weil ihm Kaiser Franz freie Hand gelassen hatte, genauso wie dem Polizeipräsidenten Sedlnitzky. Alles Negative, das in der Monarchie sichtbar wurde, lastete das Volk diesen beiden Männern an, ob das nun der Staatsbankrott im Jahre 1811 war, der durch gefälschte Bancozetteln, die Napoleon in Auftrag gegeben hatte, geschah, oder die Inhaftierungen teilweise unbescholtener Bürger aufgrund der Denunziation geheimer Spitzel, nie gab man für die Missstände dem Kaiser die Schuld. Franz umgab sich mit einer Aura des Guten, des Vaters für seine Kinder. Wenn er im einfachen grauen Gehrock durch die Straßen Wiens ging und im Wiener Dialekt, den er immer sprach, da und dort eine witzige Bemerkung fallen ließ, dann glaubte man zu wissen, unter diesem volkstümlichen Herrscher gut aufgehoben zu sein. Er hatte ja auch dafür gesorgt, dass auf wirtschaftlichem Gebiet Neuerungen eingeführt wurden. Er ließ Textil- und Maschinenfabriken gründen und erwirkte durch die Errichtung des k. k. „Fabriksproduktionskabinetts" und des „Polytechnikums", dass das Interesse an technischen Neuerungen geweckt wurde.

Franz I. war ein Kaiser, der sich zwar volksnah wie sein Vater gab, der sich gern mit dem kleinen Mann auf der Straße unterhielt, aber im Gegensatz zu Leopold oder seinem Onkel Joseph sich wohl die Sorgen anhörte, ohne irgendwelche Möglichkeiten zu ventilieren, um eine Besserung der Zustände herbeizuführen. Er empfing zweimal wöchentlich die Bittsteller ab sieben Uhr morgens und las die Gesuche, die ihm übergeben wurden, bis ins kleinste Detail durch. Auf diese Weise vermittelte er den Eindruck, ständig tätig zu sein, ohne aber Wesentliches zu erledigen.

In religiösen Dingen verhielt sich Franz konservativ, die religiöse Toleranz des Staatskirchentums behielt er bei, ja er erweiterte sie noch, indem er verdienstvollen Juden den Adelstitel verlieh. Auch das Schulwesen unterstützte er so wie seine Vorgänger.

Franz wäre sicherlich ein guter kleiner Beamter ohne große Verantwortung geworden, der in seiner Freizeit sich dem Tischlerhandwerk gewidmet oder sich mit der Sammlung von Pflanzen und Käfern sowie mit technischen Experimenten beschäftigt hätte. Er wäre als gewöhnlicher Privatmann im Kreise seiner großen Familie, mit der er beinah jeden Sommer in Baden verbrachte, glücklich geworden. Aber er war alles andere als ein Kaiser, obwohl er „seine Liebe" im Testament seinen Untertanen vermachte.

Dem „guten" Kaiser Franz war eine lange Regierungszeit beschieden. Nach 43 Jahren auf dem Thron, in denen er kaum von ernsthaften Krankheiten geplagt wurde, befiel ihn ein „entzündliches" Fieber, an dem er am 2. März 1835 in den frühen Morgenstunden starb.

*

Obwohl Kaiser Franz seltsamerweise Bücher sammelte, interessierte er sich nicht für deren Inhalt. Daher fanden die Dichter und Schriftsteller seiner Zeit auch kein offenes Ohr und schon gar nicht finanzielle Unterstützung. Im Gegenteil: Die auf Veranlassung Metternichs durchgeführte Zensur und die allgemeine Bespitzelung führten dazu, dass viele Werke der bekannten österreichischen Dichter nur unter größten Schwierigkeiten aufgeführt werden konnten. Selbst Franz Grillparzer fand mit seinen die Zeiten überdauernden Dramen beim Kaiser keine Gnade. Als der Dichter in seiner Funktion als Beamter zur Beförderung vorgeschlagen wurde, meinte Kaiser Franz abfällig: „So? Das ist der, der die Stück' schreibt? Na, wegen meiner! Aber sagen S' ihm, damit wird er's net weit bringen!"

Noch ärgerlicher erging es dem damals sehr bekannten Eduard von Bauernfeld. Es war dem Lustspieldichter gelungen, eine Audienz zu erhalten, bei der er sich beim Kaiser bitter darüber beklagte, dass der Obersthofkämmerer Graf Czernin es ablehnte, seine Stücke inszenieren zu lassen. Er führte dem Kaiser vor Augen, dass er doch den Befehl geben könnte, die Possen aufzuführen: „Das ist doch Ihr Theater und nur Sie haben zu befehlen." Worauf der Kaiser lachte und meinte: „Ihre Stücke gefallen mir, und ich seh' sie gern, sie sind recht lustig. Aber wenn der Czernin Nein sagt – nur der hat zu befehlen!"

Ferdinand I.

Ein Opfer der Familientradition

War er wirklich rachitisch, epileptisch, hinfällig, zeugungsunfähig? Nannten ihn die Wiener tatsächlich einen „Kasperlkopf", während die Zarin ihm einen dämlichen Gesichtsausdruck attestierte? Sah man wirklich bei ihm in ein verzerrtes Antlitz, in dem der schiefe Mund stets offen stand, dem selten ein vernünftiges Wort zu entlocken war, der nicht imstande war, allein die Treppen hinaufzusteigen, und waren tatsächlich Lakaien dazu angestellt, den österreichischen Thronfolger von Stockwerk zu Stockwerk zu tragen? Sah so der älteste Sohn von Kaiser Franz, der Kronprinz aus? War Ferdinand in der Tat ein Idiot oder Kretin, wie er vielfach sogar innerhalb der Familie bezeichnet wurde, oder war er nur ein armer Teufel, der unter den negativen Erbanlagen, die ihm seine Vorfahren in die Wiege gelegt hatten, ein Leben lang leiden musste?

Die Meinungen über diesen Kaiser, der den Beinamen „der Gütige" erhalten hatte, gehen in vielen Dingen auseinander. Sicherlich hätte er niemals die Nachfolge seines Vaters antreten dürfen, viel wäre ihm und auch der Monarchie erspart geblieben, aber die Gesetze der Primogenitur wurden peinlichst eingehalten, wenn ein Stammhalter in der Kaiserfamilie geboren war.

Dabei war schon sehr bald nach Ferdinands Geburt am 19. April 1793 in der Hofburg zu erkennen, dass sich das schwächliche Kind in keiner Weise normal entwickelte. Mit großer Sorge verfolgten die Eltern, Kaiser Franz und seine zweite Gemahlin Maria Theresia von Neapel-Sizilien, die verzögerte Entwicklung ihres Sohnes, der bereits in der Wiege von Nervenkrämpfen geschüttelt wurde, die man landläufig als Fraisen bezeichnete. Ein Heer von Ärzten und Erziehern wurde engagiert, um aus dem zurückgebliebenen Kind einen fähigen Mann zu machen. Fanden die einen in Ferdinand einen verständnislosen Debilen, so waren die anderen darüber verwundert, wie sehr sich Ferdinand im Laufe der Jahre und durch den Einfluss seiner Erzieher zu einem gutherzigen und wissbegierigen jungen Mann entwickelte. So musste auch der Hofkammerpräsident Karl Friedrich Freiherr von Kübeck seine voreilig gefasste Meinung revidieren, als er Kaiser Ferdinand anlässlich einer Audienz persönlich gegenübersaß. Er hatte sich vorher abfällig über den neuen Monarchen geäußert: „14. März 1835: Um 10 Uhr Referat bei Kaiser, der wie bekannt, durch Krankheit schwachsinnig, von alledem, was vorgetragen wird, kein Wort versteht und immer bereit ist zu unterschreiben, was man ihm vorlegt."

Nur einen Tag später, am 15. März, schrieb er in sein Tagebuch: „Der Kaiser ergriff einen Augenblick, in welchem Kolowrat abberufen wurde und ich mit ihm allein war, um mir zu sagen, dass es ihn freue, dass wir, wie er sagte, uns nun öfter sehen. Meine Anwesenheit sei ihm von jeher (gemeint ist die sechswöchige Bekanntschaft, Anm. d. Verf.) angenehm gewesen. Ich war tief gerührt über diese aus seiner seltenen Herzensgüte hervorgegangenen gnädigen Äußerung."

Mit allen Mitteln hatte die Kaiserfamilie versucht, den vom Schicksal benachteiligten Knaben teilweise mit unzulänglichen Mitteln zu einem fähigen Thronfolger zu erziehen. Man engagierte in den ersten Jahren Ferdinands Lehrer, die schon sehr bald ihren Dienst quittierten, weil das schwierige Kind sie über Gebühr belastete. Franz Maria Freiherr von Steffaneo-Carnea, der im Jahre 1802 seine Stelle als Ajo bei Ferdinand antrat, gab folgenden Bericht über die körperliche und geistige Situation des neunjährigen Thronfolgers:

„1. Schwächliche Gesundheit des Erzherzogs bis in den April 1802
2. Seine äußerst feine und zarte Komplexion
3. Kleinheit seiner Leibsgestalt
4. Ob vielleicht die sonderbare Gestaltung seines Hauptes zu diesem Rückstand in Gesundheit, Gestalt und Kräften bis in sein 10. Jahr beygetragen haben?
5. Warum das Haupt desselben sich etwas auf die linke Seite neigen müsse? Bemerkungen über diese unbedeutende Sonderlichkeit.
6. Zustand der Unthätigkeit. Wie sich die Leibeskräfte des Erzherzogs Ferdinand bis April 1802 befanden.

7. Er war nicht im Stande, das Glas mit einer Hand zu heben, um zu trinken
8. Nicht mit beyden Händen die Flasche zu heben, um sich Wasser einzuschenken.
9. Irgendeine, auch kleine Last zu heben und an eine andere Stelle zu tragen
10. Eine Thür aufzumachen
11. Die Stiege herabzusteigen, ohne sich anzuhalten
12. Er hatte eben erst die erste Tanzlektion angefangen
13. Er hatte noch nicht einmal die Lektionen auf der Reitschule angefangen"

Und so wie es aussah, konnte der neue Ajo auch keine Wunder wirken, denn als Staffaneo-Carnea seinen Dienst beendete, ließ Freiherr von Erberg, der neue Erzieher, kein gutes Haar an seinem Vorgänger, der in seinen Augen den Thronfolger viel zu wenig gefordert hatte. Aber auch Erberg musste erkennen, dass ihm in seinem Unterfangen, Ferdinand zu einem durchaus normalen Kronprinzen zu machen, Grenzen gesetzt waren. Denn der junge Mann, der sich allmählich körperlich doch etwas schneller entwickelte, war von tausend Ängsten geprägt, die er nur ganz allmählich ablegte. Er fürchtete sich vor allem vor Pferden, und das war in der Habsburger Familie etwas, was unbegreiflich schien. Erst als man ihn langsam an zahme Tiere gewöhnte, verkraftete er es auch, vom Pferd zu fallen, ohne in Panik zu geraten. Er überstand sogar einen Ritt auf einem Pferd, das plötzlich scheute und mit ihm im gestreckten Galopp so lange lief, bis es müde war. Als die entsetzten Reitknechte sich zu Ferdinand wagten, lachte der Kronprinz aus vollem Halse und meinte, er wollte nun öfter so schneidig reiten. Dieselbe Reaktion zeigte er auch, als er sich mit der Kutsche, die von wild gewordenen Gäulen gezogen wurde, zweimal überschlug und die Fahrt in einem Straßengraben endete. Zaungäste halfen dem Kronprinzen aus seinem Gefährt, dem er unverletzt und beinah belustigt zum Erstaunen aller entstieg. Vielleicht war er sich der Gefahr, in der er sich befunden hatte, nicht bewusst.

Es war eine Tragik des Schicksals, dass man im Erzhaus auf alle Fälle dem erstgeborenen Sohn den Platz in der Nachfolge einräumte. Ferdinands Schwester Marie Louise, die auf Betreiben des mächtigen Fürsten

Metternich Napoleon, den ärgsten Feind der Familie, heiraten musste, war später, als sie im Herzogtum Parma regierte, genauso wie ihre Schwester Leopoldine, die aus Brasilien einen blühenden Staat machte, eine exzellente Herrscherin. Da die Mädchen im Kaiserhaus ohnedies keine politische Funktion besaßen, mit Ausnahme, dass man sie günstig verheiraten konnte, verfiel Kaiser Franz niemals auf die Idee, dass eine von beiden seine Nachfolge antreten könnte. Wahrscheinlich kam auch seinem Einflüsterer Metternich die körperliche Konstitution Ferdinands nicht ungelegen, denn damit hatte er nicht nur den Kaiser, sondern auch den Thronfolger fest in der Hand.

Ferdinand machte in seiner allgemeinen Entwicklung nur langsam Fortschritte, die immer wieder von heftigen epileptischen Anfällen unterbrochen wurden, wobei es nicht nur zu Krampfanfällen und Schreiorgien kam, sondern Ferdinand von hohem Fieber und stundenlangem Erbrechen gequält wurde, sodass man ihm auf Anraten des Kaisers nicht nur einmal die Sterbesakramente reichte. Wenn sich der Kranke dann allmählich erholte, vermochte er zunächst nicht, verständlich zu sprechen, sondern lallte vor sich hin, bis er wieder fähig war, sich zu artikulieren. Die Leibärzte des Kaisers, allen voran der nicht unumstrittene Dr. von Stifft, versuchten mit allen möglichen Mitteln, von denen man heute weiß, dass sie nicht einmal Linderung der Krämpfe bewirkten, vor allem aber durch permanent angeordneten Aderlass, die Krankheit zu bekämpfen. Dabei grenzte es fast an ein Wunder, dass Ferdinand in den Situationen, in denen er repräsentieren musste, wie bei seiner Huldigung zum König von Ungarn oder der Krönung zum König von Böhmen, also unter absolutem Stress, keinen epileptischen Anfall erlitt.

Ferdinand wurde schon als Kronprinz dafür bekannt, dass er hilfsbereit und ganz außerordentlich gutmütig war, dass er dort zu Hilfe kam, wo es nottat, und daher schon bald in der Bevölkerung den Beinamen „der Gütige" bekam. Vielleicht waren diese Eigenschaften schuld, dass man ihn zwar unter der Hand gutwillig verspottete, ihm aber in Wirklichkeit nichts Übles nachsagte. Dabei war es natürlich von Bedeutung, dass man im Kaiserhaus alles versuchte, um die wahre körperliche Situation des Thronfolgers zu verschleiern. Nur selten sah man Ferdinand an der Seite seines Erziehers Erberg in der Öffentlichkeit, wobei ein pikantes Detail zu erwähnen ist: Freiherr von Erberg, der beste Kontakte zu

Kaiserin Maria Ludovika, der ersten Stiefmutter Ferdinands hatte, verfiel mit zunehmendem Alter immer mehr der Schizophrenie, sodass er entlassen wurde und sich auf seine Güter zurückzog. Lieblingsaufenthalt der Kaiserfamilie war die Kurstadt Baden, wo man die Sommermonate verbrachte und Ferdinand sich seinen Studien, die er begonnen hatte, widmen konnte. Nach den Phasen der Interesselosigkeit beschäftigte er sich mit verschiedenen technischen Neuerungen, ließ Register und Verzeichnisse auch der Waffen, die im Heer zur Verfügung standen, anlegen und war glücklich über die 5000 Bände umfassende Bibliothek, die er von seiner Stiefmutter nach deren Tod geerbt hatte. Auch seine Sprachkenntnisse – er beherrschte angeblich fünf Sprachen – zeugen davon, dass er unter normalen Umständen ein unauffälliger Herrscher geworden wäre. So wie die meisten Habsburger spielte er zwei Instrumente, Klavier und ausgerechnet Trompete, wiewohl er eigentlich keinen Lärm vertragen konnte.

Je älter der Kronprinz wurde, desto mehr beschäftigte man sich in der Familie mit der Frage, wen Ferdinand als seine Braut zum Altar führen sollte, wobei sich kaum einer bei dem schlechten Gesundheitszustand vorstellen konnte, dass der Thronfolger in der Lage sein würde, die Ehe zu vollziehen. Vor allem seine Schwägerin Sophie hoffte zu Gott, dass Ferdinand keine Nachkommen in die Welt setzen würde, denn ihr ganzes Bestreben ging jahrelang in die Richtung, ihren ältesten Sohn Franz auf den Habsburger Thron zu hieven.

Es erwies sich als glückliche Fügung des Schicksals, dass die keineswegs attraktive Tochter des Königs von Savoyen mit ihren 27 Jahren immer noch nicht verheiratet war, was ihrem Vater, Viktor Emanuel I., einem reaktionären Despoten, große Sorge bereitete. Daher nahm man die Werbung um die Hand Maria Annas mit Freuden an und arrangierte in Turin die obligate Hochzeit per procurationem in prunkvollem Rahmen, denn immerhin würde die Braut einmal Kaiserin sein. Mit der Abreise der frisch getrauten Braut ließ man sich reichlich Zeit, erst Monate später sollte die Eheschließung in Wien vonstattengehen. Über die Reaktion Maria Annas, als sie den schwächlichen Ferdinand mit dem schief sitzenden übergroßen Kopf von Angesicht zu Angesicht sah, ist nichts bekannt. Und obwohl die Hochzeiten in der Kaiserfamilie meist mit großem Pomp gefeiert wurden, beschränkte man sich im Februar 1831 auf eine Trauung im intimen Rahmen, denn es hing auch bei dieser Festlichkeit das Damoklesschwert eines epileptischen Anfalls über dem Bräutigam. Wahrscheinlich waren alle Beteiligten froh, die Zeremonien problemlos überstanden zu haben. Was anschließend in den Hochzeitsgemächern geschah, ging sowieso niemand etwas an.

Ferdinand erwies sich als liebevoller, aufmerksamer Ehemann und auch Maria Anna versuchte alles, um ihren Gatten nach den schrecklichen Anfällen wieder ins normale Leben zurückzuführen.

Nach 1820 zeichnete sich immer mehr ab, dass Kaiser Franz tatsächlich die Absicht hatte, seinen kranken erstgeborenen Sohn auf den Kaiserthron heben zu lassen. Er nahm Ferdinand mehr und mehr zu politischen Besprechungen mit, die freilich hauptsächlich vom Fürsten Metternich oder seinem Konkurrenten Graf Kolowrat dominiert wurden, während der Kaiser nur seinen Sanktus in Form seiner Unterschrift zu dem geben musste, was ohnehin schon beschlossene Sache war. Denn beide Politiker, die verschiedene Kurse verfochten, wussten, dass der Kaiser Wachs in ihren Händen war, dass durch die Spitzelaktionen, die vor allem Metternich durchführen ließ, alles, was in Wien und in den verschiedenen Teilen der Monarchie passierte, ihnen sofort mitgeteilt wurde, wobei sie natürlich kein Interesse daran hatten, dass der nächste Kaiser dieses System ändern würde.

Der „gütige" Kaiser Ferdinand war ein echtes Phänomen auf dem Habsburger Thron, denn gerade durch seine körperliche Schwäche eroberte er die Herzen der Wiener, die diesen Mann in seiner Gebrechlichkeit liebten und ihm fast alles verziehen. Dabei ahnten die Menschen mehr als sie wussten, dass nicht er Schuld an den teilweise katastrophalen sozialen Zuständen trug, sie erkannten in Ferdinand den redlichen Menschen, der er sicherlich war. Auch als die Revolution im Jahre 1847 sich ankündigte und im Folgejahr tatsächlich ausbrach, übten sie keine Kritik am Kaiser, ja man suchte ihn zu schützen, denn man hatte Angst, dass Ferdinand ein Leid zugefügt werden könnte. Die Schuldigen an den üblen Zuständen, die zunächst die Studenten, dann die Arbeiter auf die Barrikaden riefen, waren allen voran der verhasste Metternich, sein Gegenspieler Graf Kolowrat und nach gründlichen Beobachtungen die Schwägerin des Kaisers, Erzherzogin Sophie, die ganz besonders angefeindet wurde. Die Situation spitzte sich durch die revolutionären Aufmärsche derart zu, dass die Kaiserfamilie in ernste Gefahr geriet. Daraufhin verließen sowohl der Kaiser und seine Gemahlin als auch Erzherzog Franz Carl, der Bruder Ferdinands, mit Sophie und den Kindern – mit Ausnahme von Franz Joseph, der in Italien sehr zum Leidwesen Radetzkys an den Kämpfen teilnahm – Wien beinahe Hals über Kopf, um sich in Innsbruck in Sicherheit zu bringen.

Weil sich der Kaiser geweigert hatte, der Stadt den Rücken zu kehren, hatte man ihm vorgegaukelt, dass er nur eine Spazierfahrt unternehmen sollte, weshalb Ferdinand zutiefst überrascht war, als er und seine Gemahlin plötzlich bis Tirol fahren sollten. Da Ferdinand erfuhr, dass die Wiener seine Abreise als Feigheit ansahen, kam er zwar vorübergehend nach Wien zurück, um dann endgültig, nachdem der Kriegsminister Graf Latour vom Mob gelyncht worden war, der Residenzstadt den Rücken zu kehren, was ihm die Wiener nicht mehr verziehen. Aber der Kaiser erkannte, dass er den umstürzlerischen Vorgängen nicht gewachsen war. Als kranker Mann zog er endgültig die Konsequenzen und beschloss, den Thron seinem dynamischen jungen Neffen Franz zu übergeben, der einige weitreichende Amnestien und Gesetzesänderungen in seinem Namen durchführen sollte. Es war ein genialer Schachzug der Mutter von Franz Joseph, ihren eigenen Ehemann, der aufgrund der Hausgesetze, die Ferdinand 1839 auf Anraten des Fürsten Metternich erlassen hatte, Anspruch auf den Kaiserthron gehabt hätte, zugunsten ihres Sohnes Franz, der sich aus Verehrung für Kaiser Joseph II. Franz Joseph nannte, auszubooten. Denn Sophie erkannte mit ihrem nicht zu leugnenden politischen Instinkt, dass unter einer Herrschaft von Franz Karl sich in der Monarchie nichts ändern würde, da ihr Gemahl große Ähnlichkeiten mit seinem älteren Bruder aufwies. Neuer Wind war nach der „Metternich-Ära" in der alten Hofburg nötig, und den konnte nur der für volljährig erklärte Franz Joseph bringen. Dass der junge Kaiser aber schon sehr bald sowohl in Österreich als auch vor allem in Ungarn absolutistisch regieren würde, sodass von den Errungenschaften der Revolution nicht viel übrig blieb, war für alle enttäuschend.

Mit den Worten „Gott segne dich, sei brav, es ist gern geschehen" hatte Ferdinand am 2. Dezember 1848 in Olmütz die Krone in die Hände seines Neffen gelegt. Er selbst zog sich mit seine Gemahlin Anna Maria, die ihn seit der Hochzeit überallhin begleitete und sich als rührende Pflegerin erwies, in die Prager Burg zurück, wo er das beschauliche Leben eines Frühpensionisten führte, umgeben von einem Heer von Dienern und Angestellten. Die wichtigste Position hatten seine Leibärzte inne, die Tag und Nacht gegenwärtig sein mussten, allen voran Dr. Gaßner und der Leibwundarzt Dr. Edler von Semlitsch. Unter den 65 Bediensteten befanden sich Kammerdiener, Kammerjungfrauen, Kammerweiber, Kellermeister, Zuckerbäcker, Hofköche, Speisenträger, Tafelträger, Kammerheizer, Reitknechte, Postillione, Hofkutscher, Futterknechte, Sattler und Hufschmiede. Dazu kam noch eine Ehrenwache von acht Mann und einem Offizier.

Damit der abgedankte Kaiser seinen Hofstaat finanzieren konnte, erhielt er aus der Staatskasse eine jährliche Apanage von 500.000 Gulden, wobei die Kaiserin ebenfalls als „Spenadelgeld" zusätzlich noch 50.000 Gulden erhielt. Darüber hinaus wurde der Staat mit 57.241 Gulden für Gehälter für die Angestellten belastet. Alles in allem blieb Ferdinand großzügig von finanziellen Nöten verschont.

Das Exkaiserpaar führte in Prag ein beschauliches Leben, jeden Tag kam ein Klaviervirtuose auf den Hradschin, um zusammen mit Ferdinand zu musizieren, wobei der Kaiser selbst Klavier und manchmal auch Trompete spielte. Als musikbegeisterter Mensch suchte Ferdinand, so oft es ging, die Prager Oper auf, wobei man sich vonseiten der Operndirektion oftmals auch nach den Wünschen der hohen Herrschaften richtete. „Martha", Lieblingsoper Ferdinands, wurde immer wieder gespielt.

Ferdinand verbrachte die Tage nicht nur mit seinen Steckenpferden, zu denen die Tarockpartie mit Freunden genauso gehörte wie das Studium der Heraldik oder die Beschäftigung in den ausgedehnten Gärten, da Ferdinand von Kindesbeinen an in die Geheimnisse des Gartenbaus eingeweiht worden war. Diese Kenntnis machte er sich zunutze, als er das Erbe seines Neffen, des früh verstorbenen Herzogs von Reichstadt, antrat, durch das er ausgedehnte Ländereien in Böhmen erwarb. Hier entfaltete Ferdinand seine wahren Talente, denn in kurzer Zeit gelang es ihm, aus den verwahrlosten Gütern Musterbetriebe zu machen, die so einen großen Gewinn abwarfen, dass Ferdinand nach seinem Tod dem Erben und Neffen Franz Joseph eine bis zum Rand gefüllte Privatschatulle vermachen konnte.

Seine Gemahlin, die aus dem sonnigen Savoyen stammte, vertrug das raue Klima in Böhmen nicht gut, sodass sie immer wieder Erholung im Süden suchte, wohin sie Ferdinand aber nicht begleitete. Maria Anna führte nicht nur an der Seite ihres kranken Gemahls ein beinah heiliges Leben, sie war innerhalb der Familie beliebt und wurde wahrscheinlich auch bedauert. Für so manchen war es allerdings unverständlich, dass sie in den vielen Jahren, die sie in Österreich und schließlich in Prag verbracht hatte, kein Wort Deutsch sprach. Wenn man sich mit ihr unterhalten wollte, musste man entweder der italienischen oder der französischen Sprache mächtig sein, wobei Ferdinand, wenn er in der Nähe war, gleichsam als Simultandolmetscher auftrat, indem er hinter seiner Gemahlin stehend jene Sätze, die sie gesprochen hatte, in deutscher Sprache vor sich hin murmelte. Für viele, die nicht wussten, was da vor sich ging, ein Zeichen seiner Debilität!

Der Exkaiser Ferdinand wurde für die damalige Zeit uralt. Als er das 80. Lebensjahr überschritten hatte, schwanden seine Körperkräfte zusehends, sodass er gleichsam an Entkräftung am 29. Juni 1875 in Prag starb. Er war der letzte Habsburger, dem man noch das Herz und die Eingeweide entnahm, um sie in der Augustinerkirche und im Stephansdom beizusetzen, der einbalsamierte Leichnam fand seine letzte Ruhestätte in der Kapuzinergruft.

*

Was wäre gewesen, wenn ein Attentat auf Ferdinand tatsächlich geglückt wäre? Denn auf einem Spaziergang in Baden, den der Thronfolger mit seinem Adjutanten unternahm, folgte ihnen unauffällig ein kleiner dicklicher Mann, der einen hohen schwarzen Filzhut trug. Niemand vermutete, dass dieser Mensch sich vorgenommen hatte, den Thronfolger zu ermorden. Während sich Ferdinand mit seinem Adlatus unterhielt, riss plötzlich der Mann hinter ihnen eine Pistole aus der Tasche und feuerte einen Schuss in Richtung Ferdinand, der ihn zwar am Hals traf, das Projektil blieb aber in der Polsterung seines Rockes stecken. Ein Gärtnerbursche, der die Szene beobachtet hatte, sprang über den Zaun, stürzte sich auf den Attentäter und warf ihn zu Boden, wobei ihn ein Hauer, der ebenfalls in der Nähe in seinem Weingarten gearbeitet hatte, unterstützte, was sich allerdings als gefährliches Unterfangen herausstellen sollte. Denn der Attentäter, ein ehemaliger Hauptmann namens Franz Reindl, zog noch zwei Pistolen und ein Messer heraus, mit dem er die beiden Männer, die dem Kronprinzen zu Hilfe geeilt waren, attackierte.

Die Reaktion Ferdinands war für alle höchst verwunderlich, denn er begann vor Reindl, geschockt wie er war, wie wild auf und ab zu hüpfen, während sein Adjutant General Graf Salis am ganz Körper zitternd im Straßengraben Deckung gesucht hatte.

Nachdem die Sache halbwegs glimpflich verlaufen war, stellte man sich die Frage, welches Motiv Reindl wohl bewogen hatte, zu versuchen, den Thronfolger zu erschießen. Der Attentäter hatte jahrzehntelang in der Armee gedient und auch Karriere gemacht, wurde aber wegen seiner Trunksucht pensioniert. Weil er dem Alkohol rettungslos verfallen war, hatte sich ein Berg Schulden angehäuft, sodass er es als letzte Rettung ansah, sich an den bekannt gutmütigen Erzherzog Ferdinand zu wenden und ihn um eine Apanage von 900 Gulden zu bitten. Der Thronfolger ließ den Fall prüfen und gab Order, ihm 100 Gulden zu überweisen, was natürlich bei Weitem nicht die Gläubiger Reindls befriedigen konnte.

Franz Reindl wurde des Attentats auf den Kronprinzen für schuldig befunden und zum Tode verurteilt, was Ferdinand zu verhindern suchte, indem er seinen Vater beschwor, das Urteil in lebenslange Festungshaft in Eisen umzuändern. Wobei man sich fragen muss, ob bei den damaligen Strafvollzugsmaßnahmen die Todesstrafe nicht gnädiger gewesen wäre. Nach 15 Jahren wurde Reindl auf dem Festungsfriedhof beigesetzt.

Ob sich in der Monarchie viel geändert hätte, wäre das Attentat auf Ferdinand gelungen? Wohl kaum, denn die Fäden der Macht hätte auch weiterhin Clemens Fürst Metternich gezogen.

Franz Joseph I.

Der „ewige" Kaiser

Über Jahrhunderte regierten Könige und Kaiser aus dem Hause Habsburg in Europa, deren Namen heute beinah Schall und Rauch sind. Bis auf wenige, von denen einer in Wien und im Salzkammergut, vor allem in Bad Ischl stets präsent ist: Kaiser Franz Joseph. Er prägte durch seine lange Regierungszeit von 68 Jahren nicht nur eine Epoche, die Erinnerung an ihn überstand die Wirren des Endes der Monarchie, die Erste Republik und hat dafür gesorgt, dass Franz Joseph bis in die heutige Zeit der Kaiser geblieben ist, der niemals stirbt.

Dabei war es zunächst nicht sicher, dass der älteste Sohn von Erzherzogin Sophie und Erzherzog Franz Karl den Kaiserthron besteigen würde, immerhin trug sein Onkel Ferdinand trotz seiner Behinderungen die Kaiserkrone, die nach seiner Abdankung regulär an seinen Bruder gefallen wäre.

Aber die Mutter Franz Josephs hatte ganze Arbeit geleistet. Der „einzige Mann" am Hofe, wie die tatkräftige Wittelsbacher Prinzessin insgeheim genannt wurde, setzte alles daran, dass ihr geliebter Franzi und nicht ihr Gemahl zum Kaiser gekrönt wurde. Denn Sophie, die den unattraktiven habsburgischen Erzherzog gegen ihren Willen heiraten musste, hatte längst erkannt, dass man mit einem temperamentlosen Kaiser Franz Karl, dem jegliches politisches Interesse fehlte, höchstens den Teufel mit Beelzebub austreiben würde. Nur ein junger, dynamischer Kaiser hatte die Chance, die Monarchie, die überall von Rebellionen geschüttelt wurde, aus der Krise zu führen. Diese Visionen beherrschten die Erzherzogin, seit der älteste Sohn am 18. August 1830 in der Wiege lag.

Zunächst kümmerte sich die Mutter selbst um ihn, engagierte für Franz Lehrer, von denen sie annahm, dass sie die besten im Kaiserreich sein würden. Und da sie schon bald merkte, dass das Kind besonderes Interesse am Soldatenspielen hatte, setzte sie hier einen Schwerpunkt, weshalb Franz, der sich nach seiner Kaiserkrönung aus Verehrung für seinen berühmten Vorfahren Joseph II. Franz Joseph nannte, ein Leben lang ein begeisterter, wenn auch in den wenigen Schlachten, an denen er teilnahm, glückloser Soldat war, der bei allen Gelegenheiten die Uniform bevorzugte.

Erzherzogin Sophie suchte als Erzieher und Lehrmeister ihres Sohnes natürlich jene Männer aus, die sie selbst geprägt hatten, darunter auch Clemens Fürst Metternich. Dass deren Ideen und Lebenseinstellungen keineswegs dazu angetan waren, die Monarchie in eine moderne Zukunft zu führen, blieb nicht verborgen. Es ist eine Tragik des Schicksals zu nennen, dass die kluge und politisch versierte bayerische Prinzessin, aufgewachsen in einem liberalen Königshaus, sich am Wiener Kaiserhof zu einer erzkonservativen Person entwickelte, die allen modernen politischen Strömungen abhold war.

Obwohl das Erzherzogspaar noch eine Tochter und drei weitere Söhne hatte, gab es für die ehrgeizige Mutter nur den „Einzigen", den sie systematisch zum traditionellen Kaiser erzog. Je älter Franz wurde, desto mehr stiegen seine Chancen auf den Thron. Als er während der Revolution in Wien auf den italienischen Kriegsschauplätzen sehr zum Missvergnügen des alten Radetzky weilte, hatte die Mutter ihm durch die Abdankung von Kaiser Ferdinand den Weg auf den Thron bereitet. Am 2. Dezember 1848 wurde der schöne Jüngling mit seinen 18 Jahren Kaiser von Österreich und König von Ungarn.

Für Sophie war es selbstverständlich, dass der pflichtbewusste Sohn, der sich vom ersten Tag an voll und ganz seiner großen Aufgabe widmete, fachkundige Unterstützung benötigte. Aus diesem Grund engagierte sie die Fürsten Schwarzenberg und Windischgrätz sowie Kardinal Rauscher, Männer, die nicht nur in der jahrhundertealten Tradition verwurzelt waren, sondern auch alles Moderne aus vollem Herzen ablehnten. Durch ihre rückschrittlichen Ideen wurde natürlich das Konzept eines modernen Staates nicht einmal in Erwägung gezogen und die bescheidenen liberalen Ansätze, die auf seinen Vorgänger zurückgingen, wurden für null und nichtig erklärt. Dazu kam noch, dass Fürst Windischgrätz die Position des neuen Kaisers dadurch erschwerte, indem er mit brutaler Gewalt gegen die rebellischen Ungarn vorging, was die Ungarn dem Kaiser jahrzehntelang nicht verziehen. Alles, was nur im Geringsten den Anschein moderner Denkweise hatte, schien verdächtig und wurde bei Strafe verboten, das absolutistische System feierte fröhliche Urständ! Für den jungen Kaiser war jene Entwicklung nichts Fremdes, vertrat er doch ebenso diese Ansichten, seit er denken konnte. Er erkannte nicht, dass man von ihm als jungem Menschen eine andere Politik erwartete, aber wie hätte er anders handeln sollen, er, der so erzkonservativ erzogen worden war und der aufgrund des Gottesgnadentums die Kaiserkrone trug.

Die Geschichte Europas hätte sich anders entwickeln können, hätte Franz Joseph die Ideen der Aufklärung seiner genialen Ahnen weitergeführt, angefangen von den Kaisern Joseph II. und Leopold II. bis zu Erzherzog Johann, dem großen „Steirer". Der Rückschritt, den Franz Joseph bewusst unternahm, war katastrophal.

Der junge Kaiser war sich seiner Fehler natürlich nicht bewusst, denn als Schreibtischtäter, der er war, kam er kaum mit dem wirklichen Leben in Verbindung. Es war nicht seine Art, dem „Volk aufs Maul zu schauen", er ließ sich lieber berichten und entschied dann so, wie Erzherzogin Sophie oder seine Berater es ihm vorschlugen. Nur ein einziges Mal trug der stets gehorsame Sohn gegen die Mutter den Sieg davon: Franz Joseph lehnte die von Sophie vorgeschlagene bayerische Prinzessin Helene ab, denn er hatte sich in Ischl von einem Moment auf den anderen in deren jüngere Schwester Elisabeth verliebt, die er fast gegen den Willen der Mutter heiratete. Dabei wäre Helene wegen ihrer charakterlichen Eigenschaften sicherlich die geeignete Frau für den Kaiser gewesen, da „Sisi", wie sie im Familienkreis genannt wurde, sich keinesfalls mit den Riten, die am Kaiserhof Tradition gewesen waren, abfinden wollte und konnte. Dass diese Verbindung durch das von Grund auf konträre Wesen von Franz Joseph und Elisabeth keineswegs glücklich werden konnte, war nur zu verständlich. Nach den ersten Ehejahren, in denen drei Kinder das Licht der Welt erblickten, kam es zum tiefen Bruch, der dazu führte, dass Elisabeth es vorzog, auf Reisen zu gehen, den Kaiserhof, die Kinder und ihren Gemahl zurücklassend. Nach Aussagen Elisabeths waren sie und Franz Joseph nur glücklich, wenn sie möglichst weit voneinander getrennt waren.

Der Lebenswandel der Kaiserin führte dazu, dass Elisabeth trotz ihrer allseits bewunderten Schönheit in Wien keine Sympathien fand. Und weil sie wusste, dass die Wiener ihr keine Liebe entgegenbrachten, suchte sie diese bei den Ungarn. Sie steigerte sich derart in eine Euphorie für jenes Volk hinein, die von ungarischer Seite durch den feschen Grafen Andrássy geschürt wurde, dass sie auch ihren Gemahl dahingehend beeinflussen konnte, den Ungarn alle Rechte im sogenannten Ausgleich zurückzugeben, die sie nach 1848 verloren hatten. Die Krönung zu Königen von Ungarn war ein Höhepunkt im Leben von Franz Joseph und Elisabeth. Auch persönlich näherten sich die Eheleute wieder an, die Tochter Marie Valerie, das „ungarische Kind" oder die „Einzige", wie sie von ihrer Mutter genannt wurde, kam nach neun Monaten zur Welt.

Die eigene Familie spielte für den Kaiser kaum eine Rolle, die Kinder Sophie, Gisela und Rudolf wurden weitgehend den Ajos und Ajas überlassen, selbst nachdem die kleine Sophie anlässlich einer Ungarnreise plötzlich starb, verbrachte der Kaiser nur wenige Stunden mit der Tochter und dem übersensiblen Sohn, für den die Kaisermutter und auch Franz Joseph selber den ungeeignetsten Erzieher ausgewählt hatten. Erst als Elisabeth die Augen aufgingen und sie erkannte, dass Graf Gondrecourt dabei war, Rudolf psychisch und physisch kaputt zu machen, schritt sie ein. Sie stellte ihrem Gemahl ein Ultimatum und verlangte die alleinige Erziehungsgewalt für ihren Sohn. Da sie Franz Joseph vor die Alternative stellte, er oder ich, lenkte der Kaiser ein. Vonseiten Sisis war es allerdings nur ein kurzes Strohfeuer, denn sie kümmerte sich auch weiterhin kaum um das Wohl der Kinder, sie stellte ihr eigenes, wo immer sie konnte, in den Vordergrund.

Der Kaiser saß die meiste Zeit seiner Ehe allein in der Hofburg. Deshalb war es kaum verwunderlich, dass er sich für die einsamen Stunden Damenbegleitung suchte, die er nicht nur in adeligen Kreisen fand. Obwohl die Kaiserin von diesen Liaisons wusste, verübelte sie ihrem „Männeken", wie sie ihn in ihren Briefen beinah zärtlich nannte, nicht diese vergnüglichen Stunden, sondern unterstützte sie noch, indem sie für ihn zum Geburtstag das Porträt der Wiener Schauspielerin Katharina Schratt, die Franz Joseph im Burgtheater bewundert hatte, anfertigen ließ. Die „gnädige Frau" wurde zur ständigen Begleiterin des Kaisers und aufgrund der Großzügigkeit von Franz Joseph zu einer der reichsten

Frauen in der Monarchie. Denn Franz Joseph schenkte ihr als Schmuckliebhaber Juwelen von unschätzbarem Wert.

Das Familienleben der Kaiserfamilie fand im Grunde genommen nirgendwo statt: Die älteste Tochter Gisela wurde auf Betreiben Elisabeths mit 16 Jahren nach Bayern verheiratet, Rudolf interessierte weder den Vater, der den intelligenten Sohn abwechselnd „Krepiererl" oder „Plauscherl" nannte, noch die Mutter, die Rudolf wegen ihrer Schönheit besonders verehrte. Und da der Kaiser von seinem Sohn nichts hielt, bemerkte er nicht, wie Rudolf immer mehr in liberale Kreise schlitterte, dass er unter einem Pseudonym monarchiefeindliche Artikel veröffentlichte und sich selbst in der Zukunft nicht mehr als Kaiser, sondern als Präsident in einer Republik sah. Vater und Sohn lebten aneinander vorbei. Es war eine Tragik der Weltgeschichte, dass der modern denkende Kronprinz, der in ganz Europa politische Freunde hatte, den Weg nach Mayerling ging. Viel wäre der Menschheit erspart geblieben, hätte Franz Joseph den Sohn bei Zeiten an den Regierungsgeschäften teilhaben lassen, hätte er ihn als Nachfolger aufgebaut. Aber weder väterliche Zuneigung schenkte der Kaiser seinem Sohn, noch ein offenes Ohr für dessen Probleme, die sich vor allem durch seine Heirat ergeben hatten. Denn auch die belgische Prinzessin Stephanie verstand ihren Mann und dessen moderne Absichten nicht, sie bot ihm weder Unterstützung, noch zeigte sie ein Mindestmaß an Verständnis. Keiner fand eine Gesprächsbasis mit dem anderen.

Auch zu seinem Bruder Ferdinand Maximilian ließ Franz Joseph ein gutes brüderliches Verhältnis vermissen. Er vertraute Max keine wirklich erfüllende Aufgabe an, sodass der Bruder sich von dubiosen Angeboten des undurchsichtigen französischen Kaisers Napoleon III. verleiten ließ, sich in ein Abenteuer in Mexiko zu stürzen, das ihn das Leben kosten sollte.

Betrachtet man rückblickend das Leben des Kaisers, so wird das Urteil über ihn ambivalent ausfallen: Auf der einen Seite steht der redliche, beinah biedere Mensch Franz Joseph, der versuchte, geprägt durch seine Erziehung, die Monarchie zu bewahren – wenn auch mit ungeeigneten Mitteln; auf der anderen Seite ist er wegen der persönlichen Schicksalsschläge aus tiefstem Herzen zu bedauern: In eine Decke eingewickelt, brachte man per Schiff den Leichnam des Bruders aus Mexiko nach Wien; versehen mit einem Kopfverband, war sein einziger Sohn aufgebahrt worden, bevor man ihn in der Kapuzinergruft beisetzte. Seine trotz ihrer Marotten geliebte Gemahlin Elisabeth kehrte zu ihm für immer als Tote zurück, sein Bruder Karl Ludwig starb vor ihm und sein Neffe Franz Ferdinand, der als Thronfolger fungierte, wurde mit seiner Gemahlin Sophie in Sarajewo erschossen. Was den Kaiser wenig berührte, während die Konsequenzen katastrophal waren. Zu alt, um die Folgen seiner Entscheidung zu erkennen, und gedrängt von den kriegslüsternen Generälen, ließ er sich dazu hinreißen, die Kriegserklärung an Serbien zu unterschreiben!

Die politischen Fäden waren ihm längst, ohne dass er dies merkte, aus der Hand geglitten, von seinem Schreibtisch aus vermochte er nicht mehr zu erkennen, wie sich der Weltbrand entwickelte, der zu einer europäischen Katastrophe führte und den Globus veränderte. Als Franz Joseph am 21. November 1916 die Augen für immer schloss, starb ein Kaiser, der das Gute gewollt hatte und doch das Böse nicht verhindern konnte.

*

Der Kaiser war ein eher nüchterner Mensch mit wenig Sinn für Romantik, nicht sehr kunstinteressiert. Im Gegensatz zu seinen Vorfahren, unter denen hochmusikalische Persönlichkeiten waren, die nicht nur einzelne Instrumente meisterhaft spielten, sondern auch selbst komponierten, war Franz Joseph eher unmusikalisch. Ebenso zeigte der Kaiser kaum Interesse an der zeitgenössischen Literatur, nur das Theater suchte er von Zeit zu Zeit auf, wahrscheinlich weniger, um die Dramen und Possen anzuschauen als die Hauptdarstellerin Katharina Schratt.

Diese temperamentvolle junge Frau gefiel dem Kaiser außerordentlich, mit ihr verbrachte er vergnügliche Stunden, für die er die „Gnädige Frau" mit kostbarstem Schmuck reichlich belohnte.

Auch die Kaiserin schätzte die „Freundin" sehr, die es nie verabsäumte, ihr zu bestimmten Anlässen Veilchen zu schicken. Wären die beiden Damen nicht so prüde gewesen, wie es den Anschein hatte, so hätte man gut und gerne von einer Ménage-à-trois sprechen können. Da aber Sisi sich begnügte, als schöne Frau von ihren zahlreichen Anbetern bewundert zu werden, und Katharina Schratt in einem Brief an den Kaiser eine engere Beziehung zu Franz Joseph ablehnte, könnte man tatsächlich von einer wahren Freundschaft sprechen.

Das Verhältnis zwischen dem Kaiserpaar und Katharina Schratt hätte nicht besser sein können, lediglich die beiden Töchter Gisela und Marie Valerie missbilligten diese ungewöhnliche Freundschaft zutiefst. Deshalb kam es auch beim Tod des Kaisers zum Eklat, da man Katharina Schratt nicht an das Sterbebett des Kaisers vorließ. Erst durch das Eingreifen des jungen Kaisers Karl war es der „Freundin" gestattet, Abschied von Franz Joseph zu nehmen.

Karl I.

Ein Herrscher, den niemand wollte

„Großer Segen wird seinem Lande durch ihn erwachsen. Er wird der Lohn sein für die Treue, die Österreich der Kirche entgegengebracht hat."
Wohl selten in der Geschichte irrte sich ein Papst mit seinen Prognosen so grundlegend wie Pius X., als Zita von Bourbon-Parma, die junge Braut des österreichischen Erzherzogs Karl, den päpstlichen Segen für die bevorstehende Hochzeit anlässlich einer Audienz vom Heiligen Vater erbat. Nicht nur, dass Karl aufgrund von unglücklichen Zufällen den Kaiserthron besteigen musste, für den er weder geboren noch prädestiniert war, er musste auch in einen Krieg einsteigen, den er nicht begonnen und keineswegs gutgeheißen hatte. Denn bis zum Tode Franz Ferdinands führte Karl zunächst noch als Junggeselle und später als verheirateter Mann und mehrfacher Familienvater das unbeschwerte Leben eines kaiserlichen Offiziers im Frieden, wobei er in verschiedenen Garnisonen seinen Dienst versah.

Als der älteste Sohn von Erzherzog Otto, des Bruders des österreichischen Thronfolgers Franz Ferdinand, am 17. August 1887 in Schloss Persenbeug das Licht der Welt erblickte, konnte sich niemand vorstellen, dass mit Karl der letzte regierende Kaiser aus dem Hause Habsburg in der Wiege lag. Sein Weg zum Thron führte gleichsam über Leichen, denn Rudolf, der einzige Sohn Kaiser Franz Josephs, fiel einem unnatürlichen Tod zum Opfer, genauso wie in Sarajewo Franz Ferdinand, der Onkel Karls.

Dabei hatte das Leben für Karl zunächst nur heitere Seiten. Er wuchs beinah bürgerlich auf, besuchte das Schottengymnasium in Wien, ohne allerdings die Matura zu machen. Wegen seines umgänglichen Wesens war er bei seinen Mitschülern sehr beliebt, man attestierte ihm eine wohlklingende Stimme und wahre Herzensgüte. Auch als er wie die meisten habsburgischen Erzherzöge an verschiedenen Standorten seine militärische Laufbahn begründete, fand der eher schüchterne junge Mann bei seinen Kameraden viele Freunde, vor allem da er sich bemühte, sich mit seinen Kollegen in ihrer jeweiligen Sprache zu unterhalten.

Wahrscheinlich war es der erste große Schock in seinem Leben, als am 1. November 1906 sein Vater Erzherzog Otto qualvoll starb. Otto hatte jahrelang als der schönste Erzherzog der Monarchie gegolten und war für seinen ausschweifenden Lebenswandel berüchtigt. Seine Gemahlin, die sächsische Prinzessin Maria Josefa, hatte ihre liebe Not mit ihrem ungetreuen Ehemann, der nicht davor zurückschreckte, seine Ehefrau in aller Öffentlichkeit bloßzustellen, sodass sich die blamierte Gattin an den Kaiser um Hilfe wandte. Angeblich entbrannte der für seine Contenance berühmte Franz Joseph dem Neffen gegenüber so in Zorn, dass er sogar handgreiflich wurde.

Nach dem Tod des Vaters wurde Karl im Jahre 1907 für volljährig erklärt, denn die Erbfolge musste aufgrund der morganatischen Ehe seines Onkels neu geregelt werden. Jetzt stand Karl an zweiter Stelle nach Franz Ferdinand, was für den jungen Mann damals wahrscheinlich von nicht allzu großer Bedeutung war, lebte und regierte doch immer noch Kaiser Franz Joseph. Und wie es für viele schien – für alle Ewigkeit.

Da der Kaiser nach wie vor in Heiratsangelegenheiten sehr penibel war und sich persönlich darum kümmerte, die Mitglieder des Kaiserhauses standesgemäß zu verheiraten, warf er auch ein Auge auf den jungen Karl, von dem er gerüchteweise gehört hatte, dass er sich allzu intensiv für Isabella von Hohenlohe interessierte, die aber in keiner Weise für einen Habsburger Erzherzog infrage kam. Sie entstammte wohl dem Hochadel, war aber wegen der Hausgesetze niemals ebenbürtig. Der Kaiser bestellte Karl deshalb zur Audienz und schlug dem jungen Mann vor, sich aus dem Gotha, dem gültigen Adelsverzeichnis, eine passende Braut zu suchen. Franz Joseph wusste allerdings nicht, dass Karl schon ein Mädchen im Visier hatte, das er von Jugend auf kannte: die reizende Zita aus dem Hause Bourbon-Parma. Die jungen Leute waren einander nach langer Zeit in Franzensbad wieder begegnet, als Zita nach den Monaten in einem Internat auf der Isle of Wight auf dem Weg in die

Heimat hier Station machte und Karl in der böhmischen Kurstadt einige Urlaubstage verbrachte. Es war anzunehmen, dass die Mütter der beiden ihre Hände im Spiel hatten, denn Maria Josefa, die ihren Sohn abgöttisch liebte, hatte bereits seit längerer Zeit ihre Fühler ausgestreckt, um für den Sohn eine passende Braut zu finden. Sie wurde von der Stiefgroßmutter Marie Therese, der dritten Gemahlin von Karls Großvater Carl Ludwig, in ihrem Vorhaben unterstützt. Beide Damen waren zu dem Ergebnis gekommen, dass die junge Zita die geeignete Partie für Karl wäre.

Die Sterne standen günstig, denn es stellte sich bald heraus, dass die beiden jungen Leute fühlten, dass sie füreinander bestimmt waren. Und da auch der Kaiser sein Placet gab, nachdem die eher komplizierten Verwandtschaftsverhältnisse überprüft waren, stand einer Hochzeit der beiden am 21. Oktober 1911 nichts mehr im Wege, an der auch der alte Kaiser in leutseliger Weise gut gelaunt teilnahm.

Von allem Anfang an zeigte es sich, dass Zita keineswegs gewillt war, im Hintergrund nur die Frau des Erzherzogs zu sein. Sie begleitete den Gatten zu seinen Einsatzorten und scheute nicht davor zurück, auch im Osten Galiziens den Winter unter primitivsten Bedingungen zu verbringen. Sie bewohnte mit Karl einfachste Unterkünfte und ging selbst auf die Märkte einkaufen, da ihnen kaum Personal zur Verfügung stand. Erst als der Kaiser vernahm, dass sie ein Kind erwartete, wies er Karl in Wien einen Aufgabenbereich zu, der seinen Kenntnissen entsprach, und gab Order, dass das Schloss Hetzendorf für das Erzherzogspaar adaptiert werden sollte. Als am 20. November 1912 der Sohn Otto auf Schloss Wartholz in Reichenau an der Rax geboren wurde, schien das Glück in der kleinen Familie, aber auch für den alten Kaiser perfekt zu sein, denn das Kind stand in der Thronfolge an dritter Stelle.

„Doch mit des Geschickes Mächten ist kein ewger Bund zu flechten", diese Worte des großen Dichters Friedrich Schiller könnte man als bezeichnend für das Schicksal Karls ansehen. Von einem Tag auf den anderen wurde aus dem gutmütigen, politisch wenig informierten und gebildeten Erzherzog der österreichische Thronfolger, er schlitterte in eine Position hinein in einer Zeit, die turbulenter nicht hätte sein können. Die Schüsse von Sarajewo und die Reaktion des Kaisers veränderten nicht nur in der Monarchie alles, sie zerstörten die Grundfesten des Kaiserreiches. Karl sah sich plötzlich einer Situation gegenüber, die er aus tiefstem Herzen ablehnte. Dazu kam, dass er als neuer Kaiser dem Volk völlig fremd war, stand er doch bisher immer in der zweiten Reihe. Für das einfache Volk gab es nur einen Kaiser, und der lag im November 1916 auf der Totenbahre. Wer war der Nachfolger? Wer war Kaiser Karl?

Nach der Kriegserklärung an Serbien hatte Karl einige Kommandos in verschiedenen Heeresabschnitten übernommen, musste aber schon bald erkennen, dass trotz einiger Siege die Situation für die österreichischen Heere prekär war. Solange der alte Kaiser lebte, konnte der Thronfolger nichts unternehmen, um das Blutvergießen zu beenden. Aber kaum hatte Franz Joseph die Augen geschlossen, suchte Karl nach einer Chance, zumindest mit Frankreich einen Separatfrieden zu schließen. Immerhin hatte Sixtus, der Bruder seiner Gemahlin, der im belgischen Heer diente, beste Beziehungen zum französischen Staatspräsidenten Raymond Poincaré, an den sich Karl wandte. Durch Indiskretionen wurden diese geheimen Friedensbemühungen publik, die vor allem die deutsche Heeresführung erzürnten, denn Karl wollte sich mit dem deutschen Kaiser verständigen, um eine Beendigung des Krieges herbeizuführen. Man warf dem jungen Kaiser, der alles andere als populär war, Prügel in den Weg, bezichtigte ihn gar des Hochverrats und schob die Schuld an den missglückten Verhandlungen vor allem seiner Gemahlin Zita zu, deren Brüder ohnedies durch ihren Kampf gegen die Heere des Schwagers in der belgischen Armee mehr als suspekt waren.

Dazu kamen innerpolitische Schwierigkeiten, Karl versuchte die verkrusteten Strukturen der Monarchie aufzubrechen, erließ Amnestien, die ihm zum Verhängnis wurden. Er konnte eigentlich nichts mehr retten, da die Situation sowohl im Inneren der Monarchie, wo es an allen Ecken und Enden gärte, als auch auf den Kriegsschauplätzen vollständig verfahren war. Obwohl ihn und seine Gemahlin die Ungarn noch mit „Éljen!" und Jubelgeschrei zu Königen von Ungarn gekrönt hatten, anerkannten sie Karl plötzlich nicht mehr als ihren Herrscher, beinah über Nacht war vergessen, was kurze Zeit vorher noch Geltung hatte. Zu allem Übel wurde die Versorgungslage im Lande katastrophal, Hunger und Not schürten die Antipathie gegen den Kaiser überall, wohin er kam. Dadurch hatte niemand mehr wirkliches Interesse an irgendwelchen Umbauten im Staatsgebilde. Das Manifest, das Karl im Oktober 1918 erließ und in dem er die Absicht kundtat, Österreich in einen Bundesstaat umwandeln zu wollen, interessierte niemanden mehr. Man hatte vom Krieg und vor allem vom Kaiser genug!

Ende Oktober 1918 bildeten sich in Wien und anderen Städten nationale Regierungen, die selbst ernannten Befehlshaber in den einzelnen Ländern der Monarchie riefen ihre Truppen von den Kriegsschauplätzen zurück und sagten sich von Österreich los, das Jahrhunderte alte Kaiserreich zerfiel in seine einzelnen Bestandteile.

Karl konnte nicht verhindern, dass sich am 30. Oktober eine neue deutsch-österreichische Regierung unter der Führung des sozialdemokratischen Staatskanzlers Karl Renner bildete, die vehement die Abdankung des Kaisers forderte. Vielleicht hätte Karl in dieser Krisensituation dem zugestimmt, wäre nicht seine Gattin Zita gewesen, für die eine Abdankung niemals infrage kam. Auch eine Flucht ins Ausland war für das Kaiserpaar keine Option, obwohl die Gefahr für sie in Wien Tag für Tag zunahm, da sich der Pöbel radikalisierte und möglicherweise den Kopf des Monarchen forderte. Das einzige Zugeständnis des Kaisers war ein Manifest, das er unterschrieb und in dem er einem Verzicht auf jeglichen Anteil an den Staatsgeschäften zustimmte.

Weil das Leben in Schloss Schönbrunn, wo Karl mit seiner Familie noch lebte, von Tag zu Tag unsicherer wurde, entschloss man sich, in das Jagdschloss Eckartsau in Niederösterreich zu übersiedeln, während in Wien die Republik Deutsch-Österreich ausgerufen wurde, die ein Bestandteil der deutschen Republik sein sollte.

In ganz Europa hatte man mittlerweile Kenntnis von den Vorgängen in Österreich und auch bis England hatte sich die Kunde verbreitet, dass das Leben des österreichischen Kaisers und seiner Familie eventuell ernsthaft in Gefahr war. Die Tragödie um die russische Zarenfamilie hatte doch so manchen aufgerüttelt. Wie leicht konnte so etwas auch in der Nähe Wiens passieren. Deshalb schickte man vonseiten der englischen Regierung einen britischen Offizier namens Strutt nach Eckartsau, der den „Noch-Kaiser" überreden sollte, seinen Aufenthalt im Ausland zu nehmen. „Ein toter Habsburger nützt niemand, während ein lebender mit seiner Familie zählt!"

Vielleicht waren es diese Worte, die Karl nachdenklich stimmten und ihn schließlich bewogen, das Angebot anzunehmen und in die Schweiz zu emigrieren. Allerdings nur für kurze Zeit. Denn sowohl seine Gemahlin als auch einige Kaisertreue waren davon überzeugt, dass der Kaiser vor allem in Ungarn noch Chancen auf den Thron haben würde. Karl ließ sich überreden und unternahm zwei schlecht vorbereitete Restitutionsversuche, die beide kläglich scheiterten. Der zweite Versuch, bei dem er mit seiner schwangeren Gemahlin per Flugzeug in Ungarn landete, wurde zum endgültigen Fiasko. Karl und Zita mussten froh sein, dass der Reichsverweser Horthy sie nicht gefangen setzte. Auch den Engländern wurden die Aktionen Karls zu viel. Man verfrachtete das Paar auf ein Kanonenboot, das donauabwärts bis zum Delta fuhr, von wo es ein weiteres englisches Schiff auf allen möglichen Umwegen auf die Insel Madeira brachte.

Die Familienzusammenführung war kompliziert, Zita versuchte einen portugiesischen Pass zu bekommen, um in die Schweiz reisen zu können, wo sich immer noch die Kinder befanden. Da aber ein unredlicher Anwalt, dem das Kaiserpaar den gesamten Schmuck zur Aufbewahrung überlassen hatte, auf Nimmerwiedersehen mit den teilweise uralten Pretiosen verschwunden war, entbehrten sie aller finanziellen Mittel. Erst nach diplomatischen Verhandlungen gestattete man den Kindern die Reise nach Madeira.

Die große Tragik im Leben des letzten Kaisers war die Vorstellung seiner streng katholischen Gemahlin, dass ein von Gottes Gnaden eingesetzter Kaiser nicht auf den Thron verzichten konnte. Denn nicht weniger als das forderten die Engländer von Karl: ein Unterschreiben der Abdankungsurkunde, in der der Kaiser auf den Thron verzichtete. Sollte sich Karl dazu entschließen, so würde sich England bereit erklären, Karl und der Familie eine entsprechende Apanage zur Verfügung zu stellen, durch die es möglich gewesen wäre, ein standesgemäßes Leben im Exil zu führen. Aber für Zita war dies ein Ding der Unmöglichkeit. Für sie ging immer noch Staatswohl vor persönlichem Wohlbefinden, ohne dabei zu bedenken, dass ihr Mann chancenlos war, jemals wieder auf den Thron zu kommen. Sie nahm in Kauf, dass die Familie in Armut darbte, dass ihnen das Allernötigste fehlte, dass sie in einer modrigen Villa, die kaum zu beheizen war, ihr Leben fristeten. Und dass ihr kaiserlicher Gemahl letztlich aus Mangel an Medikamenten und ärztlicher Betreuung am 1. April 1922 auf Madeira starb. Als Kaiser!

*

Die Beisetzung des letzten Kaisers aus dem Hause Habsburg-Lothringen beschrieb eine Österreicherin, die zufällig im April 1922 auf Madeira weilte:

„Am Mittwoch (dem 5. April) haben wir den armen Kaiser begraben. Noch nie habe ich etwas so Tragisches gesehen und dieses armselige Sterben hat mich tief ergriffen … Am Mittwochvormittag fuhr ich auf den Monte, um ihn noch aufgebahrt zu sehen. Es war alles so traurig und arm. Er lag in einem kleinen einfachen Sarg, der am Boden stand, es war kein Priester da, niemand außer einem Herrn, der meiner Ansicht nach der Lehrer der Kinder sein muss. Der Kaiser hatte die einfache Felduniform an und trug das Goldene Vlies. Bei seinem Kopf war der Kranz der österreichischen Kolonie mit dem schwarzgelben Bande; Blumen waren massenhaft da, das war das Einzige, was den schaurigen Anblick etwas milderte. Das Begräbnis selbst war feierlich. Die Leiche wurde in der alten Wallfahrtskirche am Monte beigesetzt. Der Sarg wurde in einem kleinen niedrigen zweirädrigen Karren geführt, den einer von unseren Herren mit den österreichischen Dienern des Kaisers zog. Wagenpferde gibt es hier ja nicht. Die ganze Gesellschaft von Funchal folgte, und eine Unmenge Volks war vor der Kirche. Die Kaiserin war mit den drei ältesten Kindern da. Die Kinder sind das Reizendste, was man sich vorstellen kann, besonders die beiden ältesten Söhne. Nach der Beisetzung hielt einer von den österreichischen Herren Wache, bis der Sarg am Abend verlötet wurde. Dazu kam die Kaiserin noch einmal mit dem Thronfolger. Diese Frau ist wirklich bewunderungswürdig. Sie hat keinen Augenblick die Fassung verloren, ebenso die Kinder. Ich habe keines von ihnen weinen gesehen. Sie waren nur sehr blass und traurig. Beim Verlassen der Kirche grüßten sie nach allen Seiten. Die Kaiserin hat dann noch mit den Leuten gesprochen, die bei der Beisetzung geholfen haben. Alle fanden sie ganz reizend. Der Sarg war mit der alten österreichisch-ungarischen Fahne bedeckt; es ist wohl das letzte Mal, dass sie entfaltet wurde. Was wird jetzt mit der armen Familie werden?"

Quellen- und Literaturauswahl

Quellen:
Das Buch gewisser Geschichten von Abt Johann von Vikting übersetzt von Walter Friedensburg, Leipzig 1888 (= Geschichtsschreiber der dt. Vorzeit), S. 226.
Peter von Zittau: Chronicon Auleae Regiae, ed. J. Loserth in Font. Rer. Austr. 1 Abt/8 (1875), S. 29–535, hier S. 433.
Chronika Ludovici: Das Leben Kaiser Ludwigs, in: Quellen zur Geschichte Kaiser Ludwigs von Baiern, übers. von Walter Friedensburg, Leipzig 1883 (= Geschichtsschreiber dt. Vorzeit), S. 107 f.

Literatur:
Badinter, Élisabeth: Maria Theresia. Die Macht der Frau, Wien 2017.
Bankl, Hans: Die kranken Habsburger. Befunde und Befindlichkeiten einer Herrscherdynastie, Wien 1998.
ds.: Woran sie wirklich starben. Krankheiten und Tod historischer Persönlichkeiten, Wien/München/Bern 1989.
Berney, Arnold: Die Hochzeit Josephs I., in: Mitteilungen des Österreichischen Instituts für Geschichtsforschung 42 (1927), S. 64–83.
Beutler, Gigi: Die Kaisergruft bei den PP Kapuzinern zu Wien, Wien 1998.
Braun, Bettina/Keller, Katrin/Schnettger, Matthias (Hg.): Nur die Frau des Kaisers? Kaiserinnen in der Frühen Neuzeit, Wien 2016.
Fischer-Wollpert, Rudolf: Lexikon der Päpste, Regensburg 1985.
Größing, Sigrid-Maria: AEIOU. Glück und Unglück im österreichischen Kaiserhaus, Wien 2007.
ds.: Um Krone und Liebe. Die Macht der Geschichte, Wien 2009.
ds.: Der goldene Apfel. Geschichten aus der Geschichte, Wien 2009.
ds.: Maximilian I. Kaiser, Künstler, Kämpfer, Wien 2001.
ds.: Karl V. Der Herrscher zwischen den Zeiten und seine europäische Familie, Wien 2000.
ds.: Habsburgs Kaiserinnen. Rätsel und Schicksal der geheimen Herrscherinnen, Wien 2017.
ds.: Die Genies im Hause Habsburg, Wien 2011.
Habsburg, Otto von: Karl V., Wien/München 1967.
Hamann, Brigitte (Hg.): Die Habsburger. Ein biographisches Lexikon, Wien 1988.
Hawlik-van de Water, Magdalena: Die Kapuzinergruft. Begräbnisstätte der Habsburger in Wien, Wien 1987.

Herm, Gerhard: Der Aufstieg des Hauses Habsburg, Düsseldorf/Wien/New York 1992.

Herre, Franz: Maria Theresia. Die große Habsburgerin, Köln 1994.

Holler, Gerd: Gerechtigkeit für Ferdinand. Österreichs gütiger Kaiser, Wien/München 1986

Huss, Frank: Der Wiener Kaiserhof. Eine Kulturgeschichte von Leopold I. bis Leopold II., Gernsbach 2008.

Knappich, Wilhelm: Die Habsburger Chronik. Lebensbilder, Charaktere und Geschichte der Habsburger, Salzburg/Stuttgart 1959/69.

Kufner, Daniel: Die Denkwürdigkeiten der Helene Kottannerin (1439-1440), 2015 (Übertrag ins Hochdeutsche).

Lahnstein, Peter: Das Leben im Barock. Zeugnisse und Berichte, Stuttgart/Berlin/Köln/Mainz 1974.

Magenschab, Hans: Joseph II. Revolutionär von Gottes Gnaden, Graz/Wien/Köln 1979.

McGuigan, Dorothy Gies: Familie Habsburg, Wien 1967.

Pangels, Charlotte: Die Kinder Maria Theresias. Leben und Schicksal in kaiserlichem Glanz, München 1983.

Richter, Joseph: Briefe eines Eipeldauers an seinen Vetter in Kagran über d'Wienerstadt, Wien 1785.

Rill, Bernd: Kaiser Matthias. Bruderzwist und Glaubenskampf, Graz/Wien/Köln 1999.

Schreiber, Georg: Die Hofburg und ihre Bewohner, Wien 1993.

Simanyi, Tibor: Er schuf das Reich. Ferdinand von Habsburg, Wien 1987.

Spielman, John P.: Leopold I. Zur Macht nicht geboren, Graz 1981.

Vacha, Brigitte (Hg.): Die Habsburger. Eine europäische Familiengeschichte, Graz/Wien/Köln 1992.

Vehse, Karl Eduard: Habsburgs Herrscher privat. Wiener Hofgeschichten, Köln 2006.

Waldegg, Richard: Sittengeschichte von Wien. 2000 Jahre „Wiener G'schichten", Stuttgart/Bad Cannstadt o. J.

Wurzbach, Constantin v.: Elisabeth (Isabella von Portugal), in: Biographisches Lexikon des Kaisertums Österreich, Teil 6, Wien 1860.

Zierl, Antonia: Kaiserin Eleonore und ihr Kreis. Eine Biographie (1436-1467). Diss. masch., Wien 1966.